中國文化通史

魏晉南北朝卷·上冊

中國文化源遠流長，欲理解中國文化，捨其歷史無由。而欲理解中國文化史，界定文化的概念，梳理中國文化史的發展脈絡、特質及其研究狀況，又是十分必要的。爰作是序。

一、文化概念的界定

文化問題是世界關注的熱門話題，但是，國內外學術界對於文化的概念，迄無統一的界定。聯合國教科文組織曾邀請各國學者討論什麼是「文化」，也未取得共識。據統計，有關文化的概念，多達數百種，人們見智見仁，莫衷一是。

從西方的歷史上看，人們對於文化的理解，大致經歷了四個時期。

第一個時期是古代。最具代表性也是最古老的文化概念，是由約兩千年前古羅馬哲學家西塞羅提出來的，它從拉丁文譯成英文是「culture is the philosophy-or cultivation-of the mind」。漢譯為「文化是心靈的哲學（修養）」。其中 cultivation 本義是耕種，引申意為耕種—栽培—培養—修養。這可謂哲學的文化概念。它強調文化是人類心靈的創造物，並視文化是一個趨向品德修養終極目標的動態的創造過程。

第二個時期是中世紀。有代表性的是藝術的文化概念：「文化是藝術的總稱。」它是文藝復興時代的藝術家們提出來的，強調文化是人類對美的追求和自由的創造。

第三個時期是十九世紀。其間出現了兩種有代表性的文化概念。一是英國著名學者阿諾德在一八六九年出版的《文化和無政府狀態》一書中提出的：

文化就是追求我們的整體完美，追求的手段是通過了解世人在與我們最有關的一切問題上所曾有過的最好思想和言論……引導我們把真正的人類完美看成是為一種和諧的完美，發展我們人類的所有方面；而且看成是一種普遍的完美，發展我們社會的所有部分。[1]

這是心理學的文化概念。它強調文化是人們藉助於自然科學和人文科學包括文學藝術中一切真、善、美的東西，陶冶心靈，追求社會完美與和諧的過程；二是另一個英國著名學者泰勒一八七一年在《文化的起源》中提出的人類學的文化定義。他說：

文化或文明，就其廣泛的民族學意義來說，乃是包括知識、信仰、藝術、道德、法律、習俗和任何人作為一名社會成員而獲得的能力和習慣在內的複雜整體。[2]

泰勒的定義第一次強調文化是「複雜的整體」和「文化是整個的生活方式」。

第四個時期是二十世紀。二十世紀初社會學家提出了社會學的文化概念：

文化是一個多義詞，我們這裡是在包容較廣的社會學含義上使用它，即它是指人造物品、貨物、技術過程、思想、習慣和價值觀念，它們是一個民族的社會遺產。這文化包括所有習得的行為、智力知識、社會組織和語言、經濟的、道德的或精神的價值系統。一種特定文化的基礎是它的法律、經濟結構、巫術、宗教、藝術、知識和教育。[3]

此一定義第一次強調價值觀念和價值系統，是文化內涵的核心。

---

1 轉引自〔英〕雷蒙德·威廉斯：《文化與社會》，160-161 頁，北京，北京大學出版社，1991。
2 轉引自莊錫昌等編：《多維視野中的文化理論》，99-100 頁，杭州，浙江人民出版社，1987。
3 轉引自閔家胤：《西方文化概念面面觀》，《國外社會科學》，1995 年第二期。上述參考了該文的內容。

二十世紀中期以後，隨著科學的進步和視野的拓展，人們進而在生物學乃至在整個宇宙的範圍之內，探討文化問題。例如，生物學的文化定義為：「文化是不同物種的組織結構和行為規範。」聯合國教科文組織「世界文化項目」主持人、加拿大學者謝弗，則進而提出了宇宙學的文化概念：「文化一般是指物種，特殊地是指人類觀察和感知世界，把自己組織起來，處理自身事務，提高和豐富生活，以及把自己安置在世界上的那種方式。」[4]

　　由上可知，西方文化概念的內涵是隨著時代的發展而逐漸拓展與深化的。據統計，一九二〇年前只有數種不同的文化定義；但是到一九五六年，就已多達一百五十餘種，也集中說明了這一點。其中，如果說阿諾德的定義是對古代以來文化認識的集大成的話；那麼泰勒的定義強調文化是一種「複雜的整體」和「整個的生活方式」，以及社會學家強調文化內涵的核心是價值觀念與價值系統，則更具有開創性和劃時代的意義，構成了今人理解文化的現代基礎。這說明，十九世紀末二十世紀初是西方現代文化觀念形成的重要時期。至於其後新說迭起，尤其是生物學的、生態學的、宇宙學的概念的出現，固然反映了人們視野的開拓，但是文化的概念既囊括了物種與宇宙，實漸泛化了，以至於無從把握。

　　從中國歷史上看，「文明」一詞的出現要早於「文化」。《易‧乾》：「見龍在田，天下文明。」《易明夷》：「內文明而外柔順，以蒙大難，文王以之。」「文化」一詞雖然也是古已有之，但它被作為一個完整的辭彙和概念加以使用，有一個演化的過程。在秦漢時期，儒生編輯的《易‧賁卦》的《彖》中有「觀乎天文，以察時變；觀乎人文，以化成天下」之說，但「文化」尚未構成一個完整的詞。西漢的劉向在《說苑‧指武》中將「文」與「化」聯用：「聖人之治天下也，先文德而後武力。凡武之興，為不服也，文化不改，然後加誅。夫下愚不移，純德之所不能化，而後武力加焉。」不過，這裡的「文化」仍非一個完整的詞，而各有獨立的意義，「文」指文德，「化」指教化，即借文德行教化。其後，晉人的詩文中出現了完整的「文化」一詞。如晳束的《補亡詩》有「文化內輯，武功

4　同上。

外悠」句；王融在《曲水詩序》中則說：「設神理以景俗，敷文化以柔遠。」至此，「文化」顯然已作為一個完整的辭彙和概念，開始為人們所廣泛使用。其含義包括文治、教化和禮樂典章制度。這與西方古代哲人強調「文化」的內涵在於趨向品德修養終極的目標，是相通的。

語彙是隨著社會生活和時代的變動而變動的。在西方，文化的概念所以於近代以後發生了日益深刻的變動，是與西方資本主義的發生發展、科學的進步以及世界聯繫的日益密切分不開的。反觀中國，封建社會綿延兩千餘年，沉沉一線，「天不變，道亦不變」。與此相應，已有的「文化」一詞，古色古香，其內涵也無甚變化。鴉片戰爭後，中國封建社會因受西方資本主義的衝擊而解體，且日益走向世界，語彙便漸生變動。在一些新的語彙出現的同時，更多的語彙增加了新的內涵。就「文化」一詞來說，其新義的增加尤其是人們自覺重新探究其內涵，界定其概念，則要晚到二十世紀初。梁啟超諸人的觀點具有代表性。梁啟超在《什麼是文化》中說：「文化者，人類心能所開積出來之有價值的共業也。」[5]梁漱溟則謂：「文化並非別的，乃是人類生活的樣法。」[6]胡適也指出：「文化（culture）是一種文明所形成的生活的方式。」[7]他們都強調文化是人類創造的一種複雜的整體（「共業」）和「生活的方式」，這顯然是接受了泰勒關於文化的定義。

所以，儘管國際上對文化迄今未能形成統一的界定，但泰勒的定義實已構成了人們進一步探討文化問題的現代基礎。同時，在此基礎上，除主張文化泛化者外，人們也畢竟形成了相對的共識，即認為文化可分作廣義與狹義兩種概念來理解。梁啟超曾說：「文化這個名詞有廣義狹義二種，廣義的包括政治經濟；狹義的僅指語言、文字、宗教、文學、美術、科學、史學、哲學而言。」[8]就已經有了此種見解。今天我們可以作進一步表述：廣義的文化就是人化，即人類所創造的一切東西構成了文化。具體講，它包括三個層面：物質文化、制度文化、精神

5　梁啟超：《飲冰室文集》之三十九。
6　梁漱溟：《東西文化及其哲學》第二章，北京，商務印書館，1935。
7　胡適：《我們對於西洋近代文明的態度》，《胡適文存》三集，卷一。
8　梁啟超：《中國歷史研究法補編》，《飲冰室專集》之九十九。

文化。其中，精神文化是文化結構中最深層的部分。狹義的文化就是指精神文化，即觀念形態的文化，包括思想、觀念、意識、情感、意志、價值、信仰、知識、能力等等人的主觀世界的活動及其物化的形態或外鑠的成果，如典籍、語言、文字、科技、文學、藝術、哲學、宗教、道德、風習，等等。

對於「文化」與「文明」的關係，人們也頗存異議，但從總體上看，大致有三種理解：一是學術界一般將「文明」一詞用來指一個社會已由氏族進入國家組織的階級社會的階段，即是與「文化」並無直接瓜葛的學術上的專有名詞；二是「文化」與「文明」同義。美國學者亨廷頓說：「當談論文明的時候，我們指的是什麼呢？一種文明就是一種文化存在。」[9]他顯然是將「文化」與「文明」視作同義詞，等量齊觀。故所謂「物質文化」、「制度文化」和「精神文化」，人們通常也稱作「物質文明」、「制度文明」和「精神文明」；三是「文化」與「文明」都是人類創造的一切成果的總稱，但前者是動態的，後者則是靜態的。陳安仁說：「文明是指靜的狀態而說，文化是指動的狀態而說。」[10]張崧年也曾指出：「文化是活動，文明是結果，也不過一事的兩看法。」[11]

本書對文化的界定，取狹義文化。對「文明」一詞的使用，則據行文的需要，兼顧三義。

二、中國文化史研究的回顧

文化史是古老的史學的一個分支學科，但它真正的確立，在歐洲要晚到十八世紀的啟蒙運動時期。西方「文化史之父」、法國啟蒙思想家伏爾泰的名著《路易十四時代》，實為文化史研究的開山之作。其後，西方關於文化史的著述日多，漸漸蔚為大觀。

---

9 〔美〕亨廷頓：《文明的衝突》，《國外社會科學》，1993 年第十期。
10 陳安仁：《中國文化演進史觀》，據文通書局 1942 年版影印，6 頁，上海，上海書店，1992。
11 張崧年：《文明與文化》，《東方雜誌》第 24 卷第 24 號。

在中國，文化史學科的確立更要晚到二十世紀二〇至三十年代。梁啟超於此有創榛闢莽之功，他曾擬撰多卷本《中國文化史》，遺憾的是僅成《社會組織篇》計八章，壯志未酬。但是，進入二十世紀二〇年代後，有關文化史的研究成果已是連翩出現。一九二四年《史地學報》有文報導學界消息說：「近來研究歷史者，日新月異，內容大加刷新，多趨重文化史方面。」[12]足見中國文化史的研究和編纂，是時已開始浸成風氣。其中較重要的通史性著作有：顧康伯的《中國文化史》、常乃德的《中國文化小史》、陳國強的《物觀中國文化史》、柳詒徵的《中國文化史》、楊東蓴的《本國文化史大綱》、陳登原的《中國文化史》、王德華的《中國文化史略》、繆鳳林的《中國民族之文化史》、陳安仁的《中國文化演進史觀》、王治心的《中國文化史類編》、陳竺同的《中國文化史略》、錢穆的《中國文化史導論》，等等。此外，涉及斷代的、區域的和專題性的有關文化史著作也相繼出版。其中，專題性的著作，尤以王雲五主編的大型《中國文化史叢書》為代表。叢書仿效一九二〇年法國出版的《人類演進史叢書》及一九二五年英國劍橋大學主編的《文化史叢書》的體例，共分八十個專題，每冊一專題，於一九三七年後相繼推出，產生了很大的社會影響。該叢書的出版，標誌著中國文化史的研究發展到了一個新的階段。

中國文化史的研究之所以於二十世紀二〇年代後蔚為風氣，並非偶然，至少可以指出以下的原因：

其一，是近代中西文化問題論爭深化的必然結果。經五四後，中西文化問題的論爭不僅日益激烈，且愈趨深化。歐戰慘絕人寰，創深痛巨，引發了世界範圍內的反省西方文化的思潮。與此相應，國人相信西方文化必有所短，中國文化自有所長，因而要求重新審視固有文化。為此，探討中國文化的發生發展史自然便成了當務之急。張蔭麟說：「文化是一發展的歷程。它的個性表現在它的全部『發生史』裡。所以比較兩個文化，應當就是比較兩個文化的發生史。」[13]柳詒徵的《中國文化史·緒論》則強調該書的旨趣，即在於回答：「中國文化為何？中

---

12 《史地界消息·歷史類（一）〈研求國史方法之倡導〉》，《史地學報》第三卷第 1、第二合期，1924。
13 《論中西文化的差異》，參見張雲台編：《張蔭麟文集》，北京，教育科學出版社，1993。

國文化何在？中國文化異於印、歐者何在？」而錢穆在《中國文化導論‧弁言》中，說得更加明確：

中國文化，表現在中國已往全部歷史過程中，除卻歷史，無從談文化。……我們應在歷史進程之全時期中，求其體段，尋其態勢，看他如何配搭組織，再看他如何動進向前，庶乎對於整個文化精神有較客觀，較平允之估計與認識。[14]

很顯然，這就是明確地提出了，要正確認識中西文化，必須重視中國文化史的研究。

其二，借文化史振奮民族精神，謀國家復興。二十世紀三〇至四〇年代正是中國遭受日本帝國主義的野蠻侵略，民族危亡喚醒全民抗戰和謀國家復興的慷慨悲壯的時代。愈來愈多的國人意識到了文化復興與民族復興的內在聯繫。康敬軒在《中國文化演進史觀‧跋》中說：「念一年秋，予歸自歐洲，默察大勢，知欲救國家危亡，必先求民族之復興，而求民族之復興，必先求文化復興。」陳安仁《中國文化演進史觀‧自序》也說，近世治國家學說者，皆謂土地、人民、主權是國家三要素，必得三者安全獨立，才是名副其實的國家。實則，即便三者盡得，「而文化不能獨立，亦遂足以當國家之名實乎」？帝國主義侵略弱國，不僅占有其土地、人民與主權，「尤且汲汲皇皇，以消滅弱小國家民族之文化，吁！可怖哉」。[15]需要指出的是，近代最早的中國文化史著述雖是出自日人之手，它們對於國人著述不乏借鑒的作用，但如一九〇三年出版的白河次郎、國府種德的《支那文明史》和一九二六年出版的高桑駒吉的《中國文化史》，其有意歪曲歷史和貶損中國文化，也是人所共見的。因此，編纂中國文化史，給國人以正確的民族文化教育，以振奮民族精神，史家責無旁貸。王德華《中國文化史略‧敘例》因之強調說：

中國文化之評價各有不同，有謂為落後者，有謂為優美者，然不論其評價如何，中國人之應當瞭解中國文化，則無疑問，否則，吾族艱難奮鬥、努力創造之

---

14 錢穆：《中國文化導論‧弁言》，北京，商務印書館，1994。
15 陳安仁：《中國文化演進史觀‧自序》。

歷史，無由明瞭，而吾人之民族意識，即無由發生，民族精神即無由振起，晚近中國國勢不振，即由於文化教育之失敗所至。茲者國脈益危，不言復興則已，言復興，則非著重文化教育，振起民族精神不可。本書之作，意即在此。[16]

其三，新史學思潮影響的結果。十九世紀末二十世紀初，是西方史學新陳代謝的重要時期。傳統史學重政治史，而新史學思潮則要求擴大史學範圍，注意經濟、社會、思想、文化等領域的研究。巴勒克拉夫在《當代史學主要趨勢》一書中指出，「從蘭克時代到阿克頓時代，歷史學家們對於歷史學的主線是政治史這一點極少懷疑」，而經二十世紀二〇年代後馬克思主義唯物論和以狄爾泰為代表的相對主義史學思潮的衝擊，「歷史學的重點轉移到經濟、社會、文化、思想和心理等方面，歷史學家的工作範圍也相應地擴大了」。[17]西方史學思潮的此種變動，也強烈地影響到了中國。二十世紀二〇年代後馬克思主義唯物論在中國日益傳播，與此同時，作為歐洲相對主義史學衍生物的美國「新史學」，也傳入了中國。新史學派主要人物的代表作，如魯濱遜的《新史學》、巴恩斯的《史學史》、紹特威爾的《西洋史學史》等，於二十世紀二〇年代也相繼被譯成中文出版。新史學派同樣主張擴大史學範圍，加強對於經濟、社會及文化等領域的研究。何炳松在《新史學導言》中說：「舊日歷史家，又有偏重政治史的毛病。實則政治一端，哪能概括人類活動的全部呢？」[18]由於新史學派的理論是被當作代表了西方史學發展的最新趨勢的新理論，而加以宣傳與介紹的，故在當時的中國史學界產生了廣泛的影響。梁啟超、章太炎等人雖在二十世紀初即有研究文化史的初步主張，但僅是少數人的先知先覺；二十世紀二〇年代後，因受新史學思潮的廣泛影響，中國史學家要求擴大治史範圍，注重經濟、社會和文化史研究實已成為時尚。所以柳詒徵《中國文化史·緒論》指出：

世恆病吾國史書為皇帝家譜，不能表示民族社會變遷進步之狀況，實則民族社會之史料，觸處皆是，徒以浩穰無紀，讀者不能博觀而約取，遂疑吾國所謂史

---

16 王德華：《中國文化史略·敘例》，南京，正中書局，1942。
17 〔英〕巴勒克拉夫：《當代史學主要趨勢》，13、14頁，上海，上海譯文出版社，1987。
18 何炳松：《何炳松論文集》，51頁，北京，商務印書館，1990。

者，不過如坊肆《綱鑒》之類，止有帝王嬗代及武人相斫之事，舉凡教學、文藝、社會、風俗以至經濟、生活、物產、建築、圖畫、雕刻之類，舉無可稽。吾書欲去此惑，故於帝王朝代，國家戰伐，多從刪略，惟就民族全體之精神所表現者，廣搜而列舉之。[19]

顧康伯《中國文化史·自序》同樣強調說：

歷史之功用，在考究其文化耳。顧吾國所謂歷史，不外記歷朝之治亂興亡，而於文化進退之際，概不注意，致外人動譏吾為無史。二十四史者，二十四姓之家譜，斯言雖或過當，然吾國史家專為一朝一姓之奴隸，未始非缺憾也。[20]

此期的文化史研究不僅出版了一批成果，而且對文化史研究的方法論問題作了探索，提出了某些有益的見解：

（1）**分類與綜合。**以梁啟超為代表的一些學者主張文化史當分類研究。梁啟超的《中國歷史研究法補編》中有「文化專史及其做法」一章，其中說：「狹義的文化，譬如人體的精神，可依精神系發展的次第以求分類的方法。」文化是人類思想的結晶。思想的表現有宗教、哲學、史學、科學、文學、美學等等，「我們可一件一件的講下去」。[21] 王雲五在《編纂中國文化史之研究》中也提出，以綜合方法編纂文化史，「其難益甚」，宜「就文化之全範圍」，區分若干科目，作系統詳盡敘述。如此，「分之為各科之專史，合之則為文化之全史」。[22] 王治心的書即取名為《中國文化史類編》，內分經濟、風俗、學術思想、宗教倫理和藝術器物五類。作者在「緒論」中說：「這五個大綱，或者可以把整個的文化大約地包括起來。……合起來可以成全部的文化史，分開來也可以成為各自獨立的五種小史。」[23] 但是，柳詒徵諸人不贊成分類而主綜合的研究方法。柳詒徵以為，分類的方法難以說明文化發展中複雜的歷史因果關係和表現「民族全體之精

19 柳詒徵：《中國文化史》上冊，7 頁，北京，中國大百科全書出版社，1988。
20 顧康伯：《中國文化史·自序》，上海，泰東圖書局，1924。
21 梁啟超：《飲冰室專集》之九十九，134 頁。
22 王雲五：《編纂中國文化史之研究》，北京，商務印書館，1937。
23 王治心：《中國文化史類編·緒論》，上海，作者書店，1943。

神」，「此縱斷之病也」。[24] 何炳松則指出，分類縱斷的研究無法表現「某一時代中整個的文化狀況」，由此組合成的所謂文化史，「不是整個的；是死的，不是活的」。[25] 應當說，柳詒徵等人主綜合的研究方法是對的，因為文化專史固然是必要的，但是中國文化史不應是各種專門史的簡單組合。

（2）文化史的分期。此期的研究者都將進化的觀點引入了文化史，強調要「注意動的研究方法，從歷史進化變遷的法則，說明社會演變，人類活動行為的影響」[26]。他們普遍注意到了中國文化史的分期問題，也反映了這一點。梁啟超不愧是文化史研究的創始者，他看到了文化史自身的發展規律，明確地提出了文化史的分期不應與政治史劃一的重要思想。[27] 從宏觀上看，此期的研究者多以上古、中古、近世對中國文化史作長時段的區分；從微觀上看，則是超越王朝界限，力圖以文化發展的自身特點作中時段的區分。前者可以柳詒徵的《中國文化史》為例，它以遠古至兩漢為上古；魏晉至宋、元為中古；明至當代為近世，並依此分為三編，構建全書體例。柳詒徵寫道：

吾書凡分三編：第一編，自邃古以迄兩漢，是為吾國民族本其造之力，由部落而建設國家，構成獨立之文化之時期；第二編，自東漢以迄明季，是為印度文化輸入吾國，與吾國固有文化由牴牾而融合之時期；第三編，自明季迄今日，是為中印兩種文化已就衰，而遠西之學術、思想、宗教、政法以次輸入，相激相蕩而卒相合之時期。此三期者，初無截然劃分之界限，特就其蟬聯蛻化之際，略分畛畔，以便尋繹。[28]

後者可以常乃德的《中國文化小史》為例，它分中國文化史為八期：

自太古至西周的宗法時期；春秋戰國時代的宗法社會破裂後文化自由發展的時期；秦漢兩代統一安定的向外發展的時期；魏晉朝民族移徙印度新文化輸入的

---

24 柳詒徵：《中國文化史》上冊，「弁言」及「緒論」。
25 何炳松：《何炳松論文集》，148 頁。
26 陳安仁：《中國文化演進史觀‧緒論》。
27 梁啟超：《飲冰室專集》之九十九，172 頁。
28 柳詒徵：《中國文化史》上冊，1 頁。

時期；隋唐兩代民族同化成功新文化出現的時期；晚唐五代宋朝民族能力萎縮保守思想成熟的時期；元明清三朝與西方文化接觸逐漸蛻化的時期；晚清以至今日大革新的時期。[29]

他們的上述分期是否科學，可不置論；重要在於，他們都力圖從中外文化融合和中國文化發展變化的大勢上，考量中國文化史的分期，無疑都表現出了可貴的新思維。

（3）唯物史觀的運用。儘管此期的多數研究者並未接受唯物史觀，但是畢竟有部分學者已開始嘗試和倡導運用唯物史觀研究中國文化史。例如，陳竺同的《中國文化史略》說：「社會生產，包含著生產力與生產關係。這本小冊子是著重於生產力去分析文化的進程。」[30]陳安仁的《中國文化演進史觀》也強調，一國的經濟「與一國的文化進程，有密切的關係，重大的影響」。作者進而引德國學者的話說：「無論如何，唯物史論包含一個大真理，植物賴其所生地的肥料而生長，繁殖開發，同樣道理，可知食物根源的擴張（如由農業），生產方法的進步（如因資本主義的制度），工藝上的文明（如鐵路、省勞動的機器等等），對於文化發達發生的影響，遠勝於道德教訓、宣講書籍、藝術品、哲學系統。」儘管經濟並非影響文化發展的唯一因素，「但就一切社會學的現象看起來，經濟唯是有大影響於文化發達的」[31]固然，這些研究者對於唯物史觀的理解與把握，尚屬粗淺，故其於文化史現象的分析一時也難以避免簡單化的傾向。

二十世紀上半葉的中國文化史研究儘管取得了明顯的成就，但終究屬於發軔期，粗獷有餘而精密不足。二十世紀三〇年代初，朱謙之著《文化哲學》一書，以為已有文化史研究的不足，在於普遍缺乏理論基礎；與此同時，陳寅恪也指出，「以往研究文化史有二失」：舊派「其缺點是只有死材料而沒有解釋」，失之在「滯」；新派多留學生，喜歡照搬外國理論，其書有解釋，「看上去似很有條

29 常乃德：《中國文化小史》第一章，上海，中華書局，1928。
30 陳竺同：《中國文化史略》，144 頁，上海，文光書店，1948。
31 陳安仁：《中國文化演進史觀》，61 頁。

理，然甚危險」，失之在「誣」。[32]二者的批評有相通之處，頗能中其肯綮。

遺憾的是，新中國成立後，除了如文學、藝術、史學、哲學等具體的部門文化史的研究還在繼續外，文化史作為一個獨立的學科，在長達近三十年的時間裡，實陷於中斷。這主要是受「左」的思潮影響，視文化史為資產階級唯心論的淵藪而加以簡單否定的結果。

中國文化史研究枯木逢春，其根本轉機在二十世紀七〇年代末。一九七八年黨的十一屆三中全會確立了改革開放的路線後，國人得脫「左」的羈縛，百業發抒。與此相應，中國文化史研究與「文化熱」同時升溫，尤其是進入八〇年代後，更似春潮勃發，迅速蔚為大觀：報刊上就中國傳統文化的優劣展開長時間激烈的爭論；文化史研究的專門機構在許多高校和科研單位先後建立了起來；專門的學術團體、期刊出現了；國際國內的或地方的相關學術討論會，每年都在舉行；文化史不僅進入了高校的課堂，而且成為研究生培養的重要研究方向。這場文化和文化史「熱」，其持續時間之長，影響範圍之廣，為新中國成立以來所僅見，以至於我們迄今都可以感受到它。

自二十世紀七〇年代末以來，文化史研究取得了豐碩的成果，已出版的著作為數十分可觀。馮天瑜等的《中華文化史》、陰法魯等的《中國古代文化史》、劉蕙孫的《中國文化史稿》等，是有影響的通史性的著作；萬繩楠的《魏晉南北朝文化史》、龔書鐸主編的《中國近代文化概論》、史全生主編的《中華民國文化史》等，則是斷代史方面有代表性的著作。此外，有關區域文化史、專題文化史、少數民族文化史、中外文化交流史等方面的著作，為數最多，更不乏精品佳構。此期的中國文化史研究，無論從品質與數量上看，還是從涉及領域的廣度與深度上看，均非二十世紀上半葉的研究所能同日而語。

一定的文化是一定社會的政治和經濟的反映，又給予偉大影響和作用於一定社會的政治和經濟。二十世紀七〇年代末以來，文化及文化史的研究之所以得以

---

32 蔣天樞：《陳寅恪先生編年事輯》，222 頁，上海，上海古籍出版社，1997。

復蘇乃至於勃興，歸根結柢，是中國揭出了實現現代化的時代主題和社會醞釀著轉型的產物。所謂現代化，不是孤立的社會目標，對於一個國家和民族來說，它意味著自身整個文化的現代化。就中國而言，文化的現代化不應也不可能是全盤西化，它只能是傳統文化的現代化。為此，去除糟粕，繼承和弘揚中華民族優秀的文化傳統，實現傳統文化的內在超越，便成了中國現代化課題中的應有之義。「中國文化，表現在中國已往全部歷史過程中，除卻歷史，無從談文化。」也因是之故，欲解答現實中的文化問題，便不能不去請教歷史。不僅如此，中國的現代化事業任重道遠，它需要不斷增強民族的凝聚力、認同感，中國文化史研究恰恰可以高揚愛國主義，為之提供無可替代的民族精神的支柱。很顯然，二十世紀末，國人重新發現了中國文化史的價值，這是完全合乎邏輯的。當然，思想既經解放，學術研究無禁區，文化史這塊長期荒蕪卻又遼闊而肥沃的學術園地，自然會吸引來眾多拓荒者。這即是說，中國文化史學科自身發展的強勁內驅力，也是不容忽視的。要言之，此期中國文化史研究復蘇的原因與二十世紀二〇至三〇年代肇端的原因，一脈相承，只是因時代條件的差異而表現出愈加斑斕的特色罷了。

同時，也應當看到，此期的中國文化史研究雖然成就斐然，超過了前期，但它在更高的層面上並沒有完全解決前期業已提出的問題，而且面臨著新的分歧。例如，柳詒徵等人早已提出，中國文化史應是綜合的，不應是專門史的組合，這在今天雖成共識，但究竟應怎樣實現綜合，當年的柳詒徵等人在實踐上並未解決，今天我們也仍然處於摸索的過程中。文化概念的界定依然莫衷一是，此不待言；但是，如今文化史的界定本身也成了爭論的問題。此外，朱謙之曾提出文化史研究的理論基礎問題，應當說，迄今足以表現中國氣派的文化學理論，尚未見之。從西方引入的各種文化學理論為數雖多，但有經久生命力的學說也不多見。陳寅恪所說的失之於「滯」的舊派學者固然不存在了，但他對於失之於「誣」的新派學風的批評，卻不能說已無現實的意義。

學術的本質在於發現問題，追求真理。從這個意義上說，上述的現象是正常的，它反映了學術研究無止境和學術研究的艱辛。但是，重要的一點是，不應沉湎於概念的爭論而停止了實踐的探索。蘇聯的學者說得對：「如果只集中注意力

去制定一個什麼是文化，什麼是它的研究對象的準確的、完善無缺的定義，再開始研究俄國文化史未必是合適的。」[33]唯其如此，我們以為在學術界已有的研究基礎上，編纂一部多卷本的《中國文化通史》，不僅已具備了必要的條件，而且其本身即是一種有益的探索。

三、中國文化史發展脈絡

任何事物的發展過程，都因受其根本矛盾在不同發展階段上的具體展開形式的制約，從而顯現出階段性來。「如果人們不去注意事物發展過程中的階段性，人們就不能適當地處理事物的矛盾。」[34]因之，注意事物發展過程中的階段性，對於正確認識事物具有十分重要的意義。實則，馬克思主義唯物史觀從來便重視人類社會歷史的階段性發展，馬克思曾指出，生產關係是隨著生產力的發展變化而變化和改變的。生產關係的總和構成了「一定歷史發展階段上」和「具有獨特的特徵」的所謂社會。「古代社會、封建社會和資產階級社會都是這樣的生產關係的總和，而其中每一個生產關係的總和同時又標誌著人類歷史發展中的一個特殊階段。」[35]

緣是可知，欲理解中國文化史，注意其發展過程中的階段性，同樣是十分重要的。

中國文化史是中國通史的一部分，但其分期應有其自身的根據，而不能強求與政治史或經濟史相一致。固然，一定的文化是一定社會的政治與經濟在觀念形態上的反映，但是，此種反映絕非徑情直遂的，而是通過複雜的中介層面實現的。因之，二者的關係不能等同於物質與精神的關係，以為政治經濟是第一性的，文化是第二性，是政治經濟的派生物。事實上，文化自身有很強的傳承性和

---

33 轉引自莊錫昌等編：《多維視野中的文化理論》，383 頁。
34 《毛澤東選集》第一卷，314 頁，北京，人民出版社，1991。
35 《馬克思恩格斯選集》第一卷，345 頁，北京，人民出版社，1995。

相對的獨立性。從人類歷史上看，精神文明並不總是與物質文明同步。如古希臘的生產力並不發達，但卻創造了燦爛的古希臘文明；在歐洲歷史上，德國曾長期是經濟上落後的國家，但這並不影響它時常占據歐洲文化交響樂團中第一提琴手的位置。同樣，春秋戰國時代是中國歷史的童年，物質文明水準不高，但它卻是中國文化發展史上的一個巨人輩出的黃金時代；宋代國勢屢弱，但人多公認宋代是中國古代文化發展史上的又一個高峰期。陳寅恪甚至這樣說：「華夏民族之文化，歷數千載之演進，造極於趙宋之世。」[36]

中國文化史的分期，當考慮到以下幾種因素：

其一，中外文化的關係。中國文化的發展不是孤立的，在歷史上中國文化曾廣泛吸納了域外文化，其中尤其是東漢後傳入的印度佛教，深刻地影響了中國文化的發展。而鴉片戰爭以後，西學東漸更是有力地衝擊了中國文化，促使其解紐、轉型和近代化。中國文化的發展包含著外來文化的基因，後者提供了重要的內驅力，這是不容忽視的歷史現象。

其二，民族與文化的關係。中國文化的起源是多元的。漢唐之際中國文化進入了發抒的重要時期，其間以漢族為主體的多民族的大融合，同樣深刻地影響了中國文化的發展。故陳寅恪曾反覆強調指出：必須明白民族與文化的關係，「始可與言吾國中古文化史」[37]。實則，與言中國中古以後的文化史，也依然不容忽視民族與文化的關係。這只須指出蒙古族與滿族曾先後入主中原，分別建立了元朝與清朝，有力地影響了中國文化的發展，就足以說明這一點。正是從這個意義上說，中華民族的形成與發展和中國文化的源起與發展是互為表裡、相輔相成的。

其三，社會形態與文化形態的關係。馬克思主義指出，一定生產關係的總和構成了人類社會發展一定階段上具有獨特特徵的所謂社會，即形成了一定的社會形態，如古代社會、封建社會和資本主義社會等。文化的發展雖然並不總是與政

---

36 陳寅恪：《鄧廣銘宋史職官志考證序》，《金明館叢稿二編》，上海，上海古籍出版社，1980。
37 陳寅恪：《寒柳堂集》，33 頁，上海，上海古籍出版社，1980。

治經濟的發展亦步亦趨，但是，歸根結柢，文化的發展又總是與一定的生產方式所構成的社會經濟基礎相適應的，即一定的文化形態適應於所由產生的一定的社會形態。所以，有所謂古代社會文化、封建社會文化和資本主義社會文化等的分際。這是具有普遍意義的唯物論的觀點。

緣此，從文化的性質和中外文化關係的發展態勢上，學術界對中國文化史曾有以下兩種長時段的分期：

（1）自遠古迄西周[38]，屬古代社會的文化；自西周迄明清，屬封建社會的文化；自鴉片戰爭以降迄新中國建立，屬半殖民地半封建社會時期的近代文化。

（2）自遠古迄漢代，是為中國文化獨立形成與發展的時期；自漢代迄明末，是為中國文化積極吸納域外文化，尤其是印度佛教，從而使自身得到不斷豐富與發展的時期；自明末迄新中國建立前，是為西方文化漸次傳入，中西文化相激相盪終相融合和中國傳統文化向近代文化轉型的時期。[39]

上述兩種分期，視角不同，實質是一致的，即都注意到了中國文化的階段性發展，但略顯疏闊。依上述理路，中國文化史的發展大勢，還可以進一步大致分成六個時期：先秦；秦漢；魏晉南北朝至隋唐五代；遼宋西夏金元；明清（前期）；近代。茲分述如下：

第一個時期，先秦。

這是中國文化的孕育、化成時期，也是中國文化的奠基期和第一個高潮期。先秦文化的集成奠定了中國文化博大精深的基礎，給中國文化的發展開拓了廣闊的道路。所謂的中國文化傳統，就是從這個時期發軔、源起。

先秦文化的積澱經歷了漫長的歷史時期。從一百七十萬年前元謀猿人開始，中華民族的祖先經歷了直立人、早期智人（古人）、晚期智人（新人）到現代人

---

38 中國古代史分期問題，學術界存在爭論。這裡以西周封建說舉例。
39 參見柳詒徵：《中國文化史》上冊，1 頁。

的演進，度過了舊石器時代、中石器時代、新石器時代，通過原始人群、母系氏族社會、父系氏族社會，進入了階級社會的門檻。這標誌著他們已經艱難地越過了蒙昧、野蠻而迎來了文明的曙光。中國大地的文明曙光，最早是以滿天星斗式的多元發生為特點的。遠在新石器時代的後期，中國廣大的區域內，即已經形成了若干初級文明的文化區域：陝晉豫文化區、山東文化區、湖北文化區、長江下游文化區、鄱陽湖—珠江流域文化區、遼西河套文化區。這些不同區域的文化不斷地積累、發展、碰撞，最後通過在中原地區的交匯、融合，完成了中國古代從野蠻到文明、從量變到質變的轉變，建立起中國歷史上第一個文明國家王朝——夏。

中國古代是在基本上沒有改變氏族結構的情況下進入階級社會的，因而它在政治制度的架構上還保留著氏族社會的許多特點。夏王朝基本上還是氏族方國聯盟的王朝，王權通過巫術神權去體現，其思想文化還帶有強烈的氏族觀念和宗教神權的巫術特徵，人們的思想意志，歸根結柢，要以神的意志為轉移。

商代是神權政治的極盛時期。商王國政治地理相對狹窄與它統治區域廣大的矛盾和以子姓為主的家族統治集團與外服異姓方國的矛盾，促使商的國家宗教愈來愈向強化神權、王權的方向發展。商代的巫術神權無所不包，其思想、文化、藝術無不帶有典型的溝通人神的神話或巫術的意義。

殷商以一味迷信天命走向殘暴導致了國家的滅亡。周初「封建親戚」，在「因於殷禮」的基礎上，吸收殷亡國的教訓，制定了以敬天保民、明德慎罰為主導思想的禮樂文化，完善周王朝的上層建築。這是中國古代神權思想解放、理性文化思想形成的第一步。

禮樂文化的思想基礎是「德」。周人強調「敬德」，強調用人力、人的道德保有「天命」即掌握政權，主張用體現國家制度、人倫行為準則和道德規範的「禮」來穩定社會的等級秩序；用「樂」來引導人們在遵守等級秩序的前提下的親和。這是商周之際統治思想也是文化思想的重大變化。它孕育和涵蓋的「人治」理性精神和一統「和合」精神，對中華民族和大一統國家的形成都有不可磨滅的指導意義。

春秋時期，王室衰微，諸侯爭霸。新型的君主專制國家和郡縣制的發展，使處於幾個不同文化區域的爭霸大國逐漸形成幾個不同的政治文化中心。宗法制度的崩潰，「學在官府」的局面被打破，私學的發展，推動了學術文化的普及和文化思潮的發展。急劇動盪的社會變革，戎狄蠻夷和華夏融合，農業、工商業、科學技術的發展，激發了思想家們對面臨的各種現實問題如天人關係、君臣關係、君民關係、華夷關係以及忠孝、仁義等思想倫理學說的探討。由此，隨著爭霸各國為了富國強兵而進行的政治、經濟、文化變革，不同的政治主張競相揭出，不同流派的私家講學和各成一家之言的私人著述逐漸發展。儒墨顯學之爭已揭開了文化爭鳴的序幕。

　　戰國以後，新成長起來居於統治地位的地主階級處在統一中國的激戰之中，他們希望從思想家那裡吸取新的學說和營養，禮賢下士成風，學術政策寬容，為士人衝破舊思想的束縛，探求創作新的思想創造了極為有利的政治環境和生活環境，促使不同觀點的各種著作雨後春筍般湧現，儒、道、陰陽、法、名、墨、縱橫、雜、農、小說諸家紛然並存，相互駁難，形成了錯綜複雜、生動活潑的百家爭鳴局面。

　　百家爭鳴是華夏各民族文化積澱的結果，也是春秋戰國時期諸多思想家智慧的結晶。百家爭鳴的出現，標誌著華夏文化的成熟和發展，標誌著中國古代理性文化已經達到了博大的、難以攀登的高峰。它的出現，不僅為統一的多民族的國家的出現奠定了思想和文化的基礎，也為中國幾千年的政治文化的發展奠定了基礎。兩千多年來，歷史上的許多思想都可以從戰國諸子的學說中找到源頭，甚至今天社會科學的許多問題，我們也可以或多或少地從諸子那裡發現頭緒。

　　第二個時期，秦漢。

　　這是中國文化的成長時期。此期以封建經濟政治制度為基礎，以漢民族形成和各民族交往的加強為背景，確立了以儒家思想為核心的多民族統一的文化格局。這樣的格局一直延續到了有清一代。

　　秦皇朝建立起空前統一的大一統政權，為思想文化的統一提供了必要的條

件。秦始皇堅持法家路線，力圖構建起服務於大一統政治的以文化專制主義為特色的文化體系。他的努力沒有成功，強制性的文化統一沒有產生與封建政治共同發展的結果。

經過多年的探索，儒家思想最適應封建政治的需要，漸成政治家們的共識。漢武帝順應歷史發展的客觀需要，確立「罷黜百家，獨尊儒術」的國策，將儒家經學正式確定為官學，以政權力量樹立起儒家的權威。在解決漢代遇到的一系列重大歷史與現實問題方面，儒家思想充分顯示出它的理論力量。在儒家思想指導下，漢武帝在政權建設和鞏固多民族統一國家方面努力開拓進取，擴大了封建大一統政權的政治影響。通西域和開發西南，使西北、西南各少數民族加強了與內地的聯繫，以儒家思想為核心，封建多民族統一的文化格局逐步形成。其後，漢宣帝親自主持召開石渠閣會議，以皇帝兼宗師、教主身分裁決五經異同，這是以皇權專制的儒學形式進一步控制思想的標誌。宣帝開始注意用符瑞粉飾政治，在白虎觀召開經學會議，形成封建社會的法典性文獻——《白虎通義》，儒家政治倫理原則在社會得到全面落實。

儒家統領文化的格局確立後，哲學、史學、文學、教育、科學技術以至社會風俗等各文化領域，日益浸潤著儒家思想的影響。封建大一統文化表現出了巨大的創造力量，但是，與此同時，其高度一統的負面效應也開始顯露出來，對當時和以後的中國文化發展產生了消極的影響。

第三個時期，魏晉南北朝至隋唐五代。

這是中國文化發展的第二個高峰期。從魏晉南北朝開始，中國文化結構經歷了一次更新和充實的過程，到隋唐五代時期終於發展到了光輝燦爛的階段。

兩漢時期神學化的儒學長期處於獨尊的地位。然而，從漢末起，社會環境的巨變以及自身方面的原因使得儒學式微。以玄學為先導的多種文化因素競生並長，不但一變百草蕭疏而為萬木爭榮，而且也為道教從原始幼稚走向完備成熟、佛教在中國站穩腳跟並得到迅速發展，掃清了道路。經過不斷的調整組合，到南北朝後期，儒釋道三家並立主導文化的格局初步形成。魏晉南北朝時期，各族人

口的頻繁流動與接觸，使得異質性十分鮮明的胡漢兩種文化間的衝突與融合，不可避免。入主中原的胡人在被漢文化涵化融合的同時，也為漢人注入了胡文化的新鮮活力。在南北交往過程中，文化的進步逐漸泯沒了民族隔閡，中華文明在登上一層新的臺階後，終於進一步實現了在根基方面的趨同。然而，由於長期分裂隔絕，又使得南北文化的地域特徵明顯存在。南人善創新，北人重傳統；南人重文，北人尚武；南人學問清通簡要，北人學問淵綜博廣，凡此種種，都是這一時期南北文化趨異性的表現形式。

隋唐五代的文化總結和繼承了前代的成果，同時，又以博大的胸懷、恢弘的氣勢，吸收了當時域內外各民族文化的精華，造就了此期各部門文化的大發展，從而形成中國文化發展史上的一座新高峰。隋唐統治者確立了以儒學為正宗、三教並存主導文化的格局，同時注意對南北文化差異進行溝通，並對胡漢文化採取了兼容並包的政策。到開元、天寶年間，終成盛唐氣象，哲學、宗教、文學、藝術、科技等的文化天空，群星燦爛，湧現出了一大批包括李白、杜甫等在內的文化巨匠。唐中後期的文化則在多元的、深層次的發展過程中，又開始了結構上的局部調整，經五代的發展，為宋代文化的再度高漲奠定了基礎。

第四個時期，遼宋西夏金元。

這是中國文化發展的第三個高峰期。此期漢族政權與周邊少數民族政權多元並存，及其由紛爭趨歸統一的歷史走向，深刻地影響了中國文化的發展。

北宋建立後，採取措施加強了皇權專制主義統治。但是，北宋統一的範圍有限，與漢唐規模不能相比；右文政策帶來了文化的興盛，另一方面，文化鬥爭與政壇上黨爭交織，政局動盪不定。北宋兩次重大的改革慶曆新政與王安石變法，沒有收到應有的成效。南宋高孝光寧四朝是所謂的「中興四朝」，南宋孝宗等一度起用抗金人士，但一遇挫折，便失信心。加之奸相把持大權，朝政腐敗已極，「中興」難再。動盪不定的政局給文化帶來新的特點。

兩宋的經濟有了較大的發展，客戶與主戶關係表明封建生產關係的新發展，地主階級各個階層中，占支配地位的是品官地主，這與身分性很強的門閥地主不

同。商品經濟發達，超過前代，汴京、臨安、大都等一些大都市出現了。中國經濟重心南移在南宋完成，地區特徵的經濟形成，使得文化分布呈現了新的格局。

遼、西夏、金與元不斷進行改革，推動中國周邊地區封建化。在中原地區的漢文化深刻影響下，雅好儒學文化成為一種風尚；同時，更值得注意的是，此期塞外遊牧民族的草原文化與中原農業文化相互匯合，相互補充，相互吸收，浸成了以漢文化為核心的多樣性文化。程朱理學地位在南宋後期不斷上升，到了元朝才成為占統治地位的學術，影響封建社會後期的政治、社會生活的各個層面。

宋代文化在中國文化史上占有特殊重要的地位。元朝文化是宋代文化的延長，只是帶上恢弘與粗獷的特點。

宋元文化上的一個十分突出的方面，是人文精神的出現。兩宋文化體現出的是一種開闊的視野與清醒意識。學者疑古惑經，突破疏不破注治經的藩籬，表現了「變古」的精神和文化批判的勇氣。都市文化的崛起，則是反映了新興的市井百民對精神文化的需求，表現了他們的情感與思想。

宋元文化核心是理學。它強調萬物一理，理一分殊，天理支配宇宙變動、歷史興衰和人事得失。原有的儒學得到一次更新、改造，經歷了一次抽象、昇華。隨著理學成為占統治地位的學說，成為教條，原先學術上活潑、富有創造的活力消失了。在這樣的土壤裡，人文精神不可能得到進一步發育。

宋元文化中民族觀念的內涵，有了新的因子，體現出民族起源的認同感，反映民族凝聚力不斷增強。遼、金史書中認定自己是黃帝、炎帝的子孫，遼、金人主如遼聖宗、金世宗，即使是金海王，都努力學習漢文化，力圖從《貞觀政要》、《新唐書》等典籍中，吸取經驗。元人修宋、遼、金三史，在正統問題上，長期爭論不下，最後決定各與正統，寫成三部史書。這件事本身體現出民族觀念的新發展。

包括科技在內的宋元文化極其燦爛輝煌，對十至十四的亞洲，乃至對世界，都有重大的影響。程朱理學為亞洲儒學圈的形成奠定了基礎。宋代人的指南針等科技的發明和傳播，影響到世界史的進程。同樣，此期外域文化的傳入，為華夏

文化注入了新的因子。

第五個時期，明清。

這是中國文化盛極而衰的遲暮期。中國封建社會由明代步入了晚期，專制制度發展到了極致，加劇了政治的衰朽與社會的矛盾；社會經濟的發展雖然達到了封建社會所能容納的高度，並醞釀著新舊的衝突和支撐了社會文化的幾度繁榮，但終屬夕陽殘照，中國封建社會的文化無法避免明日黃花的命運。

明代初期，統治者在政治上強化君主專制，在思想文化上，尊崇程朱理學，剿滅異端，大興文字獄，推行文化專制主義。這不僅造成了思想文化的沉寂，而且助長了以文學復古、擬古為代表的社會復古思潮。明代中期，社會經濟有了重要的發展，資本主義萌芽的顯露，預示著封建生產方式內在矛盾的深刻化，商品經濟因此出現了前所未有的活躍勢頭。緣是，封建統治稍稍鬆弛，思想文化領域呈現出一派生機。以「心」為本體，強調人的主體意識的陽明心學的崛起，打破了程朱理學的一統天下，促進了思想的解凍。從王艮到李贄的泰州學派發展了陽明學的積極因素，更具「異端」色彩。與此相應，主體意識覺醒和講求實學的思潮的湧動，為僵滯的社會生活、文學藝術創作與思想文化界，帶來了一股新鮮活潑的時代氣息，顯露出新舊衝突變動的徵兆。以李時珍的《本草綱目》、吳承恩的《西遊記》、徐光啟的《農政全書》等等為代表，文學、藝術、科技等領域都取得了重大成就。

明末耶穌會士東來，帶來了天文曆算等西洋的科學技術，傳達了西方文藝復興的資訊，中西文化發生了交匯與衝突。徐光啟、李之藻諸人積極迎受西學，並依稀感悟到了世界科技發展的主潮，提出了「先行會通，進而超勝」處理中西文化的正確思路。但遺憾的是，隨著朝代更迭，政局劇變，這一正確的思路被打斷了，中國歷史文化的發展，後來因此付出了沉重的代價。

清朝代明而興，開拓疆土，基本奠定了今天中國的疆域，有力地促進了中國多民族國家的鞏固和發展，同時也促進了各民族間文化的多元融合。清前期，經濟繁榮，國力強盛，出現了中國封建社會歷史上新的治世和高峰。以此為依託，

「康乾盛世」也成了中國文化集大成的重要時期。《古今圖書集成》、《四庫全書》，卷帙浩繁，氣勢宏大，是中國文化遺產的總匯；乾嘉學派研究儒家經典，考其真偽，正其訛誤，辨其音義，校勘異同，在治經、考史、文字、聲韻、曆算、地理、金石等諸多方面都取得了很高的成就；在文學藝術方面，《紅樓夢》是古典小說的極品，《長生殿》、《桃花扇》等，則成為戲曲發展新的里程碑。

但是，封建社會畢竟日薄西山，故清代文化實為一種爛熟的文化，輝煌與衰朽並存，集大成與僵滯共生。統治者不僅推尊理學，加強君主專制，而且較明代更加殘酷地推行文字獄。「避席畏聞文字獄，著書只為稻粱謀。」這嚴重束縛了思想文化的發展。理學空疏，漢學破碎，終於導致了士習敗壞，實學消沉，「萬馬齊暗究可哀」的局面。同時，自雍正後，統治者實行閉關鎖國的政策，中西文化交匯之道阻，中國脫離世界文化發展的主潮，陷入了孤陋寡聞的境地。

清代中期，漸入「衰世」。內有民眾起義，外有西方侵略勢力頻頻叩關，社會險象環生，「山雨欲來風滿樓」。封建專制的控制力也因之削弱。嘉道間，經世思潮浸浸而起。以常州學派為代表，有識之士因經學飾政論，「更法」、「求變」之聲漸起。但清朝統治者顢頇昏瞶，不到鴉片戰爭的大炮轟鳴，不肯睜眼看世界。

第六個時期，近代。

這是中國文化轉型和謀求復興的時期。一八四○年的鴉片戰爭不僅是中國社會歷史發展的轉捩點，而且也是中國文化發展的轉捩點。鴉片戰爭後，由於西方列強的入侵和中國社會內部資本主義因素的增長，中國傳統社會開始瓦解，走上了半殖民地半封建的道路，中國文化也發生了從古代向近代的轉變。

鴉片戰爭時期林則徐、魏源提出了「師夷長技以制夷」的主張，在舊思想的防堤上打開了一個缺口。第二次鴉片戰爭以後，隨著洋務運動的開展，中國社會出現了新的文化因素，西方自然科學的引進，新式學堂的創立，早期改良思想的出現，為中國近代資本主義文化的形成準備了條件。為了適應新形勢的需要，儒學思想體系作了新的調整，洋務派因之提出了「中體西用」的思想主張，即要求

在不改變封建綱常名教的前提下，吸收西方的「富強之術」。這比封建守舊派的「天不變，道亦不變」的觀點進了一步。總之，十九世紀四〇至九〇年代，中國文化領域的基本特徵是：器唯求新，道唯求舊。

甲午戰後，中國文化領域發生了重大的變化：近代文化事業有了較大的發展，新型知識份子開始形成與壯大。在空前嚴重的民族危機的刺激下，新興資產階級登上了政治舞臺，推動了近代新文化的形成和發展。「詩界革命」、「小說界革命」、「戲劇改良」、「史界革命」、「軍國民教育」、「科學救國」、「教育救國」、「文學救國」、「實業救國」等等口號的接連提出，是資產階級新文化崛起的重要表徵，構成了晚清文化領域發生重大變革的壯麗畫卷。文化的變遷不僅表現為部門文化的拓展，更主要的還表現為中國文化結構的變動，孔孟儒學及封建綱常名教受到了新思潮新文化的衝擊而動搖，西方的進化論、民權學說漸為國人所接受，成為進步階級反對舊文化的思想武器和資產階級新文化的思想指導。尤其是晚清最後十年，隨著社會變革的加劇，以及資產階級維新派、革命派的推動，近代新文化的影響不斷擴大，終至成為文化的主潮。

中華民國的建立，尤其是二十世紀初年中國民族資本主義的進一步發展和新生的無產階級開始登上政治舞臺，為中國文化的演進創造了新的條件。此期中西文化的衝撞與融合，愈趨深化。國人通過自身能動的選擇和積極的創新，使中國的新文化在各個領域都獲得了巨大的發展，從而奠定了從傳統向現代轉型的基礎。

五四新文化運動是此期文化演進的一大關鍵。經過它的洗禮，科學和民主作為一種有機聯繫的觀念，成為中國文化追求的價值目標，滲透到所有重要的文化領域，對中國文化的發展產生了深遠的影響。可以說，正是在這一時期，中國文化最終形成了自己真正現代意義上的科學和民主的傳統。

五四以前，近代資產階級的新文化代表著文化發展的方向，主導著文化的潮流。五四以後，馬克思主義在中國得到廣泛傳播，以之為指導的新民主主義文化開始形成，並通過與封建主義文化和帝國主義文化的鬥爭，逐漸成為中國文化發展的主流。新民主主義文化繼承和發展了科學和民主精神，使中國文化實現了內

在的超越，中國人從此在思想文化上一改晚清以來的被動局面，轉為主動，中國文化也由此邁向了衰而復興的新歷程。

現代自然科學和社會科學在中國初步形成了自己獨立的體系；白話文取代文言文成為通行的語言文字等，堪稱此期具有劃時代意義的重大變革。它為中國文化的發展開闢了新的領域和道路，在內容與形式上都深刻地體現了文化的現代性追求。

民族主義激情和愛國主義精神，是促進此期文化由傳統向現代變革的巨大動力。而中西文化的會通融合，即西方文化中國化、中國文化現代化，則是實現此種轉換唯一正確的途徑。揭櫫建設「民族的科學的大眾的文化」大旗的新民主主義文化，正是當時人們會通中西文化的最佳方案。不過，因歷史的原因，這一文化形態當時還不可能發展成熟。

四、中國文化的特質

《易·賁卦·象》：「文明以止，人文也。」文明或文化作為人類一定社會歷史條件下的產物，不能不受特定的地理、人種及歷史傳統諸多因素的影響，而具有一定的民族特質。中國文化的特質，至少可以指出以下幾點：

（一）中國文化源於中華民族獨立的創造，具有獨創性

二十世紀初，一些西方學者無視中國文化自身的傳統，曾認定中國文化最早是由西方傳來的。一時不少中國學者也隨聲附和，有人甚至專門寫了《中國人種考》一書，表示認同。中國人種既是來自西方，中華文化當然也是源自西方了。這是當時一些人崇信西洋文化和民族自卑心理的一種反映。新中國成立後，中國的考古研究完全證實了「中國人種西來」說，原屬無稽之談。一九九八年考古工作者在巫山縣龍骨坡發現的距今二百萬年前的古人類遺址表明，中國很可能是地

球上早期人類的發源地之一，更說明了這一點。[40]實則，中國人種的起源與中國文化的起源，是兩個概念。儘管科學界對於前者尚存歧見，但是，中國文化源於中華民族獨立的創造，卻是無可非議的。研究表明，中國史前文化譜系的分布及其趨同發展和最終導入古代文明的過程，層次分明，脈絡清晰。在這漫長的歷史演進中，中國境內各文化譜系有過相互間的關係與影響，但並沒有發現與遙遠的境外文化有過經常的密切聯繫。中國與外來文化的交流，始於漢代，但當時的中國古代文化早已完全形成了。[41]這與中國文化賴以形成的地理環境有關。從宏觀上看，中國本身是一個巨大的地理單元。這裡東臨浩瀚的太平洋，西部、北部、南部分別被茫茫戈壁和險惡的高原峻嶺所阻隔，形成了與外部世界相對隔絕的狀態。而內部又極廣闊，氣候濕潤，物產豐饒。這種狀況決定了中國文化起源的獨創性，決定了它在很長的時期裡只能走著獨立發展的道路，而與鄰近地區史前文化的聯繫只能維持在較低的水準上。這與羅馬文化主要靠吸收希臘文化成長起來，印度古文化主要仰仗外來民族的創造，是大不相同的。

中國文化的起源是多元的。如前所述，遠在新石器時代的晚期，中國廣大的區域內，即已形成了若干初級文明的文化區域，猶如滿天星斗。不同區域文化的積累、孕育、碰撞和在中原地區的交匯、融合，促進中國古代首先在中原地區完成了由野蠻到文明，從量變到質變的轉變，建立起中國歷史上第一個文明國家的王朝——夏，也奠定了華夏民族形成的基礎。雖然此後黃河流域在歷史發展的進程中，常常居於主導地位，但其他地區的古代文化也以各自的特點和途徑在發展、創造，並進一步接受和給予黃河流域以重大的影響。春秋戰國時期齊魯、三晉、楚、吳越、巴蜀、胡文化的交融、爭鳴而成為大一統文化的前奏是如此，秦漢、兩晉南北朝、唐宋時期，也是如此。平常我們所說的中國文化的包容性、涵化性，在其起源的多元性中業已體現了出來。

中國古代是在基本上沒有改變氏族結構的情況下進入階級社會的，因而中國

---

40 《200萬年前華夏大地有人類活動》，《光明日報》，1998-01-24。

41 參見嚴文明：《中國史前文化的統一性與多樣性》，《北京大學哲學社會科學優秀論文選》第二輯，北京，北京大學出版社，1988。

早期的國家在政治制度的架構上，這種人與人關係的變化決定社會關係變化，還保留著氏族社會的許多特點：家（族）國同構；經濟基礎是以木、石、骨、蚌生產工具為主的耜農業；統治思想更多的表現氏族觀念和宗教神權思想。這種家（族）國同構的政治組織形式和意識形態對中國古代社會的發展影響極大。商周時代的氏族封建、宗法封建社會，基本上還是家族、宗族和國家一體的宗法社會。秦漢以後的地主封建社會，雖然家族、國家已經不是一體的了，但仍然是一個人的「家天下」，而且整個社會族權、父權、夫權一直占統治地位，一直到現在還有影響。這是中國文化乃至中國社會的一個重要特點。

中國古代由野蠻進入文明的主要變化，是人與人之間關係的變化，即表現為氏族對氏族、人對人的壓迫、剝削，而人與自然的關係即生產工具、生產力的變化，並不明顯。因而中國文明很早就注重文化的「化成」即文化的整合和引導作用。以青銅冶鑄技術的發展為例，中國夏代已經有了比較發達的青銅冶鑄技術，然而此時發達的青銅冶鑄技術主要並不是用於製造生產工具，而是用於鑄造祭祀天地祖先以溝通人神的禮器和兵器。「國之大事，唯祀與戎。」這說明青銅器在中國的發展從一開始就是政治性的、宗教性的。它的功用，主要不是表現為人與自然的關係，而是主要體現人和人的關係，體現「禮」對人們等級關係的約束。「禮」（包括「禮樂」、「禮法」、「禮俗」）是中國古代國家典章制度、社會生活習慣、個人行為規範的綜合。中國歷朝歷代除秦以外都把「禮」看成是「國之幹」、「國之柄」，而主張以「禮」治國。這都是基於禮的「化成」即整合、規範、引導作用出發的。「道德仁義，非禮不成；教訓正俗，非禮不備；分爭辯訟，非禮不決；君臣上下，父子兄弟，非禮不定；宦學事師，非禮不親；班朝治軍，蒞官行法，非禮威嚴不行；禱祠祭祀，供給鬼神，非禮不誠不莊；是以君子恭敬撙節退讓以明禮。」[42]唯其如此，中國自古稱「禮儀之邦」。這也是中國文化有別於西方文化的重要特質之一。

---

42 《禮記・曲禮》。

（二）中國文化的精神尚「和」

中國文化在自己漫長的發展歷程中，形成了諸多精神，但是最能從整體上表現中國文化神韻的核心精神，是尚「和」，即追求和諧的中和主義。中國人獨特的宇宙觀、人生觀和審美觀，都是圍繞著尚「和」精神的軸心來展開的。

在先秦奠定中國人宇宙觀基礎的《周易》中，就孕育了「天人合一」的思想，即認為人類社會和自然界所組成的宇宙，是一個生生不已、有機聯繫的和諧的生命統一體，事物內部互相對立的雙方（它用高度抽象的概念「陰陽」來代表），必須貫通、連接、和合、平衡，才能順利發展。所謂「陰陽合德」、「剛柔相濟」，強調的都是對立面的和諧統一。一旦陰陽失調，剛柔不諧，統一破壞，禍亂就要發生。這種對立面的和諧不是在靜態中實現的，而是表現為不斷的運動、變化和更新的過程。所謂「日月相推而明生焉」，「寒暑相推而歲成焉」，均表明和諧就是矛盾雙方互相轉換的結果。此種思想體系，視「和」為宇宙的本然和內在的精神，對中國文化的發展產生了極其深遠的影響，特別是形成了中國人重視整體，講求調和，崇尚中庸的思維方式。

宇宙觀決定人生觀。既然宇宙是一個和諧的生命統一體，實現個體生命與宇宙生命的融合，以體驗宇宙間最高的真善美，也就自然成為古往今來中國人所追求的人生最高境界。孔子自稱五十歲「知天命」，六十歲「耳順」，七十歲「從心所欲不逾矩」，其所自道的便是一種自以為實現了的與自然界高度和諧統一的崇高精神境界。孟子也表示過「萬物皆備於我」，「樂莫大焉」。至於道家的莊子，認為與人和得「人樂」，與天和得「天樂」，主張清靜無為，物我兩忘，就更將此種對精神自由的追求推到了極致。因此，對於中國人特別是文化人來說，人生的終極理想絕非是肉體的滿足，而是在求與自然合一中實現那種「與日月同輝」、「和天地並存」的精神不朽。尚「和」的人生觀，還具體地表現在以中庸為準則的處世哲學上。中庸的本意，是要求人們在處理問題的過程中，注意避免「過」和「不及」兩個偏向，以便保持各種矛盾和關係的和諧統一，但它卻不是要人們作無原則的調和，滿足於消極的苟同，故孔子說：「君子和而不同。」同時，尚「和」的人生觀還促使中華民族注重個人品格修養，養成了謙和善良、溫

柔敦厚的民族性格，所謂「文質彬彬然後君子」。中華民族愛好和平的精神，也由此形成。

中國人的審美觀，同樣體現於此種尚和精神。把「和」定為美的一個原則，是一種古老的見解。早在孔子之前，史伯、單穆公等人就曾有過關於「五色」和「五美」問題的討論。他們認為，「聲一無聽，物一無文」，即單調的一種聲音無法悅耳，孤立的一種物象不可能構成絢麗多彩的景觀；相同的事物加到一起不可能產生美，只有不同的事物綜合統一起來才能形成美。這就提出了「和為美」的思想。後來孔子強調「禮之用，和為貴，先王之道斯為美」，又將「和為美」的思想進一步擴大到政治倫理一切領域，並將美和善統一起來，從而使傳統的審美觀帶上了倫理的色彩。

尚和精神還滲透到中國人的政治觀念和社會心理等許多方面，由於此種精神承認世界多樣性統一，因而形成了國人崇尚統一的「大一統」的政治理想，成為中華民族大家庭保持團結，具有強大的凝聚力和向心力的文化根源。歷史上漢族政權與少數民族政權之間常通過「和親」，緩和或解決矛盾衝突；近代孫中山革命黨人甫推翻清廷，即提出「五族共和」的主張，以取代原有激烈的排滿宣傳，都反映了這一點。同樣，中國人注重「人和」的力量，諸如「和氣生財」、「和睦興家」等等眾多的訓條，無疑又都彰顯了尚「和」的社會普遍心理。

（三）中國文化以倫理為本位

如上所述，中國古代由野蠻進入文明，帶著氏族社會的臍帶，形成了以宗法關係為紐帶、家國同構的社會範式。故重人與人的關係甚於人與自然的關係，突出以「禮」規範社會，「化成」天下。這與小農經濟相適應，復使中國文化形成了以倫理為本位的特質。

早在西周，先人就提出了「以德配天」、「敬德保民」、「明德慎刑」的思想，即強調宗法道德規範。到春秋時期，儒家更將之提升到了思辨的層面，形成了系統的倫理道德思想。孔子說：「仁者愛人」，「克己復禮以為仁」。遵守宗法道德

規範，以實現社會的和諧，是儒家所追求的最高倫理境界——「仁」。所以，在儒家看來，注重道德修養，希賢希聖，是人生的價值所在。《易》曰：「君子厚德載物。」封建士大夫追求所謂的「三不朽」，即「立德、立功、立言」，其中「立德」是第一位的。不僅如此，道德修養還被視為治國安邦、實現儒家理想社會的起點。儒家經典《大學》指出：「欲治其國者，先齊其家。欲齊其家者，先修其身。欲修其身者，先正其心。欲正其心者，先誠其意。欲誠其意者，先致其知。致知在格物，格物而後知至，知至而後意誠。意誠而後心正，心正而後身修。身修而後家齊，家齊而後國治，國治而後天下平。」這裡明確地把個人道德修養與國家社會的治理結合起來，體現了儒家治國以道德為本的主旨。這種將政治道德化的價值取向，是中國傳統文化的顯著特色。

可以說，中國文化的各個領域都染上了濃重的道德色彩：史學強調「寓褒貶，別善惡」；文學強調「文以載道」；戲曲強調「勸善懲惡」；美術則有《古畫品錄序》說「明勸戒，著升沉，千載寂寥，披圖可見」；《三字經》則謂「首孝弟，次見聞」，明確將道德教化置於智育之上；如此等等。黑格爾說：「中國純粹是建築在道德的結合上，國家的特性便是客觀的『家庭孝敬』」[43]。這種觀察並沒有錯。論者稱中國文化是以倫理為本位的文化，或倫理道德型的文化，也不無道理。

注重倫理道德的文化精神，對中華民族的歷史發展起過積極的作用。在道德面前人人平等是儒家的一個重要理念，孟子說「人皆可為堯舜」，王陽明也說「滿街皆是聖人」。意思是說，無論是達官貴人，還是平民百姓，都可以在道德修養方面達到最高境界。這包含了對最高統治者的道德約束。在缺乏約束機制的中國傳統社會中，此種道德意義上的平等理念，可以發揮社會政治的調節作用。同時，強調道德境界復使中國文化形成了追求人格力量和憂國憂民的博大情懷。所謂「貧賤不能移，富貴不能淫，威武不能屈」；「三軍可奪帥也，匹夫不可奪志」；「先天下之憂而憂，後天下之樂而樂」；「為天地立心，為生民立命，為往

---

43 柳卸林主編：《世界名人論中國文化》，193頁，武漢，湖北人民出版社，1991。

聖繼絕學，為萬世開太平」，都是反映了此種情懷。也因是之故，在中國漫長的歷史發展過程中，先人形成了許多優秀的道德品質，諸如不畏強暴，勤勞勇敢，自強不息，捨生取義，殺身成仁，等等。尤其在國家民族和社會遇到危難之際，許多志士仁人便會挺身而出，維護正義，抵抗外侮，反抗黑暗勢力，拯救國家與民族，弘揚正氣與真理。千百年來，無數英雄人物都從傳統倫理道德精神中汲取力量，努力奮鬥，建功立業，光照千秋。

（四）中國文化生生不已，具有強大的生命力

中國古代文化與古埃及、古巴比倫和古印度文化並稱為人類四大古文明，與後起的希臘、羅馬一道，代表著人類古代文明的高峰。但是後來其他的古文明，陸續凋謝，沉光絕響，唯中國文化一枝獨秀。數千年間，它歷風雨而不衰，遭浩劫而彌堅，源遠流長，迄今仍保持著旺盛的生命力，成為人類文化發展史上的一大奇蹟。生生不已，具有強大的生命力，是中國文化的重要特徵。其箇中的奧秘固然不易說清，但是指出中國文化的幾個因果互為表裡的特點，顯然有助於人們理解這一點：

其一，中國文化具有追求大一統的內驅力。

自西周起，追求大一統便漸成中國政治文化的核心內容。孔子著《春秋》，開宗明義即稱：「王正月。」《公羊傳》釋之曰：「曷為先言王而後言正月？王正月也。何言乎王正月？大一統也。」先秦諸子雖論難詰駁，勢若水火，但於政治理想，卻都歸宗於「大一統」。墨家「尚同」與儒家「大同」，目標完全一致。孟子更明示天下要「定於一」；荀子不但要「一天下」，而且還要「一制度」，「風俗以一」，「隆禮而一」。秦漢以後，大一統思想復被推崇到了「天地之常經，古今之通誼」[44]的高度，並浸成了中華各民族共同的理念和政治價值取向。在中國歷史上，人們追求和珍惜統一，將統一的時代稱作「治世」，而將分裂的時代稱

---

44 《漢書・董仲舒傳》。

作「亂世」。在任何時候，製造分裂的言論和行動都要受人唾罵。而任何一個割據勢力也都不肯長期偏安一隅，無不殫精竭慮，把統一天下視作英雄偉業。在紛爭不已的十六國時期，前秦國王氐族人苻堅統一北方後，聲稱揮師南下的理由說：「吾統承大業垂二十載，芟夷逋穢，四方略定，惟東南一隅未賓王化。吾每思天下未一，未嘗不臨食輟。」[45]至於南宋陸游有《示兒》曰：「死去元知萬事空，但悲不見九州同；王師北定中原日，家祭無忘告乃翁」，則表達了一切愛國者共同的大一統情結。正因中國文化具有追求大一統的內驅力，故從總體上看，中國的歷史，分裂的時間短，統一的時期長，統一終究是無可抗拒的歷史大趨勢。

其二，中國文化具有包容性。

中國文化的起源是多元的區域文化融合的結果，其本身就體現了包容性。迄秦漢時期，「天下同歸而殊途，一致而百慮」[46]，此特性愈彰顯。從先秦時起中國文化固強調「華夷之辨」，但華夷界限，從來是重文化而輕血統。《春秋》曰：「中國而夷狄，則夷狄之；夷狄而進於中國，則中國之。」此種重文化輕種族和以文化高低判華夷的民族觀和文化價值觀，對後世影響甚大，因為它為各民族間的融合和吸收外來文化提供了良好的社會心理素質。漢代開通的絲綢之路和魏晉南北朝隋唐時期胡漢文化融合，以及佛教的中國化，都是中國文化包容性的生動體現。同樣，鴉片戰爭以降，近代志士仁人無不歷盡艱辛，向西方尋求救國真理。林則徐、魏源主張「師夷長技」；馮桂芬等人主張「中體西用」；康有為提出：「泯中西之界限，化新舊之門戶」[47]；嚴復指出：「必將闊視遠想，統新故而視其通，苞中外而計其全，而後得之」[48]；孫中山強調：「發揚吾固有之文化，且吸收世界之文化而光大之，以期與諸民族並驅於世界」[49]；毛澤東更進而指出：「中國應該大量吸收外國的進步文化，作為自己文化食糧的原料」，「凡屬我

45 《晉書·苻堅載記》。
46 《易傳·繫辭下》。
47 湯志鈞編：《康有為政論集》上冊，295頁，北京，中華書局，1981。
48 王栻主編：《嚴復集》第三冊，560頁，北京，中華書局，1986。
49 《孫中山全集》第七卷，60頁，北京，中華書局，1985。

們今天用得著的東西，都應該吸收」[50]，這些也無不是中國文化包容性的生動體現。此外，近年來，中國生物學家對南北二十八個地區、三十二萬多人口的 GM 血清血型和 HLA 白細胞抗原資料進行研究，發現今天的漢族人口是由南北兩大起源不同的集群構成的。這一科學研究成果進一步表明，漢民族不是建立在血緣基礎之上的，而是以文化認同為基幹的民族。重文化輕血統，同樣是中華民族具有旺盛生命力的源泉。[51]

其三，中國文化具有慎終追遠的情懷。

中國文化是伴隨著農耕經濟的長期延續而形成的。與工業文明相較，農業文明少變化重經驗，易於形成恆久的觀念，培養起慎終追遠的情懷。孔子曰：「殷因於夏禮，所損益可知也；周因於殷禮，所損益可知也；其或繼周者，是百世，可知也。」[52]他主張「慎終追遠」。同時《易傳》所謂「可久可大」，《中庸》所謂「悠久成物」，《老子》所謂「天長地久」和董仲舒所謂「天不變，道亦不變」等等認識，無不是追求永恆和持久觀念的反映。而中國具有重史傳統，史籍完備，史學發達，最能集中反映中國文化慎終追遠的情懷。《尚書·多士》載：「惟殷先人，有冊有典。」說明商代已重視歷史典籍。孔子整理古代典籍，著《春秋》，本身即是良史。孔子已提出了「疏通知遠」的思想。漢代司馬遷著《史記》，進而提出「述往事，思來者」，「究天人之際，通古今之變，成一家之言」，更將對史學功能的認識提高到了一個全新的境界。此後兩千多年，中國不僅史家輩出，追求「一家之言」，促進了史學持續繁榮的發展，同時歷代封建統治者也十分重視官修史書和大規模整理文化典籍。一部卷帙浩繁的「二十四史」，完整地記錄了中華民族的歷史足跡，這是世界公認的歷史奇觀。

慎終追遠的情懷既包含著自強不息的進取精神，更包含著尊重傳統、鑒往察來的歷史智慧。這對於保證中國文化一脈相承和源遠流長的發展所起的巨大作

---

50 《毛澤東選集》第二卷，706-707 頁，北京，人民出版社，1991。

51 趙桐茂：《中國人免疫球蛋白同種異型的研究：中華民族起源的假說》，《遺傳學報》，1991 年第二期；《免疫球蛋白同種異型 GM 因子在 40 個中國人群中的分布》，《人類學學報》，1987 年第一期。

52 《論語·為政》。

用，是不言而喻的。江澤民同志曾指出：「中華民族歷來重視治史。世界幾大古代文明，只有中華文明沒有中斷地延續下來，這同我們這個民族始終注重治史有著直接的關係。幾千年來，中華文明得以不斷傳承和光大，一個重要原因就是我們的先人懂得從總結歷史中不斷開拓前進。」[53] 這是十分深刻的論斷。同時，需要指出的是，中國文化得以一脈相承，傳之久遠，還得益於作為文化重要載體的漢字。大汶口陶文的發現，證明漢字至少可以溯源到五千五百年前。漢字是世界上唯一從古到今不斷發展、一直使用並富有強大生命力的文字。古巴比倫的楔形文字、古埃及和古印度的象形文字，都先後銷聲匿跡了，唯有方塊漢字歷盡滄桑，長盛不衰。正是由於漢字的特殊性質與功能，才使得我們祖先創造的燦爛文化能夠記述和傳承，古代和現代的漢族書面語言能夠統一。奇特的漢字在保持文化傳統、溝通全國人民的情感和維繫中華民族的統一諸方面所起到的巨大作用，實在是怎樣估計也不會過分的。

上述中國文化的特質，不僅往往彼此互為因果，難以截然分開；而且也無須諱言，內中純駁互見，精華與糟粕雜陳。例如，家國同構和注重倫理的文化範型，固然有益於社會穩定和提升人們的精神境界，但濃重的宗法等級觀念和道德的泛化，又易於造成對獨立人格的束縛和形成重德輕藝、重義輕利價值觀上的偏差；尚「和」的精神固然助益了社會和諧與民族的融合，但又易於導致鄉愿式的苟安心理；追求大一統和慎終追遠的情懷，固然促進了中華民族的統一和傳之久遠，但也易於造成封建專制的傳統和形成因襲循環的思維定式，如此等等。然而，儘管如此，中國文化的特質畢竟顯示了中華民族的特殊智慧，並從根本上成就了中國文化的獨立體系和燦爛輝煌的風貌。毫無疑問，它是我們今天應當加以批判繼承的珍貴文化遺產。

---

53 《中共中央總書記江澤民給白壽彝同志的賀信》，《史學史研究》，1999 年第三期。

五、弘揚優秀的中國文化傳統，
助益社會主義的文化建設

　　法國著名的「年鑑學派」的史學家們指出：「歷史知識取得進步不是依靠總體化，而是依靠（借用攝影的比喻來說）鏡頭移動和變焦。……對視角作不同調整，既會顯出新的面貌，又會突出所掌握的概念範疇的局部不適應即縮減性，提出新的解釋原則；在每個認識層次上，現實的網狀結構圖以不同方式顯示出來。這就要求除了方法以外，必須對觀察者及其進行分析的手段所起的作用給予特別注意。」[54]這即是說，對於特定歷史文化現象的認識與判斷，歸根結柢，是取決於觀察者的立場、觀點與方法。在近代，志士仁人對於中西文化問題長期爭論不休：激進者多主隆西抑中，以為欲救國，只有學習西方，更有甚者，則倡全盤西化；保守者多隆中抑西，以為文化是民族的根，「學亡則國亡」，故欲救國，必先保國粹，更有甚者，則倡世界「中國化」。二者各有所是，亦各有所蔽。究其致蔽的原因，除了缺乏科學史觀的指導外，端在受民族危亡的時局制約，不免心理緊張，缺乏從容探討文化問題的心態。時柳詒徵曾大聲疾呼：「學者必先大其心量以治吾史，進而求聖哲立人極、參天地者何在，是為認識中國文化之正軌。」[55]所謂「大其心量」，實含大度從容之意。但是，問題在於柳詒徵自己也不能免俗。

　　時移勢異。我們現在的情況完全不同了。社會主義的新中國久已屹立在世界的東方，尤其經過三十多年的改革開放和中國特色社會主義現代化的建設，不僅綜合國力大為增強，而且國人的文化心態也愈趨成熟。江澤民同志在黨的十五大報告中，提出了建設「有中國特色社會主義的文化」的任務。胡錦濤同志在黨的十七大報告中，進一步提出了「推動社會主義文化大發展大繁榮」的要求。他說：「當今時代，文化越來越成為民族凝聚力和創造力的重要源泉、越來越成為綜合國力競爭的重要因素，豐富精神文化生活越來越成為中國人民的熱切願望。

---

54 《年鑑》編輯部：《我們在進行實驗：再論歷史學與社會科學》，《國外社會科學》，1990 年第九期。
55 柳詒徵：《中國文化史・弁言》。

要堅持社會主義先進文化前進方向，興起社會主義文化建設新高潮，激發全民族文化創造活力，提高國家文化軟實力，使人民基本文化權益得到更好保障，使社會文化生活更加豐富多彩，使人民精神風貌更加昂揚向上。」又說：「中華文化是中華民族生生不息、團結奮進的不竭動力。要全面認識祖國傳統文化，取其精華，去其糟粕，使之與當代社會相適應、與現代文明相協調，保持民族性，體現時代性。加強中華優秀文化傳統教育，運用現代科技手段開發利用民族文化豐厚資源。加強對各民族文化的挖掘和保護，重視文物和非物質文化遺產保護，做好文化典籍整理工作。加強對外文化交流，吸收各國優秀文明成果，增強中華文化國際影響力。」黨的十七大突出強調了加強文化建設、提高國家文化軟實力的極端重要性，對興起社會主義文化建設新高潮、推動社會主義文化大發展大繁榮作出全面部署。這是我們黨總結歷史、立足現實、著眼未來作出的重大戰略決策，充分反映了對當今時代發展趨勢和中國文化發展方位的科學把握，體現了我們黨在新的歷史條件下的高度文化自覺。

要加快發展國家軟實力，關鍵就在於要更加自覺、更加主動地推動文化大發展大繁榮。要努力繼承和發揚中國悠久歷史文化中源遠流長、博大精深的寶貴遺產，借鑒當今世界一切有價值的思想理論成果，深刻認識國家硬實力與軟實力的辯證關係，高度重視和加快發展國家軟實力。有了新時代文化建設的目標和十七大精神的指引，我們今天對中國文化史的研究，也便有了最佳的焦距，可以更從容、更全面、更客觀即更科學地看待中華五千年的文明史，從而獲致歷史的教益。

編纂這部多卷本《中國文化通史》，目的正在於助益推動社會主義文化大發展大繁榮。

本書研究中國文化的發展歷程，揭示其發展規律，彰顯中國文化的民族精神。

本書堅持以馬克思主義歷史唯物論為指導，同時積極吸收和借鑒當代社會科學的各種相關的理論與方法。

中國是一個多民族的國家。中華民族源遠流長的歷史和文化是各族人民共同創造的。因之，本書不僅寫漢民族的文化，同時也重視各少數民族的文化創造及其特色，尤其注意突出不同的歷史階段中，各民族間的文化互相滲透、交流與融合。

　　中國文化是世界文化的一個有機組成部分。本書將中國文化置於世界文化發展的總體格局中去考察，既注意中外文化的交流、衝突與融合，也注意中國文化在世界文化發展過程中的地位與作用。堅持實事求是的精神，避免民族虛無主義與民族虛驕情緒。

　　從目前已出版的有關文化史的著作看，編纂體例不一，其中大致可分為兩類：一是重宏觀把握，突出問題，以論說為主；一是重微觀透視，突出部門文化，以描述為主。前者的優點是脈絡清楚，簡潔明快，論說有深度，但歷史信息量小，失之抽象；後者的優點是具體翔實，便於查閱，但頭緒紛繁，失之散漫。文化史究竟應當怎樣編寫，是一個不易解決的大問題。當年常乃德曾說：「有時具體記錄所表現不出的內在精神，非有抽象的理論加以解釋不可。故理想的文化史必多少帶有史論的性質，不過不可空論太多，影響事實的真相罷了。」[56]足見他已深感到了困惑。今天學術界的意見仍不統一。我們以為，編纂一部大型的文化通史著作，當有理論框架一以貫之。該書既要具有能幫助廣大讀者從中學得豐富的中國文化史知識的功能，又應是視野開闊，脈絡清晰，有助於人們理解和把握中國文化發展的自身規律與特點。為此，須將宏觀與微觀、抽象與具體、問題論說與部門描述很好地結合起來。

　　總之，本書力圖突出一個「通」字：從縱向上說，要求全書各卷之間脈絡貫通，要於沿革流變之中體現中國文化自身的發展規律和一以貫之的民族精神；從橫向上說，當避免寫成部門文化的簡單拼盤，要注重時代精神對文化現象的整合，注重諸文化部門的內在聯繫及其不平衡的發展。同時注意文化的層間、空間差異，以及二者間的互動關係。

---

56 常乃德：《中國文化小史》第一章。

本書共分十卷，即：先秦卷、秦漢卷、魏晉南北朝卷、隋唐五代卷、兩宋卷、遼西、夏、金元卷、明代卷、清前期卷、晚清卷、民國卷。各卷附有參考書目。

本書實行各卷主編負責制。編委會同仁通力合作，歷時四年，備嘗艱辛。但因中國文化通史的編纂工作本身難度甚大，加之主編來自京城內外不同的單位，作者為數較多，聯繫不便和學養有限等原因，著者雖然盡了很大的努力，各卷水準仍難一致，全書與既定的目標，也存在著差距。我們敬祈讀者批評指正。

本書借鑒和吸收了學術界已有的研究成果，不敢掠美，這裡謹表謝意。

本總序是在集體討論的基礎上完成的。

鄭師渠

一九九九年八月初稿

二〇〇九年六月修改於北京師範大學

目錄
CONTENTS

第三章　問難屈勝，百舸爭渡 —— 魏晉南北朝時期的文化論爭

第四章　文化的交流與雜糅

第五章　清源正本，求幽探遠 —— 魏晉南北朝時期的哲學

第六章　佛・道・巫

第七章　倫理的乖張與悖反

第八章　育人與選士

第九章　燦爛的史學之花

第十章　儷采百字之偶，爭價一句之奇
—— 魏晉南北朝時期的文學

第十二章　科學技術的碩果

第十三章　社會風俗與時尚

參考書目

再版後記

　　魏晉南北朝，始自漢獻帝初平元年，即西元一九〇年，終於西元五八九年隋滅陳，歷時近四百年。按照傳統史觀，魏晉南北朝時期的起始年代，應該定在漢獻帝禪位給曹丕的黃初元年，即西元二二〇年。而實際上，在此之前，三國鼎立的局面早已形成，而導致東漢帝國崩潰、軍閥紛爭則肇始於董卓之亂的漢獻帝初平元年。本書從這一歷史實際出發，故將魏晉南北朝時期的斷代起始年代，定在董卓之亂發生的時間。

　　魏晉南北朝，同此前的秦漢時期與此後的隋唐時期相比，總體特徵差異很大。那兩個時期，其間雖然也出現過短暫的混亂與分裂，但是統一畢竟是時代的主流。而魏晉南北朝時期，固然也有過西晉曇花一現的統一，但是混戰與分裂始終處於時代的主導地位。這一歷史時期，又可分為魏晉和南北朝兩個歷史階段。魏晉階段，始於董卓之亂，終於東晉恭帝元熙二年（西元 420 年）劉裕建宋，共歷時二百三十年。南北朝階段，則是由西元四二〇年算起，到隋文帝開皇九年（西元 589 年）滅陳為止，幾近一百七十年。董卓之亂後，在黃河中下游地區活動的曹操經過不斷地壯大軍事、經濟實力，利用挾持漢獻帝的政治優勢，掃平列強，逐步統一北方。西元二〇八年，曹操南下準備兼併天下，但是在赤壁被孫權、劉備的聯軍打敗。赤壁戰後，曹操退回北方，孫權鞏固了在江東的地位，劉備則先據荊州部分地區，並西進奪得益州，三分天下的格局已足。西元二二〇年曹丕建魏，不久劉備、孫權兩人也稱帝建國。三國中，魏建國最早，共歷三代五帝，存國四十五年。孫吳存國時間最長，從孫權為吳王（西元 222 年）到孫皓降晉（西元 280 年），前後計五十八年，歷三代四帝。蜀漢只有劉備、劉禪父子兩帝，存國四十二年（西元 221-263 年）。西晉建立（西元 266 年）之後十餘年才完成統一大業。武帝死後，內亂頻仍，並由此觸發內遷的胡族首領舉兵而起參加

混戰，最終滅亡西晉。西晉存國五十年，歷三代四帝。西晉滅亡後，黃河流域成為匈奴等胡族軍閥爭殺的戰場，並陸續出現許多割據政權。北方歷史進入五胡十六國時期，時間長達 一百二十年。其間只有氐人的前秦短期建立過統一的國家，絕大部分時間北方都處於分裂混戰狀態。南方的東晉是漢人建立的政權，從司馬睿稱帝的西元三一七年到司馬德文亡國的西元四二〇年，共存國一〇三年，歷四代十一帝。東晉十六國之後，中國歷史進入南北分裂、南北對峙的階段。在南方，雖然先後有劉宋、南齊、蕭梁和陳四個政權的更迭，但這中間除梁元帝以江陵作都三年外，其餘的時間，南方各朝的京城始終建在建康（今江蘇南京）。劉宋（西元 420-479 年）是疆域最大、國力最強、統治年代最長的一個政權，歷四代八帝。南齊（西元 479-502 年）國祚短暫，只有二十三年。由於爭殺頻繁，竟歷三代七帝，平均三年一帝，算是中國古代帝王更換速度最快的一朝。梁代（西元 502-557 年）歷三代四帝，其中武帝蕭衍個人享國時間最久，幾近半個世紀。陳（西元 557-589 年）首尾凡三十三年，歷三代五帝。陳承衰梁之弊，是版圖狹窄、人口孤弱、力量單薄的王朝，加之統治者又極度腐敗，最終喪亡於北方強敵之手。在歷史上，把宋、齊、梁、陳這四個南方王朝稱之為南朝。十六國後期，一個最為落後的少數民族拓跋鮮卑逐漸強盛起來。它先是打敗後燕入主中原，在建立北魏政權（西元 386-534 年）之後，又消滅各割據政權，從而結束了這一地區長期混戰的局面。按照史家的習慣，北魏統一北方的太延五年（西元439 年）往往被視為北朝的起始之年。北魏前期以平城（今山西大同）為都，孝文帝大舉實行漢化，政治中心也隨之遷徙到中原腹地洛陽。北魏立國一百多年，歷九代十二帝，是對南北朝歷史影響較大的一個王朝。孝武帝末年，權臣高歡、宇文泰將北魏轄區分割成東、西兩塊。東魏（西元 534-550 年）以鄴城為都，歷一主，十六年。西魏（西元 535-556 年）都長安，經三帝，共用國二十二年。東、西魏先後被北齊（西元 550-577 年）和北周（西元 557-581 年）取代。北齊是鮮卑化漢人高氏所建的政權，立國二十八年，有三代六帝。西元五七七年，周滅齊，北方重新統一。北周是宇文鮮卑人統治的王朝，歷三代五帝，計二十四年。西元五八一年，北周外戚楊堅受代稱帝，改國號為隋。歷史上把北魏、東魏、西魏、北齊、北周這北方五朝稱之為北朝。南朝與北朝，合稱為南北朝。

魏晉南北朝，中國文化經歷了一個結構更新和充實的過程。這一變化軌跡，大體可以沿著三條脈絡進行尋覓。這就是：（1）主導文化從儒學式微轉變為三教並立。（2）胡、漢文化從異質衝突漸進到相容雜糅。（3）地域文化從中原一脈發展成南北分明。

兩漢時期，神學化的儒學長期處於獨尊地位。然而，從漢末起，社會環境的巨變以及自身方面的原因，使得儒學式微。以玄學為先導的多種文化因素蓬勃生長，不但一變百草蕭疏而為萬木爭榮，而且也為道教從原始幼稚走向完備成熟、佛教在中國站穩腳跟並得到迅速發展，掃清了道路。經過不斷的調整組合，到南北朝後期儒、釋、道三家並立的主導文化格局初步形成。魏晉南北朝時期，各族人口的頻繁流動與接觸，使得異質性十分鮮明的胡漢兩種文化之間的衝突，不可避免。但是隨著長期磨合，入居中原的胡人在被漢文化涵化融合的同時，也為漢文化注入胡文化的新鮮活力。在南北交往過程中，文化進步逐漸泯滅了民族隔閡，中華文明在登上新的一層臺階後終於實現了在根基方面的趨同。然而，由於長期分裂隔絕，又使得南北文化的地域特徵明顯存在。南人善創新，北人重傳統；南人崇文，北人尚武；南人學問清通簡要，北人學問淵綜廣博，凡此種種，都是這一時期南北文化趨異性的表現形式。

本卷由曹文柱主編。曹文柱提出大綱初稿，經徵求周兆望、施光明意見，形成基本框架。在寫作過程中，作者又視情況對個別章、節、目進行了某些調整。緒論、第一、第二、第十三章由曹文柱撰寫；第三、第四、第五、第六章由施光明撰寫；第七、第九、第十一章由周兆望撰寫；第八章由薛振愷撰寫；第十章由曠天偉撰寫；第十二章由張敏撰寫；武正紅為第八、第十三章提供了部分文稿。周兆望為第十二章的寫作進行了指導。全書由曹文柱統稿，對個別章節進行了刪增與修改，並編制主要參考書目，確定彩頁和隨文插圖。本卷在寫作過程中，參閱了許多學者的研究成果，絕大部分已在頁下或書後參考書目中注明，但是仍有部分內容可能因為疏漏沒有注出，敬請原諒。

第一章

紛亂的社會與
活躍的文化

社會變化對
文化的震撼

　　魏晉南北朝是中國歷史上最為混亂與動盪的時期，也是封建社會結構有所調整的一個時期。前者具體表現為：各種自然的和人為的災難頻繁發生，使得人口大規模地死亡，即使倖存者也難免饑寒交迫、顛沛流離之苦。後者則體現在士族地主勢力得到畸形發展和胡族入主中原等方面。社會的劇烈動盪，不但造成文化載體的大量損失，而且打破儒家一尊的局面，刺激多種文化因素的蓬勃生長、重家輕國觀念的氾濫和胡漢文化的融匯合流。

一、天災人禍疊加的社會環境與士族地主勢力的畸形　發展

　　根據中國著名氣象學家竺可楨先生研究，魏晉南北朝恰逢中國歷史上的一個氣候寒冷期[1]。當時，年平均氣溫由西漢高於現在 1℃至 2℃，降至比現在低 1℃至 2℃。按現代農業技術，氣溫年均下降 4℃，對於農作物種植、管理尚有很多不易解決的困難。古代社會，無霜期大大縮短，自然使穀物產量減少，部分耕

1　竺可楨：《中國近五千年來氣候變遷的初步研究》，載《考古學報》，1972 年第二期。

種、灌溉條件較差的田地被拋荒。氣候寒冷，又使北方和西北方的草場枯竭，生活在那裡的少數民族因無法從事畜牧業，轉而進入漢族傳統的農業區，造成民族間為爭奪生存空間而展開激烈的衝突。禍不單行，與寒冷期降臨同步的是太陽黑子（日斑）活躍性的到來[2]。日斑有否決定著太陽輻射的強弱，而太陽輻射的增強又造成地球上氣候的波動。魏晉南北朝時期的日斑，比氣候溫暖期高約三倍多。其結果，不但導致氣候轉寒，而且對其他自然災害的生成也有一定的影響。從東漢後期起，自然災害連綿不絕，而且大災頻仍。到了「魏晉之世，黃河長江兩流域間，連歲凶災，幾無一年或斷。總計二百年間中遇災凡三〇四次，其頻度甚密，遠逾前代。舉凡地震水旱風雹蝗螟霜雪疫疾之災，無不紛至杳來，一時俱見」[3]。這種災情一直延續到南北朝後期。災荒饑饉，再加上人為的兵燹戰禍，到處白骨委積，屍骸如山。當時社會的衛生條件極差，大量人畜屍體得不到及時處理，很容易使疾疫爆發。由於人口流動頻繁，疫區迅速擴大，使死者數目驟增。曹操晚年，在他割據的北方爆發過一次嚴重的疾疫，這就是著名的建安二十二年（西元 217 年）大疫。大疫使「家家有強屍之痛，室室有號泣之哀，或闔門而殪，或舉族而喪」[4]。建安七子中，除孔融、阮瑀、王粲先逝外，餘下四人皆死於此疫。上層社會的成員尚且如此，一般百姓的命運就可想而知了。

與天災相較，人禍更是造成社會苦難的主要根源。

魏晉南北朝時期，政治的黑暗與階級壓迫是非常嚴重的。官場的腐敗，始於漢末。大小權貴把持著各級權力機構，就連品評士人的鄉曲輿論和社會公論，也被他們控制起來。於是，許多士子「不復以學問為本」，紛紛攀權附勢希圖提攜，浮華交會為謀稱譽，弄虛作偽以求通顯。皇帝公開標價賣官，又使本以體現名教之治的察舉標準，墮落成赤裸裸的金錢交易。這種情況，雖屢易朝而不改，反而愈演愈烈。魏晉時，許多現象經過扭曲交形被固定成為制度。其中，最典型者莫過於九品官人法的實行。政府屈從大族意志，在州郡設立大小「中正」，負

---

2 程庭芳：《中國古代太陽黑子記錄分析》，載《南京大學學報》，1956 年第四期。

3 鄧雲特：《中國救荒史》影印版，12 頁，上海，上海書店，1984。

4 《續漢志‧五行志》注引曹植文。

責品狀士人，吏部授官，根據的就是中正所定的品級。此法弊端過於前代。漢世「鄉舉里選者，采毀譽於眾多之論，而九品中正者，寄雌黃於一人之口」[5]。由於中正皆由「著姓士族」充任，所以「上品無寒門，下品無勢族」[6]的現象日益嚴重。至於作假之風，同樣沿襲不變。呂思勉先生歸納兩晉士習特點說：「《晉書》所載，居喪過禮、廬墓積年、負土成墳、讓財讓產、撫養親族、收恤故舊之士甚多，豈皆篤行？蓋以要名也。」[7]賣官仍然在進行著，而且行徑更加惡劣。西晉時，劉毅指責武帝說：「桓、靈賣官，錢入官庫；陛下賣官，錢入私門。」[8]王沈作《釋時論》講，當時「京邑翼翼，群士千億，奔集勢門，求官買職」[9]，朝廷成為亂鬨鬨的鬧市。政治的黑暗，加重了民眾的苦難。漢末時期，百姓已「生有終身之勤，死有暴骨之憂，歲小不登，流離溝壑，嫁妻賣子」[10]。黃巾起義就是在百姓忍無可忍的情況下爆發的。進入魏晉南北朝，統治者不斷加劇對民眾的盤剝。兩漢的口賦、算賦等人頭稅被合併為戶調製。為擴大稅源，政府對百姓的財產進行評估，以此劃分戶等，「乃令桑長一尺，圍以為價，田進一畝，度以為錢，屋不得瓦，皆責貲實」[11]。租調之外，還有各種雜稅、雜調，有的時期還預徵數年的租調。兩晉把服役年齡改為十三歲為半役，十六歲為全役。使用尚未發育健全的孩子承擔勞役，連上層人物也有「傷天理」之嘆。南朝還有役使女丁的記載。那一歷史時期，朝臣都願意為地方官，並毫不諱言是「求富」。有的官吏揚言求富的手段是做到「四盡」：「水中魚鱉盡，山中獐鹿盡，田中米穀盡，村里民庶盡。」[12]結果，平年歲月「百家為村，不過數家有食，窮迫之人，什有八九」[13]；一遇災荒，馬上出現「人多饑乏，更加鬻賣，奔迸流移，不可勝數」[14]的慘景。由於長期分裂割據，魏晉南北朝時期未有全國範圍的大規模農民起義，

5　馬端臨：《文獻通考·選舉考一》。
6　《晉書·劉毅傳》。
7　呂思勉：《呂思勉讀史札記》，800 頁，上海，上海古籍出版社，1982。
8　《晉書·劉毅傳》。
9　《晉書·文苑傳》。
10　崔寔：《政論》。
11　《宋書·周朗傳》。
12　《梁書·魚弘傳》。
13　《南史·鄧元起傳》。
14　《晉書·食貨志》。

但中小規模的起義一直不斷。比較著名的如西晉末年的張昌、李特等人領導的流民起義;東晉末年的孫恩、盧循起義和南朝的唐之起義;十六國時期的梁犢起義和北魏末年的六鎮起義,等等。

魏晉南北朝,從總體上來說,雖然也出現過西晉時期的短暫統一,但是分裂割據始終處於時代的主導地位。各割據政權為維持和擴大統治區域,以及達到搶掠人口的目的,經常發動戰爭。此間四百年,具有一定規模的戰爭達百餘次,其中大規模的戰爭不下二三十次。戰鬥各方投入的兵力少則數萬、十幾萬,一般都在數十萬左右,多者幾近百萬。後者中較為著名的有赤壁之戰、西晉平吳之戰、淝水之戰、宋魏之戰,等等。這類戰爭不僅造成大量軍人傷亡,而且也殃及眾多平民。曹操攻陶謙不克,取慮、睢陵、夏丘諸縣,「皆屠之,凡殺男女數十萬人,雞犬無餘,泗水為之不流」[15]。宋魏之戰後,魏軍在撤退途中大肆殺戮,不但斬殺青壯年,而且連嬰兒也不放過,「自江淮至於清濟,戶口數十萬,自免於湖澤者,百不一焉。村井空荒,無復鳴雞吠犬」[16]。即使統一或相對安定時期,統治階級內部為爭奪權力而釀成的動亂也從未停止過。這種動亂,很多時候也以戰爭形式表現出來,因此使大批無辜死於非命。西晉末年的「八王之亂」和梁末的「侯景之亂」,是具有代表性的事件。「八王之亂」中,僅三王聯兵攻打司馬倫一次戰爭,就殺人十幾萬。其後司馬越部屬祁弘大掠長安,殺死平民兩萬餘人。侯景亂前,建康城中有居民二十八萬戶,亂後生存者只剩兩三千人。侯景之亂,使富庶的江南變成「千里絕煙,人跡罕見,白骨成聚如丘隴」[17]的人間地獄。與統治集團內亂交錯發生的還有民族間的仇殺。西晉末年,匈奴、胡羯貴族連破洛陽、長安兩京,俘殺懷、湣二帝,製造了一系列駭人聽聞的民族大屠殺。這不但給廣大漢族人民帶來極大苦難,而且兵鋒所及,「降城陷壘,不復斷別善惡,坑殺士女,鮮有遺類」[18],使漢族上層人物的生命財產安全也無法得到保障。同樣,漢族統治者也煽動復仇情緒,濫殺無辜。冉閔滅石趙後,下令誅殺在鄴城的

---

15 《後漢書·陶謙傳》。
16 《宋書·索虜傳》。
17 《南史·侯景傳》。
18 《晉書·石勒載記》。

羯人，「無貴賤男女少長皆斬之，死者二十餘萬」。類似的仇殺在石趙境內其他地區也進行著，「於是高鼻多須，至有濫死者半」[19]。

頻繁的天災人禍，不僅嚴重地破壞了社會經濟，也造成人口的巨大損失。魏晉南北朝，在中國人口史上是一個低谷期。唐人杜佑綜合零散的史料，估約西晉在籍人口為七六七萬左右[20]，只有漢世的七分之一。當然，實際人口損失沒有這麼多，還有很多脫籍和被私家蔭占的人口未被統計在列，但最樂觀的估計人口喪亡也要過半。以後人口數目有所回升，到隋統一時達到三千五百萬，然而只略多於漢世盛年人口的半數而已。

從東漢後期起，士族地主迅速發展起來，到魏晉達到極盛。南北朝時期，它雖然逐漸轉衰，但是依然有很強的勢力。

士族在名義上仍歸屬在編戶齊民中，但是實際上它不僅傲視社會各階層，甚至一度凌駕於皇權之上，成為一個享受特殊政治、經濟等權力的等級。士族占有世代傳襲的龐大私有土地和數目驚人的依附人口。西晉頒布占田蔭客制，從法律上肯定士族的經濟特權，更刺激了士族勢力的膨脹。如東晉僑姓大族謝氏，在江南置辦的田產有十幾處，勞動人手上千人；土著大族孔靈符一家僅永興的一處田產，周圍就有三十里，水旱田二六五頃，並含帶二山和果園九處。士族蔭占的勞動人口不歸政府管轄，只登記在主人的家籍裡，也不對政府承擔賦稅徭役。在政治上，門品決定官品，名門貴冑「皆由門慶，平流進取，坐至公卿」[21]。朝廷中的高官顯宦則幾乎被士族所世代盤踞。在法律上，士庶不平等，各種懲治性的連坐條律一般都不對士人生效，「罰典惟加賤下，辟書必蠲世族」[22]。總之，士族壟斷了中央和地方的清要之職，享受著減免賦役、蔭庇親屬、招徠門生故吏私附和賜田、給客、赦罪、恩賞等特權。由於這些特權是世襲的，因而士族已發育成具有相當穩定性的特殊社會階層。

---

19 《晉書‧石季龍載記》。
20 《通典‧食貨‧歷代盛衰戶口》。
21 《南齊書‧王儉傳》。
22 《南齊書‧竟陵王子陵傳》。

士族的稱謂很多，除士族或世族外，還有甲族、望族、名族、華族、冠族、高門、右姓等名目。士族內部又有高門華族和次門寒士之別。即使同為高級士族，各姓之間地位也不平等。東晉時隨司馬睿渡江的士族有一百多家，然而這些列入《百家譜》的僑姓高級士族中，唯王、謝、袁、蕭四姓為大。南方土著的吳姓高門中，唯朱、張、顧、陸為大。而僑姓地位又遠在吳姓之上。北方情況類似，魏孝文帝定士族，漢族士族號為郡姓，少數民族出身的士族為虜姓。郡姓又「差等閥閱」，有膏粱、華腴、甲姓、乙姓、丙姓、丁姓之別；虜姓中的「八氏十姓、三十六族九十二姓」，也有高下之別。一姓之內，由於世系的近疏、地位的陞遷同樣第其房望，彼此地位懸殊。所以士族又是個以家族血緣和地域關係為紐帶聯結起來的、等級森嚴的排他性極強的社會集團。

魏晉南北朝時期，各族人口頻繁流動與衝突，是造成東晉南朝和十六國北朝長期分裂割據的重要原因之一。東漢以來，北方、西北方的許多少數民族陸續向內地遷徙，在遼西、幽並、關隴等地同漢族人口犬牙交錯地生活在一起。魏晉時期流入中原地區的少數民族種類越來越多，人數越來越龐大。其中，以匈奴、鮮卑、羯、氐、羌五族最為突出，史稱「五胡」。東漢之初，匈奴分裂，南匈奴開始歸附漢朝，並在漢末由塞外移居塞內。曹操統一北方後與南匈奴為五部，將之徙往今山西境內的晉中晉南一帶，人口大約有二十多萬人。羯人入塞比匈奴人略遲，時間在魏晉之際，內遷後主要居住在上黨一帶。氐、羌原居青海、甘肅一帶。漢魏之際，漢族統治者為屏蔽中原，大量遷徙氐、羌及其他少數民族充實關中。曹操命張既一次徙武都氐就達五萬餘落。西晉時期，氐、羌人民已占關中人口的一半。鮮卑是原居在東北地區的少數民族，分東、中、西三部。東部為宇文部、段部，中部為慕容部，西部為拓跋部。東部鮮卑後來被慕容部兼併。鮮卑人在西晉時期勢力已達到遼西至代北一帶。西晉末年，內遷的少數民族上層分子乘漢族統治者內亂之機，也加入混戰的行列，先後入主中原建立政權。冉閔之亂，僅距西晉滅國三十年，原漢人居住的腹心地區司冀一帶已有「諸氐、羌、胡、蠻數百餘萬」[23]。北魏初期，并州胡人、常山趙郡丁零人、關中氐、羌人，都是當

23 《晉書·石季龍載記》。

地人口的重要構成。隋統一時，華北平原、關中平原的民族成分十分複雜，長安雖是王都，卻「俗具五方，人物混淆，華戎雜錯」²⁴。

西晉末年，居住在中原地區的漢族人口為逃避各族統治者的殺戮，紛紛外遷。雖然流出人口大致有東北、西北和南方三個走向，但是前兩處遠沒有南方接納人口多。從西晉末年到劉宋中葉，南方共接納北方漢族人口約九十多萬，占司、豫、冀、青、徐、并、兗、雍北方八州九百萬人口的十分之一。

二、社會變化對文化的震撼

無論是天災人禍疊加所造成的混亂與動盪，還是士族地主勢力畸形發展和胡族入主中原所引起的社會結構調整，都對社會變化產生了多方面的影響，其中給予文化的震撼最為劇烈。

首先是文化載體的巨大損失。戰爭、動亂不但大量地破壞物質財富，也使千百年凝聚起來的精神文明成果毀於一旦。魏晉南北朝時期許多名都大邑反覆遭到摧殘，特別是一些處於文化中心的都城地區被毀尤甚，如長安、洛陽和建康等城市。據《隋書‧經籍志》記載，東漢時都城洛陽國家藏書數目很大，「《石室》、《蘭臺》，彌以充積」，然而「董卓之亂，獻帝西遷，圖書縑帛，軍人皆取為帷囊。所收而西，猶七十餘載。兩京大亂，掃地皆盡」。曹魏、西晉兩朝慘澹經營，采掇遺亡，彙集新作，國家藏書又達二九九四五卷。晉末大難，「京華蕩覆，《渠閣》文籍，靡有孑遺」。東晉南朝時期，經過歷代學者的努力，國家藏書規模空前，僅梁末元帝遷都，由建康帶到江陵的圖書就有七萬餘卷。但「周師入郢，咸自焚之」，寶貴的文明成果再遇浩劫。十六國北朝時期，北方地區的圖籍長期嚴重殘缺。待魏孝文帝提倡文治，「借書於（南）齊，秘府之中，稍以充實」。以後又遇變亂，元氣大傷，周滅北齊時，兩國藏書加在一起不過一五

---

24 《隋書‧地理志》。

○○○卷。作為文化創作和傳播更重要載體的知識分子，在魏晉南北朝時期命運也特別乖舛。許多士人被戰火、饑饉、疾疫奪去生命，還有的成為統治階級內亂的犧牲品，或慘死在異族統治者的屠刀之下。僥倖保存性命者，也飽嚐流徙逃亡和鐵蹄踐踏之苦。

同時，原有的主導文化逐漸失去權威。一種相對穩定的主導文化，總要與同樣相對穩定的社會環境相適應。兩漢時期神學化的儒學所以長期處於獨尊地位，也是和它適應漢帝國大一統專制集權制度的需要分不開的。漢武帝時，董仲舒借用陰陽家的理論，對儒學進行神祕主義改造，創立了一整套天人合一的宇宙觀和政治論。以後又在統治者的主持下不斷完善，實行讖緯化，使本來作為文化一脈的儒學在政治意識形態領域裡具有類似宗教的約束力。但是隨著分裂割據取代了大一統，漢代儒學一尊地位的政治基礎出現危機，傳統的價值觀逐漸變異。於是，一部分士人開始對於名教之治基石的「三綱」產生了較深的疑惑。否定君臣之義、父子之倫以及夫妻之間不拘禮法的言論和行為，頗行於世。儒學在魏晉南北朝時期地位的衰落，就在於它過分依賴兩漢社會的政治權力。這種受權力支配的學術處處委身於政治規律，自然也承受不起任何巨大的社會變動。漢代儒學在被統治者推向極致後，逐漸出現兩種弊端：一方面因過分的章句推演而導致繁瑣穿鑿；另一方面則因災異學說和圖讖緯書的纏繞墮落成粗糙庸俗的神學。繁瑣穿鑿使人不得要領，易生厭煩；神學粗糙必然破綻百出，欺騙性很差。於是，從東漢後期起一批學者改弦更張，或對儒學本身進行清理，或援入道家的思想對儒學進行再造。著名學者鄭玄兼綜諸家，遍注群經，對混亂的漢代經學做了一番總結性的清理，為後世解經奠定了正例。正因為此，正統儒學能夠頂著強勁的玄風，在東晉南朝相繼不絕；十六國北朝，儒學雖然未取得獨尊地位，但受到社會上下的重視，更是不爭的事實。學者振興儒學另一舉措是清除讖緯。從漢末起，有識之士不斷地對讖緯神學展開無情的批判。魏晉南北朝，讖緯不但從儒學中被大部分剝離出來，而且受到官方明令禁絕。漢末最早向玄學潛行的人物是馬融。這位經學大師，公開頌揚「生貴於天下」的老莊理論。漢魏之際，「荊州學派」已公

開闡揚玄理[25]。進入魏晉，玄言大倡，流派紛呈，先是在京洛，後在南方取代儒學，成為學術文化的主流。玄學家中，不同時代或同一時代不同人物之間的學術見解有很大差異。但是，他們都或輕或重地用老莊之學否定了漢儒的天命觀，不同程度地動搖了漢儒所倡導的名教之治，有意無意地抬高了老子的地位，甚至將之與孔子比肩。玄學在理論思維上的高度是漢代儒學無法企及的。漢儒在哲學上基本停留在具體的現象世界，抽象思維水準很低，而玄學則精緻得多、深刻得多。玄學探討的是現象世界背後的本質，希望能從某種具體事物形態之外尋找世界統一性的原理，從而提出了本（本質）末（現象）兩者關係的本體論哲學問題。玄學涉及從世界觀、方法論、認識論到人性論以及政治論等一系列哲學範疇，把中國古代哲學理論思維水準大大提高了一步。它的出現有如一股春風，吹進了漢儒統治下的思想文化界，一掃沉悶為清新，士人莫不趨之若鶩。

當時也是多種文化因素蓬勃生長的時期。漢魏之際，隨著社會的大混亂，思想界在擺脫漢儒桎梏後也出現大混亂局面。除上述新興的玄學和對「三綱」的叛逆之說外，其他學派也紛紛粉墨登場。在分裂割據的形勢下，曹操、諸葛亮等政治家打破漢家純任儒術的僵局，極力崇尚名法之學。整個魏晉南北朝，正統儒學雖保有一定的地盤，但是很多舊學也不甘寂寞，法、道、名、雜、墨、兵、縱橫諸家都適應新形勢，頑強地表現著自己[26]。至於異端學說、奇談怪論更是不斷地破土而出。神仙鬼怪、道佛巫筮充斥世界，甚至連唯物主義也擠了進來，占有一席之地。在亂鬨鬨、爭爭吵吵表象的背後，實際上是一個漢世未有的生機勃勃的多樣性文化叢生的場景。

另外，在士族群體內部，還滋生出一種家族至上的觀念。由於士族是以家族血緣和地緣關係為紐帶聯結起來的、等級森嚴的排他性極強的社會集團，他們所享受的政治、經濟、法律、文化等方面的特權是世襲的，所以到士族凌駕於皇權之上的東晉時期，在這些人們的心目中逐漸形成這樣的認識：特權地位膠漆堅固

---

25 參見湯用彤：《湯用彤學術論文集》，北京，中華書局，1983；王葆玹：《正始玄學》，濟南，齊魯書社，1987。
26 參見唐長孺：《魏晉南北朝隋唐史三論》，67頁，武漢，武漢大學出版社，1993。

的依靠，並非來自封建國家，而是自己的宗族姻親。正如清人趙翼所云：「當時衣冠世族，積習相仍，其視高資膴仕本屬分所應得，非關國家之簡付。」[27]宗族利益至上成為士人信奉的人生哲學，對內他們互相援引提攜，對外不允許任何競爭者存在。只有個別人的行動與家族根本利益發生衝突時，他們才同室操戈。「君統的變易，朝廷的更迭，反而一似與己無關。在禪代廢立之際，世家大族不是不與聞，便是幫助篡位，均以自己門第利益為轉移。」[28]有的史家把東晉南朝士族這種重家輕國的心態概括為：「殉國之感無因，保家之念宜切。市朝亟革，寵貴方來，陵闕雖殊，顧如一。」[29]在中國封建社會裡，重家輕國觀念能在上層社會這樣普遍流行，是十分罕見的現象。顯然，它與士族地主勢力的畸形發展和儒學的式微是分不開的。

最後是胡漢兩種文化之間的衝突激烈。原生活在西北和北方的少數民族，大部分從事草原游牧經濟或牧畜業。建立在這種生產方式之上的人口，其生活習慣、文化傳統和價值觀念，都同在中原地區從事農耕經濟的漢族人口，有著很大的不同。兩種文化，由於有著鮮明的異質性和不相容性，再加之雙方在交流過程中，長期處於不平等和不和諧的狀態，甚至表現為對生存空間你死我活的爭奪，所以最初兩種異質文化在接觸後，衝突不可避免。但隨著長期的磨合，入居中原的胡人在被漢文化涵化融合的同時，也為漢文化注入了胡文化的新鮮活力。

---

27 《陔余叢考》卷十七。
28 王仲犖：《魏晉南北朝史》上冊，404 頁，上海，上海人民出版社，1979。
29 《南齊書‧褚淵傳論》。

漢、胡統治者
對文化的選擇與調整

魏晉南北朝時期，隨著大量少數民族的內遷，在北部中國曾先後出現過眾多的少數民族割據政權。它們與在南方的漢族王朝形成長期對峙的局面。為適應不斷變化的社會環境，維持和鞏固政權，胡漢統治者都能及時地對文化政策進行調整。

一、漢族統治者對主導文化的選擇與整齊風俗

魏晉南北朝是多樣性文化叢生的時代。面對這一形勢，歷代漢族王朝從鞏固統治的需要出發，在對主導文化進行艱難選擇的同時，還適時地對異端文化加以剷除和改造。這就使得他們的文化政策呈現波動性很大的特點。

漢魏之際，群雄擾攘，為擴充實力、爭奪天下，往往不擇手段。曹操把「不仁不孝而有治國用兵之術」[30]作為用人標準，是公開蔑視舊的道德規範。魏、蜀兩國最初都採取了以法治國的方針，法家特徵十分鮮明。只不過諸葛亮主張刑禮

並舉，既強調法治，也不偏廢倫理綱常；而曹操則明示「撥亂之政，以刑為先」[31]，將刑名法術思想放在首要地位，目的在於強國足兵，爭雄天下。但是當北方初定，曹操也轉而注意到儒學的教化功能。建安八年（西元 203 年），他稱：「喪亂以來，十有五年，後生者不見仁義禮讓之風，吾甚傷之。其令郡國各修文學，縣滿五百戶置校官，選其鄉之俊造而教學之。」[32]以後他那些當了皇帝的子孫，都在崇尚法術之餘，給予儒學一定的地位。

曹魏政權的文化政策，始終以維護自身的利益為轉移。曹操在漢末曾是黨人的同情者，但到掌握權力後，很快就對「阿黨比周」的文人結社活動反感起來。建安十年（西元 205 年），他以「整齊風俗」為名，下達破散朋黨的法令。曹操、曹丕父子還用「浮華交會」罪名，屢興大獄，殺掉不少善思索、敢議論的知識分子。太和末年，明帝曹叡再起「浮華」案。但是由於參與者過多，這些人的父輩又是朝中的重臣，故曹叡未像父祖那樣大行殺戮，只是以免官禁錮，匆匆收場。至於道教，曹魏統治者在鎮壓之外，對其上層人物或誘以利祿，或軟禁在京城之內，力圖限制它在民間的發展。

由曹魏末年開始掌權的司馬氏，雖然因背信欺詐、凶殘狠毒而獲譏於世，卻打出「以孝治天下」的旗號。他們一面以「傲世敗俗」立罪，殺害反對自己的某些玄學名士；一面做些「經始明堂，營建辟雍」的所謂振興儒學的表面文章。到晉武帝的晚年和惠帝在位期間，西晉高層政治權力逐步落入正始、竹林時期的玄學青年之手。在首都京洛地區，玄學成為統治思想界的主流文化。這一時期，玄學流派紛呈，其中具有代表性的是王衍的新貴無派、裴的崇有派和郭象的自生獨化派。這種得天獨厚的條件，無論在歷史上還是邏輯上，都使玄學理論發展到一個高峰階段。西晉在文化建設上也是有成績的。荀勖受詔整理國家藏書，作《中經新簿》，開中國圖書四部分類的先河，也是史籍獨占一部的發端。集中專家，對於「汲冢古書」進行系統校綴考訂，當屬中國古代罕見的一次官方主持的考古文獻整理工作。

---

31 《曹操集·以高柔為理曹掾令》。
32 《三國志·魏書·武帝紀》。

東晉時期，真正控制國家權力的門閥士族鑒於國破家亡的教訓，一改沉湎空談、不務實務的舊習而為禮玄雙修。由於家族的文化背景不同，先後執朝柄的王、庾、桓、謝等氏，對於主導文化的選擇，表現出了差異。

王導是王衍的從弟。他為晉元帝規劃的國策為：「謙以接士，儉以足用，清靜為政，撫綏新舊。」[33] 玄學中「無為而治」的色彩十分濃重。但是王導又上書建議修學，稱「庠序設，五教明，德禮通洽」，可以使「父子兄弟夫婦長幼之序順而君臣之義固」[34]，也給儒學留出了一定的位置。司馬睿晚年，不甘心受制於王氏，大樹申韓之說，欲通過「以法御下」以伸張皇權，但不果而死。庾亮執政期間，既反對申韓之術，又不滿王導的「憒憒之政」。他雖然「性好莊老」，但主張在一定程度上要重振經學政治。繼起的桓溫比庾亮更為積極進取，具有類似經學士族的品格。庾、桓先後以失敗告終，到謝安崛起時，王導「清靜為政」的玄學政治精義被重新確立起來，而且王弼易學也乘機上升為官學。

南朝時期，皇權政治逐漸回歸。出身相對低微的皇帝雖然並不否定玄學，但是已開始倡導儒學，其中尤其重視的是《禮》學。宋文帝元嘉年間，儒、玄並立於四學，名儒雷次宗以《三禮》授徒，連皇太子都是他的學生。齊、梁時期，儒學一度在朝廷中的地位明顯提高。特別是梁武帝曾「詔開五館，建立國學，總以五經教授，置五經博士」[35]。於是「十數年間，懷經負笈者雲會京師」[36]，使魏晉以來儒學門庭冷落的局面有所改觀。不過，儒學在南朝，由於長期受玄風侵蝕，加之又與佛、道二教處在並立的形勢下，其作用畢竟有限。《禮》學所以受重視，是因統治者注意到了它的實用價值。對於儒學傳統中有關精神追求的高層次內容，南朝則很少有人予以發掘闡揚。

東晉南朝，佛、道兩教受到統治者異乎尋常的重視。東晉時期，葛洪用儒學的忠孝仁信等思想對民間道教進行改造，並提供了一系列長生的仙藥和煉丹秘

---

33 《資治通鑑》卷八十六。
34 《晉書·王導傳》。
35 《梁書·武帝紀》。
36 《梁書·儒林傳》。

方，從而使之能夠為上層社會所接受。以後陸修靜、陶弘景又對道教進行典籍、科儀以及組織方面的規範，於是它便上升為一種官方宗教。從皇室到士族，道教的信徒甚眾，有的還是崇道的世家，如琅邪王氏、吳興沈氏、吳郡杜氏等。梁武帝「弱年好事，先受道法。及即位，猶自上章。朝士受道者眾」。在統治者的倡導之下，道教在南方廣泛傳播，「三吳及邊海之際，信之逾甚。陳武（帝）世居吳興，故亦奉焉」[37]。但與佛教相比，道教的政治地位則低下多了。東晉南朝帝王中信佛者遠逾於通道者，而且還有的通道兼信佛。很多帝王延請名僧參與朝政，並與臣下互相撰文闡揚佛法。梁武帝還一度舍道就佛，公開講：「道有九十六種，唯佛一道，是於正道，其餘九十五種，名為外道。」[38]佛教受到統治者的偏愛，不但是因為可從這裡找到死後理想的歸宿，而且還因為它是駕馭民眾最有效的精神武器。宋文帝時司空和尚之一語道破其中奧秘。他在《答文帝讚揚佛故事》中講，佛法要求信徒持五戒十善。如果「百家之鄉，十人持五戒，則十人淳謹矣；千室之邑，百人修十善，則百人和厚矣。傳此風訓，以遍宇內，編戶千萬，則仁人百萬矣。……即陛下所謂坐致太平者也」[39]。南朝後期，統治者經過選擇，大致形成以佛教為主，儒、道相容的主導文化格局。

南朝時，統治者對異端文化的絞殺可謂不遺餘力。其中，以齊、梁時期對堅持《神滅論》的范縝圍攻最為典型。范縝反對佛教的神不滅論，被南齊竟陵王蕭子良指斥為「傷名教」，並召集僧人對他進行圍攻。到了梁代，武帝蕭衍給范縝加上「違經背親」的罪名，又發動「王公朝貴」六十四人寫駁論七十五篇，再次圍攻范縝。范縝舌戰論敵，始終不肯屈服，結果被罷除尚書左丞的官職，貶徙到了廣州。

---

37 《隋書‧經籍志》。
38 《廣弘明集》卷四。
39 《廣弘明集》卷十一。

二、少數民族王朝自身的文化調整

少數民族統治者入主中原之初，對漢文化採取的是相當矛盾的政策。一方面在先進華夏文明面前，表現出傾慕和卑弱的心態，如受「帝王自古無出戎狄」觀念的影響，或遲遲不敢稱帝，或謊稱與漢族有親緣關係，顯得十分畏縮和尷尬。另一方面則憑藉武力上的優勢，宣洩長久以來受到歧視的仇恨，瘋狂地毀滅城邑，委棄典籍與殺戮士民，對漢文化進行摧殘。但是隨著政權的建立，為鞏固統治，提高本民族素質以及消弭廣大漢人的對立情緒，他們陸續對文化政策進行了調整。

從十六國時起，胡族統治者對占領區的漢族上層人物改行籠絡的方針。他們招徠留居在北方的士人，待之以禮，如羯人石勒為這些「衣冠人物」特設了「君子營」，然後量才使用。以後前秦、前燕等政權中都聚集著大量的漢族士大夫。進入中原最晚、相對落後的拓跋鮮卑人，在建立政權之初即將士人領袖崔宏委以重任。這些漢族士人按照魏晉制度，對胡族政權進行改造和重構。經過對漢族先進文化的吸納，各胡族政權紛紛改易胡法、胡漢分治為漢法。治國方針的變化，加速了它們漢化和封建化的進程。有的統治者還主動對本民族實行全盤漢化政策，如北魏孝文帝禁斷鮮卑話、胡服編髮左衽以及改漢姓、定士族，等等。當然，這種政策也並非在各朝各代都是一成不變的，如東魏、北齊曾出現過一股反漢化的逆流，只不過為時甚短而已。

同東晉南朝不同，十六國北朝統治者對漢族主導文化的選擇是儒學而不是玄學。永嘉亂後，盛行於京洛地區的玄學隨南渡名士轉移到南方，保留在河北、河西地區的主流文化是以鄭玄為宗的儒學，而玄風幾成絕響。因此在北方給胡人影響最大的先進文化首推儒學。再者，玄學過於深奧玄虛，胡人不易領會，而儒學中的安邦治國思想及綱常倫理大義，既好把握精神實質，又適合建立政權需要，故受到他們的推崇。同時，北方士人也希冀通過儒學「以夏變夷」，施展才幹，以求發展，維護家族的政治、經濟的根本利益。正因為雙重因素的作用，十六國北朝時期的儒學在北方呈現出復興的景象。在多數割據政權那裡，以儒學為核心的太學紛紛設立。一些碩儒還廣招門徒，受業者多至萬人。隨著時間的推移，先

後在遼西、鄴城、長安、洛陽、河西等地，形成了以儒學為主體的多個區域性文化中心。北魏統一北方後，這些文化以支流的形式先後彙聚到平城和洛陽，為以後儒學的全面復興，創造了條件。

胡族統治者在崇尚儒學的同時，也雜用佛、道。與重實粗獷的社會風氣相一致，那些以修福事功又簡便易行為特徵的禪宗、律學和淨土等佛教宗派在北方大為流行；由寇謙之改造後的新天師道，也是因為尊君和重視外在的宗教形式，而被北魏太武帝一度奉為國教，並親受符籙。北方佛教勢力因統治者的提倡，曾經達到了與南方毫無二致的程度。但是當它的過度膨脹對政權構成威脅時，北方統治者則毫不猶豫地採取極端措施。中國歷史上發生過的三次滅佛事件，其中兩次是在北朝。這樣的魄力是南方王朝統治者所不具備的。

第三節 ·
文化變遷
對社會的浸潤

魏晉南北朝時期，新的文化因素的生長也給社會帶來了很大的變化。其中，皇權政治的疲軟、士庶對立以及寺院地主經濟的形成與發展，都與此關係甚大。至於農耕分界線的南移和民族共同體的重新熔鑄，則是胡漢兩種文化衝突與融匯交流過程中的必然結果。

一、君權不振與士庶對立

隨著儒學式微、玄風播揚和士族中重家輕國觀念的氾濫，皇權政治從西晉時期起開始出現疲軟的趨勢。西晉滅亡後，司馬氏在江南能夠重建政權，完全依靠的是僑、土高門士族的支持和一部分流民帥的軍事力量。東晉建國伊始，高門大族凌駕於皇權之上形成所謂「共天下」的格局，以後，王、庾、桓、謝等氏相繼通過掌握揚州朝政或荊州地方權力牢牢地控制了司馬氏皇權。皇帝大多數情況下是士族的玩偶，且不說對朝臣的陞遷、藩鎮的調配沒有多少發言權，就是對自己身下的「御榻」也有朝不保夕之慮。晉元帝和簡文帝都一再向王敦、桓溫表示要讓位「以避賢路」。當然東晉門閥政治的主要基礎是士族的政治、經濟和軍事實力，然而其文化背景和觀念變遷的作用也不應該輕視。當時，每個大族成員對皇帝，或維護或對抗，無不是為家族門戶計。王敦最初不欲立司馬睿，是擔心「年長難制」。待造反克建康後，他就明確對王導講：「不用吾言，幾至覆族。」王彬拒絕參與王敦之亂，同樣是害怕「禍及門戶」。就連王敦臨終時也對心腹講：「我死之後，莫若釋兵散眾，歸身朝廷，保全門戶，上計也。」[40]除來自北方胡人的外患外，各家族之間的權力之爭能否保持相對平衡，成為決定東晉政局穩定還是動亂，乃至動亂激烈程度的重要因素。南朝時期君主的權力雖然開始回歸，但是處於衰弱中的士族仍有一定的力量。而且正是由於已經走下坡路，士族中的重家輕國思想反而比以前更加強烈。他們經常擺出一副「士大夫固非天子所命」的架子，盡其所能地給皇帝出難題。也正是由於他們積極參與勸進、禪代、授璽等政權轉移活動，才使得南方王朝改旗易幟來得那麼順利和頻繁。

在士族群體中盛行的家族至上觀念，對上表現為重家輕國，對下則是強調士庶之別，使等級制度進一步嚴格化。士庶不婚、不相交接，不僅東晉如此，到南朝時仍沒有改變。當時，「雖比屋鄰居，至於士庶之際，實自天隔」[41]。庶人被士人看作「非類」。「服冕之家，流品之人，視寒素之子輕若草芥，曾不以之為

---

40 以上引文皆見《資治通鑑》卷九十二、九十三。
41 《宋書·王弘傳》。

伍。」[42]《南史》記載了很多庶族出身的官吏到同僚的士人家裡做客，受到侮辱的事例，甚至連皇親國戚也不例外。至於士庶通婚，更屬大逆不道，不但要將士人驅出流伍，而且還要「實以明科」，給以懲辦。士人的尊貴，使得庶人仰慕不已。他們尋找各種機會，企圖擠入士流。有人打著皇帝的旗號懇請名士認可，有人通過竄改籍注詐冒士人，有人嘗試以厚禮與士人聯姻，但是這些途徑都很難達到目的。

總之，在東晉南朝社會生活的各個層面，都滲透著南方士人文化觀的影響，只是表現程度不同而已，不過在北方，情況迥異。士人雖然也重家，但是絕不敢輕國。其原因，一是皇權的強大，士族處於附庸的地位；二是傳統儒學的影響比較有力，士人觀念相對保守，遠不如南方風流瀟灑。時人進行對比，將此概括為：「江南多好臣，歲一易主；江北無好臣，而百年一主。」[43]倒也十分貼切。

二、「竭財以赴僧，破產以趨佛」

魏晉南北朝是佛、道兩種宗教獲得極大發展時期。但是，道教與佛教相比，無論教義還是科儀都處於劣勢的地位。再加之民間道教容易被民眾借用，作為進行反抗和起義的組織形式，使統治者心有餘悸，不能不加以限制和防範；官方道教玄虛而又耗費錢財，在下層社會中根本沒有市場。所以到南北朝時期，佛教以其理論完備、適應性強，贏得了大量信徒，從而遠遠超邁道教，在大江南北都取得類似國教的地位。隨著佛教的興盛，寺院地主經濟開始出現，並逐漸上升為能對當時社會發揮重要影響的一股勢力。

寺院同當時的士族、庶族地主一樣占有大量土地。與其他地主不同，寺院取得土地的主要方式是靠各級統治者的佈施和下層民眾的投獻。無論南朝，還是北朝，帝王和達官貴人都在興造佛寺或舍宅為寺的同時，佈施給寺院大面積土地。

---

42 《寒素論》，《文苑英華》卷七六〇。
43 《魏書·李彪傳》。

梁武帝曾一次賜田給大敬愛寺八十頃；西魏文帝為中興寺建寺莊，僅稻田就有百頃之多。至於一般百姓，有的為逃避政府的繁稅苛役，有的因沉溺於宗教信仰，往往傾其所有，爭相將土地和家產投獻給寺院，以致形成「竭財以赴僧，破產以趨佛」的局面。在取得土地的同時，寺院還侵吞了大量勞動人手。普通僧尼是寺莊首選的勞動力對象；餘者是以僧祇戶、白徒、養女為名目的大量依附民以及類似奴婢身分的佛圖戶。除此之外，寺院又獲取了數量驚人的浮財。這些浮財，很大一部分來自上層人物的捨施。北齊皇帝一次撥給寺院的錢財就占國庫的三分之一；梁武帝三次捨身為寺奴，每次都要臣下捐錢一億萬贖身。寺院經常以「鳴剎注疏」的形式，向聽經的信徒強索財物，多者至百萬錢。當時還盛行用下層僧侶燒身方式募錢的宗教活動，每次都能誘使前來觀看的信徒投衣解寶，施財山積。

按說，寺院的財產應歸集體所有，然而實際上大部分財產皆為上層僧侶所把持。史書記載的一些大和尚常是「擁資巨萬」。上層僧侶已成為寺院中的地主分子。他們不但完全承襲了世俗地主的剝削方式，而且還通過經營典當業，以高利貸來聚斂財富。寺院地主並取得了比世俗地主更多的特權，如封建國家特為寺院設置大小僧曹，各級屬員同職官一樣，享受俸祿和力役。皇帝承認寺院是法外之地，佛教內律可以充代國法。寺院地主生活奢靡、荒淫凶殘，同世俗地主毫無區別。他們的住所窮極宏麗，「爭寫天上之姿，競橫山中之影。金剎與靈臺比高，廣殿共阿房等壯」[44]。以致使來自西域的胡僧瞠目結舌，認為「極物境界，亦未有此。口唱南無，合掌連日」[45]。《小法滅盡經》承認，有的僧侶「貪錢財，積聚不散，不作功德，販賣奴婢，耕田墾殖，焚燒山林，傷害眾生，無有慈愍」，甚至「淫秩濁亂，男女不別」。他們的行徑，嚴重地敗壞了佛教的聲譽。

南北朝時期，隨著佛法的播揚，寺院地主勢力極度膨脹。南朝寺院最多時近三千所，僧尼近十萬人；北朝則是南方的十倍，大多數時期寺院都在三萬所左右，僧尼二百餘萬；一度曾暴漲到寺院四萬餘所，僧尼三百餘萬。北周時僧尼人數約占全國總人口的百分之十一。無怪乎有人把北周武帝滅佛視為「求兵於僧眾

---

44 《洛陽伽藍記》卷一。
45 同上。

之間，取地於塔廟之下」[46]了。寺院地主經濟達到這樣高度發展，在中國歷史上是僅見的。這和當時佛法興盛及社會上下的宗教狂熱，顯然有著密切的關係。

三、農耕分界線的南移和民族共同體的重新熔鑄

魏晉南北朝時期，胡漢兩種文化的衝突與融匯交流，給社會帶來的影響是多方面的。其中，對北方經濟出現的退化現象和漢民族隊伍的鞏固擴大所起的作用，尤其顯著。

兩漢時期，北部長城沿線曾逐漸擴展為農耕區與游牧區之間的過渡地帶，而且農耕區還在向北向西推移。那時，陰山以北的夾河地區和河套平原的九原郡被稱為「新秦中」，說明它的農業成就堪與關中地區相媲美。然而魏晉以來，隨著游牧民族的南下，北方經濟的格局發生很大變化。在胡漢兩種文化衝突的階段，胡人於仰慕漢文化之外，也對堅持本民族文化傳統表現出極大的熱忱。他們把保有馬背民族勇悍善戰的精神，視作「威制諸夏」的長策。為了維持強大的騎兵，必須有充足的馬源做保障，所以胡人鐵蹄所到之處，常常伴有棄耕營牧的現象發生。魏晉以來，「新秦中」地區的農田已恢復為牧場，龍門碣石以北地區畜牧業的比重越來越大。十六國時期，在黃土高原西北部的河西、隴右一帶，除涼州的隴西、漢陽兩郡外，其餘大部分邊郡地區皆為游牧民族控制，雖然也出現過短暫的農業復興，但是棄耕營牧的總勢態未變。很多學者達成共識：魏晉南北朝時期，農耕區曾退至關中北山至今呂梁山一線以南。由燕山以南至蘄、代、呂梁、北山一線形成一條農耕區的北界，大致恢復到秦漢之際的景象。這條線以北、以西，基本復歸為畜牧業。河西走廊的一些農業區，到北朝時期已轉化為以牧業為主。河西是北魏重要的牧場，拓跋燾「平統萬，定秦隴，以河西水草善，乃以為牧地，畜產滋息，馬至二百餘萬匹，橐駝將半之，牛羊則無數」[47]。伴隨著農耕

---

46 《廣弘明集》卷二十四。
47 《魏書·食貨志》。

分界線的南移，傳統的農耕區也在明顯退化。有的游牧民族，為長期保持軍事上的優勢，把自古以來精耕細作的漢人農耕區強行掠成牧場和獵苑，甚至淪為沼澤汗地。三河居天下之中，王畿千里，本是肥沃的良田，北魏時期則被統治者占作廣袤的牧馬之地。就連堅持漢化的孝文帝在遷都洛陽後，仍令臣下宇文福「規石濟以西、河內以東，拒黃河南北千里為牧地」[48]。為了每年從河西徙馬於河洛，竟將并州改造成中轉的馬場。史稱孝文帝在位期間，「復此河陽為牧場，恆置戎馬十萬匹，以擬京師軍警之備。每歲自河西徙牧於并州，以漸南轉，欲其習水土而無死傷也」[49]。其結果，使傳統的農耕分界線變得毫無意義，造成北方經濟實力大幅度下降。

胡漢兩種文化從激烈衝突到最終融匯合流，使各地民族構成發生變化，並導致以下兩個結果。

第一，漢民族共同體進一步得到加強。在北方，漢人在抗擊異族統治和奴役的過程中，民族意識比以前更加突出。這一點，連少數民族都有體驗。十六國時期，他們還稱漢人為晉人。到北朝，他們則改稱漢人（當然也有人用侮辱性語言，如罵狗漢、漢兒、一錢漢等）。漢族被稱為漢人，最初不是自稱，是由少數民族叫出來的。在南方，大量北方漢族人口的到來，使南北漢人的整體感大大向前邁進一步。這一時期，南北地域被進一步打破。波濤洶湧的長江是隔絕中國南北的一道天塹。南北漢人的地域特徵在漢代已較前大為削弱，但是仍然明顯存在。農耕文化人口在和平時期，往往表現為安土重遷，地域差別消失速度緩慢。兩晉之際，大量北人迫於異族壓力紛紛渡江，再次打破地域隔絕，使黃河流域、長江流域更加牢固地形成了一個共同疆域。另外，隨著北人南遷，北方旱田作物在南方大量種植，使那裡的經濟從原來比較單一的稻作農業，向水陸兼營、稻麥兼濟的農業結構轉變。南北經濟生活差距縮小，共同的經濟生活更加成熟。在南人北人彼此交往過程中，共同語言初步形成。洛陽話是南方官場和知識階層普遍通行的口頭語言。當然對於大多數人來說，漢民族的語言溝通，主要還是靠書面

---

48 《魏書·宇文福傳》。
49 《魏書·食貨志》。

的文字語言。共同的文化心理素質進一步加強，是南北漢人融成一體最重要的因素。在亡國滅種的壓力面前，南北漢人的民族認同感遠遠超過了地域隔閡。

　　第二，在與漢族「混淆」、「雜錯」的過程中，南北少數民族以不同方式被漢族同化。在北方，表現形式為征服者被被征服者同化。入主中原的「五胡」先後拋棄原來落後的傳統，轉而接受漢人的先進文化和生產、生活方式，逐漸演變成漢民族的新成員。在南方，表現形式為統治者同化被統治者。東晉南朝政權對南方境內的少數民族採取了攻勢態度，通過各種手段將境內的少數民族變成編戶、依附民等人口，直接由國家控制起來，從而最終導致部分南方少數民族被漢族同化。漢民族在同化南北少數民族過程中，不但被輸進新鮮的血液，而且也被注入新的活力。這一活力的核心即是異質性很強的胡文化。

第二章

一個文化更新
的時代

個體意識的張揚

　　在中國古代史上，個體意識初次覺醒是春秋戰國時期。那時人們從神的絕對控制之下逐漸掙脫出來，首次產生「人本」思想。魏晉南北朝是個體意識重新覺醒的時代。其特點是：從神道復歸人道，從只能仰視社會到又可俯視人的自身。作為文化主要載體的士人階層，在政治上淡化了對君權的依賴，在思想上摒棄了綱常禮教的束縛，再次確立了人是萬物之本的認識。個體意識重新覺醒，主要表現在追求獨立人格和對生命價值的重視方面。

　　先秦時期，士人追求的人生目標，是「行天下之正道，得志與民由之，不得志獨行其道」，絕不會屈從君主的政治壓力而改變自己的政治主張。他們在處理民、社稷和君三者關係時，往往將民擺在首位，君的位置最輕。他們力求與君主保持平等的關係，提倡「富貴不能淫，貧賤不能移，威武不能屈」[1]的人格獨立精神。但是當大一統的政局建立後，在專制君主的摧殘和利誘下，士人的尊嚴無法保持，日益臣僕化。士人作繭自縛，吞下自己為論證君主專制而編造出來的思想苦果。在漢儒的理論體系中，以宗法和君統為核心的社會牢固地禁錮著人性，個人必須無條件地服從宗族與君王的利益。「屈民以伸君，屈君以伸天」[2]，萬民只能匍匐在君王和神的腳下，唯命是從。兩漢的名教之治，把士人或馴化成規行

1　《孟子·滕文公下》。
2　《春秋繁露·玉杯篇》。

矩步的迂腐之輩，或培育成蠅營狗苟的利祿之徒。東漢後期，在與外戚、宦官的抗爭中，士人的群體自覺意識逐漸覺醒[3]。他們交遊結黨，抗憤橫議，「幽深牢、破室族而不顧」。但是這種覺醒是有限度的，仍然是把漢儒以天下為己任的人生理想作為出發點，絲毫未觸及皇權和神權。即使這樣，專制君主仍不能容忍他們的行為，用屠身滅族的極端方式踐踏他們的生命。群體意識的覺醒，並未使士人達到先秦士人理想人格的水準。然而，這畢竟是通向個體覺醒的過渡形態，而且血腥屠殺又使士人看清了犧牲的無謂和生命的可貴，從而開始真正覺醒，終於加速了這一過渡進程。當東漢王朝土崩瓦解、儒學獨尊的局面被打破後，人的自我意識越來越明朗化了。

魏晉南北朝時期，士人的覺醒首先表現在強調個人的尊嚴和獨立人格方面。三國時期，各分裂政權的統治者都力圖伸張君權，但開始遇到了士人不同程度的抗爭。曹操本來想制服禰衡，但對方一個「裸身而立」，使得他不得不承認「本欲辱衡，衡反辱孤」。劉備也有類似的遭遇。他拿士人張裕的鬍子開個玩笑，對方馬上抓著劉備不長鬍子的特點，回敬他一個「潞涿君」（露著君）的雅號。如果說曹操、劉備還能開殺戒，以鎮壓士人對君權抗爭的話，那麼到後來則越來越行不通了。魏明帝曹叡越俎代庖去尚書省查閱公文，卻在主管官吏陳矯那裡吃了閉門羹。「矯曰：『此自臣職分，非陛下所宜臨也。若臣不稱其職，則請黜退。陛下宜還。』帝慚，回車而反」[4]。魏明帝時君權尚屬有力，陳矯已敢固執己見。到司馬氏建立以他為首的門閥貴族聯合政權後，士人政治、經濟勢力大為膨脹，於是強調人格獨立的態度也越來越鮮明。晉武帝初登帝位，問士人裴楷「天下風聲，何得何失」，得到的回答是「未比德於堯舜」。平吳後，他顧盼自雄，復問臣下劉毅：「卿以朕方漢帝何也？」不料又是「可方桓、靈」的答案。最令人吃驚的是，士人庾純在宴會上罵坐，敢於提出被司馬氏殺害的魏帝高貴鄉公問題，公開對王朝存在的合理性進行抨擊，而且事後並未受到追究。這在兩漢時期是不可想像的。到東晉時期，門閥士族凌駕於皇權之上，於是便有最講修養的王導羞

---

3 參見余英時：《士與中國文化》第六篇，上海，上海人民出版社，1987。
4 《三國志·魏書·陳矯傳》。

辱明帝之事。《世說新語·尤悔篇》:「王導、溫嶠俱見明帝。帝問溫前世所以得天下之由,溫未答。頃,王曰:『溫嶠年少未諳,臣為陛下陳之。』王乃具敘宣王創業之始,誅夷名族,寵樹同己,及文王之末高貴鄉公事。明帝聞之,覆面箸床曰:『若如公言,祚安得長?』」進入南朝,士人的社會地位仍高居其他階層之上。當時庶人若想同士人交往,甚者欲入士流,如果沒有士人的首肯,皇帝也無可奈何。南朝齊武帝時,庶族出身的寵臣紀僧真想作士人。皇帝對他說:「由江、謝淪,我不得措此意,可自詣之。」結果,紀僧真討了個沒趣,回覆皇帝說:「士大夫固非天子所命。」[5] 南朝士人不給皇帝面子,堅持維護獨立人格的事例不勝枚舉。如劉宋文帝時范曄「善彈琵琶,能為新聲。上欲聞之,屢諷以微旨。曄偽若不曉,終不肯為上彈。上嘗宴飲歡適,謂曄曰:『我欲歌,卿可彈?』曄乃奉旨。上歌既畢,曄亦止弦」[6]。齊梁之時,范縝堅持《神滅論》,也同皇帝進行了不妥協的辯論。從漢代士人的臣僕化到魏晉南朝的「士大夫固非天子所命」,我們可以清晰地看到一條士人由位處「俳優」走向人格復歸的演變軌跡。當然,士人獨立人格的確立,如果沒有強大的政治、經濟特權做後盾,也是不可能的。

其次,士人的覺醒表現在重視生命價值的認識與行動方面。

東漢後期,在君權與神權重壓的縫隙間,個別士人雖然發出了「生貴於天下」(馬融語)的呼喊,但是聲音相當微弱;《古詩十九首》流露出來的人生如寄的傷感情緒,也並未對社會產生多大的影響。然而,隨著時間的推移、社會條件的變化,士人對個體真實存在的體認越來越強烈,到魏晉南北朝已成為清醒的生存意識、生命意識。這一時期,對生死、時空的不解和無奈幾乎成為人們經常議論的話題。對生命意識萌發的傷感情緒,瀰漫了整個社會,顯示了人的覺醒層面的擴大。各種生活經歷的士人,都有一種人生苦短的認識。孔融《雜詩》:「人生有何常,但患年歲著。」曹植《送應氏》:「天地無終極,人生如朝露。」陶淵明《飲酒詩》:「人生能復幾?倏如流電驚。」鮑照《傷逝詩》:「寒來暑往而不窮,

5 《南史·江傳》。
6 《宋書·范曄傳》。

哀極樂反而有終。」一些帝王也作如是觀。曹操的「對酒當歌,人生幾何?譬如朝露,去日苦多」和宋文帝的「惆悵懼遷逝,北顧涕交流」的詩句,可算是他們之中不少人的心聲。長期戎馬生活的將軍也有這類的詠歎。《晉書・羊祜傳》載,羊祜登峴山對友人說:「自有宇宙,便有此山。由來賢達勝士,登此遠望,如我與卿者多矣,皆湮沒無聞,使人悲傷。」《世說新語・言語篇》載,桓溫北伐,見故土所種柳樹已長大,嘆道:「木猶如此,人何以堪?」至於更深一層次的認識,則來自士人對生命本質的探討。一些哲學家將天地還原成自然,指出它是萬物產生的本體,人也是它的產物。何晏講:「陰陽恃以化生,萬物恃以成形,賢者恃以成德,不肖恃以免身。」[7]阮籍在《達莊論》中也講:「人生天地之中,體自然之形。身者,陰陽之精氣也;性者,五行之正性也;情者,遊魂之變欲也;神者,天地之所以馭也。」他把人的形體和精神都歸結為自然的產物,所以認為人應拋棄禮法,崇尚自然。他的好友嵇康更提出「越名教而任自然」的時代最強音。嵇康視《六經》為丙舍(墓屋)、鬼語、蕪穢、臭腐,認為循守禮教會使人目瞧、變傴、轉筋、齒齲,主張「兼而棄之,與萬物為更始」[8]。他們崇尚自然,崇尚生命,崇尚人生的自由,努力體現著自我的價值。《世說新語》記載很多士人張揚自我的故事。如桓溫問殷浩:「卿何如我?」殷浩回答說:「我與我周旋久,寧作我!」劉惔把東晉簡文帝歸結為清談中的二流人物。桓溫問他:「第一流復是誰?」劉惔回答說:「正是我輩耳!」至於劉伶口氣之大,更令人驚詫。他「脫衣裸形在屋中」,對進入屋中的人說:「我以天地為棟宇,屋室為褌衣,諸君何為入我褌中?」[9]

士人高揚生命的價值,還可以從對生命的欣賞和讚美中顯現出來。魏晉南朝士人風度中重要的內容之一,是對人物的品藻。品藻的首要方面是儀容。《世說新語》單為「容止」立篇,把它與孔門四科的德行、言語、政事、文學並列,可見時人對美好生命的崇尚。而這種美的讚語,往往又取之於自然。如稱讚嵇康為「肅肅如松下風,高而徐引」,王衍「如瑤林瓊樹」,王恭「濯濯如春月柳」,山

7　《晉書・王衍傳》。
8　嵇康:《難張遼叔自然好學論》。
9　《世說新語・任誕篇》。

濤「如璞玉渾金」，和嶠「森森如千丈松」。美的儀容，對時人極富征服作用。陶侃因為喜歡庾亮的風姿，竟然原諒了這位政治上的夙敵。桓溫的妻子見到丈夫新納的小妾「姿貌端麗」，也放棄殺人的念頭，「擲刀前抱之曰：『阿子！我見汝亦憐，何況老奴！』」[10]有的學者認為時人對容貌美的追求，已達到了唯美主義的程度[11]。氣質也是品藻人物的重要方面。這種氣質是一種外在體貌與內在精神的結合。對人氣質的品定，往往無法用現實事物進行比擬，故評家多取之玄遠抽象。《世說新語‧品藻篇》提供的一則故事，頗具典型意義。孫綽一次同司馬昱品評了七個人物，用詞分別是「清蔚簡令」、「溫潤恬和」、「高爽邁出」、「清易令達」、「弘潤通長」、「洮洮清便」、「遠有致思」，並自品為「蕭條高寄」。顯然，這種讚美，表露的是不沾滯於物的人的自由精神，是一種哲學的美和神韻的美[12]。對氣質的品定，充滿了評者的好惡，所以主觀色彩很濃。何晏本是個美男子，但是在不喜歡他的管輅口中變成了「魂不守宅，血不華色，精爽煙浮，容若槁木」的「鬼幽」[13]。「才能」在品藻中經歷了由拔高到低落的一個發展過程。漢代清議對人物的品評，從社會需要出發，著重在於德行。曹操提倡「唯才是舉」，才能遂成為品藻標準的重點。兩晉以來，士人的價值觀念進一步擺脫社會的桎梏，向自由化發展邁進。再加上，士族有家可恃而不必倚重於朝廷，故以居官不務實事而互相標榜。所以，品藻中「才」的一項，始由政治才幹向口辯之才轉變，繼而發展到「不必須奇才」也可作名士的地步。這也是士人過分追求人性自由發展而出現的負面效應。

士人重視生命價值的行動是多方面的，目的都在於盡情地享受生命給予的美感和自由。下面擇要介紹幾個方面。

---

10 《世說新語‧賢媛》注引《妒記》。
11 參見寧稼雨：《魏晉風度》，北京，東方出版社，1992。
12 同上。
13 《三國志‧魏書‧管輅傳》。

（一）清談

清談是士人進行學術交流的一種方式。它分賓主兩席，以一個命題為中心，雙方輪番交鋒，反覆論詰，使討論不斷深化。清談的形式不拘，可以互為賓主，也可自為賓主；可以是辯論式的，也可各抒己見，不進行爭辯；可以一決雌雄，也可折中其理，還可輸家另覓他人代為闡發。清談場上，沒有尊卑長幼的等級秩序，以理服人是參加者公認的準則。王弼在何晏面前，無論年齡，還是社會地位都相差懸殊，但他可以奪席一躍成為論壇的主角。清談時，士人揮動塵尾，侃侃而談，飄逸瀟灑，充滿了智慧的較量和精神的愉悅，是人性自由的極度舒張奔放，所以他們往往樂此不疲，以致達到夜以繼日、廢寢忘食的程度。

（二）陶醉於大自然

單純把大自然作為審美對象，始於漢末，但那時人是不自覺的，只不過借山水以慰藉失意而已。魏晉以來，人們在發現自身的同時，也開始注意到山水的自然之美，逐漸將之作為自覺的審美對象。從東晉起，山水文化以文學作品、繪畫、音樂等多種形式表現出來，體現了創作主體在自我意識復歸後反觀自然所獲得的感知。東晉人袁嵩的《宜都記》，被著名學者錢鍾書譽為「遊目賞心之致，前人抒寫未曾」[14]之作。袁氏寫山水時，不只是文字綺麗，而且移注其中大量情感，對於大自然之美「流連信宿，不覺忘返」，甚至認為「山水有靈」，與人互為「驚知己於千古」。魏晉南北朝士人陶醉、忘情於大自然的軼事，典籍所載，俯拾皆是。有的學者指出這並非是中國的特例：「自然之發現與個體之自覺常常相伴而來，文藝復興時代之義大利一方面有個人主義之流行，另一方面亦是士人怡情山水之開始。」[15]而且這種意識也激發了園林文化的形成。魏晉南北朝士人構築園林別墅，除經濟原因外，也有審美情趣蘊藏其中。兩漢的皇家園林，恢宏而無氣韻。這時的園林多屬士人的私家，特點是精緻而有情趣。它是構園者心靈

---

14 錢鍾書：《管錐編》，1037 頁，北京，中華書局，1979。
15 余英時：《士與中國文化》，339 頁。

寄託之所、心志棲憩之地，也是藝術欣賞的對象。士人通過構築園林，移自然山水於私宅，不出戶而可回歸大自然。

（三）養生與避世

魏晉南北朝是個亂世，死亡來得容易。士人認識到個體生命的價值，所以注重養生成為當時的風尚。然而同為養生者，也有不同的層次。多者目的是乞求自然生命的延長，方法無外乎服食、行氣以及皈依佛、道，而有的士人養生在於精神的充實，怡然自樂。竹林七賢之一的嵇康頗注重養生，並遺世有《養生論》和《答難養生論》二文。他稱，善養生者「清虛靜泰，少私寡慾。知名位之傷德，故忽而不營，非欲強而禁也。識厚味之害性，故棄而弗顧，非貪而後抑也。外物以累心不存，神氣以醇白獨著，曠然無憂患，寂然無思慮」。余英時先生指出，嵇康「養生之旨既在於求內自足，而非徒自然生命之延續，則當與舊日導引之徒有所不同，正足為士大夫內心自覺之說明」[16]。

還有一批士人走上隱居的避世之路。他們的生存條件極端惡劣，「饑不苟食，寒不苟衣，結草以為裳，科頭徒跣」[17]。他們追求個體生命的精神價值遠遠超過肉體價值。以嵇康這樣的人傑，尚無法實踐隱士的生活之路。他追隨隱士孫登三年，仍無法做到忘情時政。在慘遇殺害之時，嵇康發出「昔慚柳惠，今愧孫登」的感嘆，可見雙方在人生理想方面還差著一個層次。陶淵明是這一時期人格自我完善的代表。他在政治理想不能實現之時，毅然辭官歸隱，在田園生活中實現了人生的自我價值。

（四）美的創作

魏晉南北朝時期，生命意識的覺醒，促使各個文化領域出現了全面的繁榮，

16 同上書，335 頁。
17 《三國志‧魏書‧管寧傳》。

美的創作隨處可見。除文學、哲學之外，繪畫、書法、音樂、舞蹈等，皆能體現時代賦予的神韻。篇幅所限，我們不能對此一一論列，只引述兩位方家對書法和繪畫的見解，由一斑可見全豹。從略到精，是兩漢到六朝畫風的重大轉變。今人鄧以蟄在《畫理探微》中講：「人物至六朝，由『生動』入於『神』，亦自然之發展也。神者，乃人物內性之描摹，不加注名而自得之者也。……漢畫人物雖靜猶動，六朝之人物雖動亦靜，此最顯著之區別。蓋漢取生動，六朝取神耳。」對於書法，宗白華先生講：「晉人風神瀟灑，不滯於物，這為優美的自由的心靈找到一種最適宜於表現他自己的藝術，這就是書法中的行草。行草藝術純係一片神機，無法而有法，全在於下筆時點畫自如，一點一拂皆有情趣，從頭至尾，一氣呵成，如天馬行空，遊行自在。……魏晉的玄學使晉人得到空前絕後的精神解放，晉人的書法是這自由的精神人格最具體最適當的藝術表現。」[18]

總之，由於人的意識再次覺醒，作為文化主要載體的士人階層，通過追求獨立人格和對生命價值異乎尋常的關注，創造了達生任性的文化精神。在這種精神的指導下，中國古代文化呈現出一個新的繁榮局面，這是主流；但達生任性精神走向極致，又導致部分士人及時行樂、奢靡縱慾情緒的蔓延。西晉士人的鬥富和南朝上層社會的揮霍無度，便是這種「丈夫生世，如輕塵棲弱草，白駒之過隙，人生歡樂富貴幾何時」[19]消極人生觀的外在表現。

---

18 宗白華：《論世說新語和晉人的美》，《美的散步》，上海，上海人民出版社，1981。
19 《梁書·魚弘傳》。

第二節·
從儒學式微
到三教並立

　　漢儒是大一統政治的產物。它強調群體，注重社會，講究等級秩序。從橫向來看，它將人們可能具有的多樣性人生選擇限定在狹小的忠臣孝子的範圍之內，並用功名利祿誘導每個個體生命自覺地去維護這一秩序，以從中確立個體生命的價值和意義。從縱向來看，它還用「孝」的理論，限定任何個體都是宗族血脈中的一環。「身也者，父母之遺體也」[20]，既是上承先人，又可下傳子孫。這種價值觀和文化觀是建立在漢代相對穩定時期的社會條件之上的。當穩定讓位於動亂，生生不息被死亡相繼取代之時，儒學一尊的地位再也無法維持下去。在分裂和戰亂中，多元文化開始叢生。但是除名法之學曾出現過暫短的輝煌外，只有作為儒學的異化——玄學，影響最大。玄學一方面拋棄漢儒煩瑣的章句之學，以高度的抽象思維和簡明深刻的哲學概括，開創用義理解經的新風；另一方面又斬斷漢代儒學構建的天人之間的神祕聯繫，在一定程度上理順了人與自然、人與社會的關係，使人們在理性化的道路上向前邁進一步。憑藉這一優勢，玄學排擠儒學占據了魏晉南朝學術文化的主流位置。然而，面對社會大動亂給人們帶來的生存危機和死亡恐懼，無論儒、名、法等傳統學說，還是新興的玄學，皆無法使人得到精神上的解脫。於是，這便給道、佛兩教讓出了發展的位置。

---

20 《禮記·祭義》。

道教是中國土生土長的宗教。它在東漢末年開始形成，主要有三個派系：「駱曜教民緬匿法，（張）角為太平道，（張）修為五斗米道。」[21]湯一介先生指出：「道教和其他宗教派別相比，從一開始就有十分顯著的特點：其一是，其他宗教大都要解釋『人死後如何』的問題，而道教所要求解決的卻是『人如何不死』（長生不死）；其二是，道教一開始就有十分強烈干預政治的願望。」[22]正是這兩個特點，使道教一產生就非常適合當時社會的需要。道教為人們設計了一整套「如何不死」的辦法：一是通過延長生命的長度和提高生命的品質以享受人生；二是有一條達到永生的途徑。道教宣稱，人生通過飲符水、佩咒印，可以驅病避邪；通過齋戒、首惡，可以去禍就福；通過導引行氣、服食金丹，可以養生長壽；通過男女合氣之術，可以求得人生的歡娛。至於永生之路，則是通過修練，形神合一、成仙得道。顯然，道教使人們的視角從天道轉向人道，從社會轉向個人，在一定程度上滿足了個體生命的基本生理和心理的需求。道教干預政治的特點，又使它成為民眾反抗統治者的組織手段和思想武器，從而以暴力方式去抗擊黑暗勢力。由於道教充分肯定人的自然本能和享受欲求，也迎合了統治營壘中某些人物希望永享榮華富貴的願望。道教在不斷地被改造和完善後，逐漸具備滿足上層社會分子追求慾望和調節心理平衡的功能，因而吸納的信徒越來越呈上層化。

　　不過，道教的理論有一個重大的缺陷，是它未能徹底解決人們對死亡的恐懼問題，未能回答「人死後如何」的問題。因為服食丹藥並不能使人長生不死，羽化成仙也終不能使人親眼得見。而能起到填補這一空缺作用的，恰巧有一種外來的宗教，這就是佛教。

　　兩漢之際，佛教即已傳入中國，但其真正能夠在漢地扎根並得到發展傳播，還是在魏晉南北朝時期。這一方面固然有它不斷地進行調整，使自己中國化的因素；另一方面則是因為它的宗教基本理論適應當時的社會需要。佛教宣揚人間的貧富、夭壽，社會上的不平等現象，是輪迴報應的結果。人生的苦由「業」而引

---

21 《三國志‧魏書‧張魯傳》注引《典略》。
22 湯一介：《魏晉南北朝時期的道教》，89 頁，西安，陝西師範大學出版社，1988。

起，「業」即是人的種種慾望。前生的業決定後世的果報，眾生都在三世（過去世、現在世、未來世）六道（天、人、阿修羅、餓鬼、地獄、畜生）中輪迴。只有皈依佛門，人們才能徹底解除輪迴果報之苦或在來世改變自己的命運，甚至還可以升入極樂世界，永享幸福。佛教的這些教義，不但對於迫切期望改變苦難命運的下層民眾特別具有吸引力，而且對於上層分子來說，能通過輪迴擺脫死亡後永不復生的命運，也是他們夢寐以求的。總之，佛教比本土哲學或宗教，更圓滿地解決了人生歸宿問題，極大地淡化了人們對死亡的恐懼心理。這也是佛教能在南北朝時期，遠遠超邁道教，而在人們宗教信仰方面占據主導地位的原因。

為了鞏固自己的宗教地位，佛、道兩教在激烈抗衡的同時，也互相模仿，彼此吸收。如道教把佛教的因果報應說、生死輪迴說、濟世度人說以及三界諸天說等教義加以改造，與自己的宗教理論融成一體。至於科儀戒律，道教更是照抄佛家不誤，以致道典《真誥・甄命授篇》竟然完全雷同於佛教的《四十二章經》。佛教徒對道教的符咒方術也大加借鑑，盡量使自己適合中國人的民族習慣。其結果，使佛、道兩教各有所長，互為補充，構成了中國傳統宗教中最強勁的兩翼。

作為宗教，佛、道兩教雖然具有使人們排遣精神苦悶、消除死亡恐懼的作用，但在遇到如何規範現實世界的社會秩序和處理具體社會問題時，則又不能與儒學抗衡了。儒學構建的以「忠」、「孝」為主要內容的倫理綱常和禮樂制度，是維繫以君王為核心的等級社會最有力的工具。它在理論上為解決國家形式、社會秩序、統治階級內部權力占有與分配以及民族關係等問題，提供了最系統的思路，並在實踐上積累了豐富的經驗。儒學重入世，強調治國安邦、建功立業，倡導個人對社會的責任感。這種積極向上、不斷進取的文化精神，是佛、道兩種宗教文化所不具備的，也是玄學越來越不屑一顧的，隨著社會的不斷穩定和統一趨勢的形成，這種精神卻日益顯得不可或缺。正因為如此，儒學雖然式微，但仍然能夠生生不息。佛、道兩教都不敢忽視儒學的存在，在與儒學論爭的同時，又努力將儒學的某些理論與自身的教義調和起來。如道教宣稱：「欲求仙者，要當以忠孝、和順、仁信為本。若德行不修，而但務方術，皆不得長生也。」[23] 佛教徒

---

23 葛洪：《抱朴子・明本篇》。

則主張佛法「六度」，與儒學「五教」（五常）名異實同。「六度與五教並行」，「道之以仁義者，服理以從化；帥之以勸戒者，循利而遷善」[24]。就是說，儒學以仁義化天下和佛教勸人戒惡從善，本質是一樣的。同時儒學也在這一歷史時期通過吸納他學的精髓，完善自己的理論體系，為將來的復興積蓄著力量。

魏晉南朝時期，玄學雖然極度昌盛，但是最終還是走上了消亡之路。這是因為它的玄虛高雅、超世脫俗的學術品格，日益將自我束之高閣，遂使研習者日少，學術生命喪失了生存根基。而佛教通過玄學化，逐漸將玄學的精旨妙義囊括無遺，使得玄學因無新義可陳，不得不匍匐在博大精深的佛學腳下，拾之遺唾。羽翼豐滿後的佛教，轉而指摘玄學，力圖斬斷與它的師從關係。南朝後期，玄學獨立地位喪失，終於無疾而終了。

南北朝時期，無論在南方，還是在北方，儒、佛、道三家都通過競爭，不相上下，互為補充，形成一種並存的局面。只是南方佛在先，北方儒為首，排序略有不同而已。

第三節 ·
地域間、族屬間文化
的趨同與趨異

魏晉南北朝是中國歷史上各族人口大流動的時代。當時人口流動的特點，一是大量北方和西北的少數民族徙入中原；一是眾多的北方漢人南遷。

---

24 慧琳：《白黑論》。

伴隨著少數民族人口大量徙入中原和眾多的漢族人口南遷這一歷史現象，出現的是東晉南朝和十六國北朝長達二百七十餘年分裂割據的局面。它使當時的文化呈現趨異又趨同，兩種相反相成的發展勢態。

《隋書·儒林傳》序，概括隋統一時南北學風是：「大抵南人約簡，得其英華；北學深蕪，窮其枝葉。」類似的見解在此前的東晉也有人提出。如《世說新語·文學篇》載：「褚季野語孫安國云：『北人學問淵綜廣博。』孫答曰：『南人學問清通簡要。』支道林聞之曰：『聖賢固所忘言，自中人以還，北人看書如顯處視月，南人學問如牖中窺日。』」唐長孺先生認為，這種差別可以解釋為「南學重義解，北學重名物訓詁，這正是魏晉新學風和漢代學術傳統的區別所在」[25]。前面已講到，玄學初興，只活躍於以洛陽為中心的河南地區，而大河以北和江南地區大體遵循鄭玄治學的路數，學風偏於保守。兩晉之際，大批名士隨著南遷的洪流渡過長江，盛行於京洛的新學也因之播遷到南方。在這些雍容華貴、風流倜儻的北方名士面前，江南土著士人雖然也存在著對立情緒，但是政治地位與文化素養方面的差距，使其難免自慚形穢。經過一段磨合後，他們轉而欽羨仿效。重視玄理，逐漸成為江南士人風尚。還有的家族世代研習，玄學素養很高。如吳郡張氏子弟幾乎各個好玄言，其中張融遺令是：「令人捉塵尾，登屋復魂曰：『吾生平所善，自當凌雲一笑。』三千買棺，無置新衾。左手執《孝經》、《老子》，右手執《小品法華經》。」[26]不能玄談，竟然使陸玩引咎辭官。可見，南北士人在文化上的認同，其基礎是土著士人必須對北來新學的服膺。認同的結果又使這種中原文化在南方得到發揚光大。南北朝佛教的差異，同樣是受這種學風影響的產物。南方佛教與北方重視外在宗教形式不同，它更注意對佛理的探求。這是佛教徒適應南方社會特點，有意識向玄學滲透的結果。名僧扮演清談家的角色往來朝野，既想借此得到帝王權臣及名士的認可，又欲以之詮釋玄奧精深的宗教哲學。北朝學風所以比較保守，一是因為留在北方的士人多屬河北學門，所宗的仍為鄭玄之書，玄學沒有多大影響。二是出於少數民族統治者政治上的需

---

25 唐長孺：《魏晉南北朝隋唐史三論》，213 頁，武漢，武漢大學出版社，1992。
26 《南齊書·張融傳》。

要。傳統儒學既有禮樂制度可供建立政權之用，又有綱常倫理能夠幫助他們維持和強化君權。他們從南方看到的教訓是，玄學只會造就一批詭辯浮華的談士、重家輕國的貳臣，故棄之不用。

當然，北方文化同南方文化的差異，遠不止於學術和宗教兩端。在文化的很多方面，南北都有各自的風格。北方文化中的胡漢雜糅色彩，表現得要比南方濃烈。在胡漢民族長期接觸過程中，漢民族以其高度發達的文明魅力磁石般地吸引著各少數民族，胡人漢化是大勢所趨。但同時少數民族文化中的精華也在雙方融合時積澱下來。西魏北周的府兵制，實際上是十六國以來部落兵的繼續，因為比東晉南朝世兵制賦予士兵更多的人身自由，故戰鬥力強，並一直延續到隋代至唐前期。在音樂方面，南北的區別是「陳梁舊樂，雜用關楚之音；周齊舊樂，多涉胡戎之伎」[27]。南方伴奏，雖也夾雜胡樂，但以漢樂為主；而北方胡、漢樂器在宮廷樂隊中的比例約為三比一。至於胡舞則風靡北方，與南方傳統的漢人舞蹈，風格迥異。胡服、胡食和胡床等外在的物質文化，更已成為北方漢人日常生活的一個重要組成部分。

若就價值取向而言，南人北人也有很大不同。東晉南朝時期，江南地區的社會風氣由輕悍好鬥逐漸轉向柔靡怯懦，顯然是受北來大族影響的結果。南渡的北方大族，對於武人、武事、武職的評價素不甚高。東晉外重內輕的格局更使居中執政的高門士族普遍厭惡武人、貶斥武事，進而在心理深層中積澱下輕武鄙武的觀念。進入南朝後，武職降為濁官，是世代盤踞「職閑廩重」清官的高門士族不屑一顧的職位。南士恰恰從這方面向北方高門效顰，結果使祖宗傳下的尚武之風消散殆盡。江南統治集團的構成與心理素質的巨大變化，對於腐蝕自身及軟化整個社會風氣起了決定性作用。在北方，由於受胡人驍勇善戰的習尚影響，尚武精神逐漸在中原地區深深扎下根來。它一掃晉人玄風相扇、奢華頹弱之風，使社會上下勃發出一股剛陽雄武之氣。當時，不僅「河北文士率驍兵射」，就是妙齡女兒亦能「褰裳逐馬如卷篷，左射右射必疊雙」。即使士人行文，也是「河朔詞義

---

27 《隋書‧音樂志》。

貞剛，重乎氣質，理勝於詞，便於時用」[28]，與南士嫵媚豔麗的文風截然兩樣。

在南北文化差異明顯存在的同時，一個重要的文化認同現象也日益凸現。這就是從華夷對立到互爭正統。中華民族的主體民族——漢族的前身華夏族，大致形成於春秋戰國之際。春秋霸主在「尊王」的同時，通過「攘夷」將非華夏人的勢力排擠出中原（包括關中）地區。留居在這裡的「諸夏」逐漸融合成一個統一的民族。隨著華夏族的出現，華夷對立的觀念開始產生。兩漢之時，漢人固守《春秋》之義，強調「內諸夏而外夷狄」，並形成了「夷狄之人貪而好利」的民族歧視觀。隨著胡人的不斷內徙，漢族統治者一方面貪戀這些勞動人口，竭盡全力對他們進行奴役和剝削；另一方面又站在民族歧視的立場上，對內遷各族實行限制、監督和戒備的政策。西晉時期個別上層人物還提出了「徙戎論」，出發點也是「戎狄志態，不與華同」。到十六國時期，北方絕大部分地區被少數民族統治者控制以後，南方僑土之眾和滯留在北方的漢族絕大多數人口，都與胡人勢不兩立，並奉東晉王朝為正朔。《晉書‧元帝紀》所載的劉琨等一百八十人上書，即是這種民族觀的代表。而那些胡族君主在稱帝時都要委婉其辭，想辦法找出一些夷君統治華夏的正當理由，心理上十分卑怯。然而等到這些民族開始漢化後，統治者的語氣就發生很大變化。苻堅征西域時稱：「西域荒俗，非禮義之邦，羈縻之道，服而赦之，示以中國之威，導以王化之法」，遣詞造句已與漢族統治者無殊。他們甚至敢同南方漢人政權爭正統。苻堅舉兵南下時曾講：「吾統承大業垂二十載，芟夷逋穢，四方略定，惟東南一隅未賓王化。吾每思天一未一，未嘗不臨食輟。」[29]被統治區的漢人也改變了不適應的異族感。如後秦國主姚興委任禿髮傉檀為涼州刺史。涼州漢人一再上書反對，口口聲聲譴責姚興是「以華土資狄」。在他們眼裡，羌人姚興已成為當然的華夏君主。隨著漢化程度越來越深，北方政權的統治者完全消失了卑怯心理，公開把南方政權貶作「島夷」。南方漢族統治者雖然還要回敬他們一些「胡」或「虜」的蔑稱，但是也不得不承認他們的文化進步。如南人陳慶之到達北魏都城後嘆道：「自晉宋以來，號洛陽為荒

28 《北史‧文苑傳序》。
29 《晉書‧苻堅載記》。

土，此中謂長江以北，盡是夷狄。昨至洛陽，始知衣冠士族，並在中原，禮儀富盛，人物殷阜，目所不識，口不能傳。」[30]在南北交往過程中，南人不斷失去居高臨下的族屬和文化優勢，開始同北人平等地打交道。雙方在很多外交場合上，往往要通過唇槍舌劍一爭高下，而這種文化競爭的結果，還不一定總是南方獲勝。太和十四年（490年），南齊派使節北上，恰逢北魏馮太后喪事。齊使欲以朱衣入凶庭，魏人四次往返勸阻，皆不肯更衣。後北魏派出精通禮學的名士與之論辯，齊使不敵，只得以喪服入見。文化進步逐漸泯滅了民族隔閡，華夷之辯被正統之爭取代。中華文明在登上新的一層臺階後，南北文化在保持地域風格的同時，實現了在根基方面上的趨同。

30 《洛陽伽藍記》卷二。

第三章

問難屈勝，百舸爭渡——
魏晉南北朝時期的文化論爭

玄學的
分派與論辯

　　玄學形成於曹魏正始年間，從漢末清議演進而來的清談與玄學相結合，興起了一股正始玄風，逮至兩晉，盛熾一時，「自中朝貴玄，江左稱盛，因談餘氣，流成文體」[1]。並對當時社會產生了深刻的影響。

一、正始之音與玄學的產生

　　正始年間是玄學正式創立的時期，談玄說理蔚然成風，正始名士紛紛捲入其間，史稱「正始之音」。

　　玄學又稱「形而上學」，是用純思辨的方法來闡述對經驗之外的各種問題的看法。在正始之前，玄學思潮即已出現。漢魏之際寄附於劉表的「荊州學派」和魏明帝太和初年時名士荀粲等人便開闢虛論玄之先。不過，玄學到正始年間才最終形成，這又有其深刻的歷史背景。

　　正始年間正是曹魏集團與司馬氏集團鬥爭最為激烈的時期。魏明帝曹叡死

1　劉勰：《文心雕龍 · 時序》。

後，遺詔宗室曹爽和太尉司馬懿共同輔佐少主齊王曹芳。曹爽受顧命拜大將、都督中外軍事，幼帝繼位後又拜侍中，總攬朝廷軍政大權。又委其弟曹羲為中領軍、曹訓為武衛將軍、曹彥為散騎常侍侍講，其餘諸弟皆以列侯侍從，出入禁闥，對司馬懿構成嚴重威脅。

然而，曹爽遠非司馬懿的對手。司馬懿輔政三曹，長於將略，多有權謀，史書稱其「內忌而外寬，猜忌多權變」[2]。在數十年的政治生涯中養成了藏而不露的個性。當他面對曹爽咄咄逼人的攻勢時，一面稱病不朝，一面暗中佈置，密加防範。正始九年（248 年），曹爽親信李勝乘出任荊州刺史之機，前去向司馬懿辭行，探聽情況。司馬懿故意表現得思維混亂，言語謬誤，裝作行動遲緩，衣服也拿不住。又用手指口，意口渴要飲水，當婢女進粥，司馬懿持杯飲粥時，粥都流到前胸的衣襟上。司馬懿悲哀地向李勝說道，自己年老疾篤，死在旦夕，恐怕再不能相見了。曹爽得到李勝的報告，以為司馬懿病入膏肓，形同走屍，不足為慮。次年春，曹爽兄弟陪同齊王曹芳離開洛陽城去高平陵謁祭明帝，司馬懿以迅雷不及掩耳之勢關閉洛陽城門，佔據武庫，控制禁軍，發動兵變。同時上奏太后，彈劾曹爽背棄顧命，敗亂國典，結黨專權，欲行僭代。無能的曹爽猶豫不決，自慰尚能「不失富家翁」，束手就擒。不久，司馬懿即以「謀圖神器，大逆不道」的罪名，將曹爽兄弟以及何晏、丁謐、李勝等支黨全部誅殺，夷及三族。大司農桓範對昏聵無能的曹爽曾痛哭說：「曹子丹佳人，生汝兄弟，犢耳！何圖今日坐汝等族滅矣！」[3]正是在司馬氏即將取代曹魏政權這樣的複雜尖銳的社會矛盾下，正始玄學產生了。

對玄學理論化、系統化做出貢獻的學者當首推何晏、王弼。

何晏，字平叔，南陽宛（今河南南陽）人，東漢大將軍何進之孫。晏母改嫁曹操，晏被曹操收作養子，但他在曹魏政權中長期得不到重用，直至正始年間曹爽秉政，才被起用，仕散騎侍郎，遷侍中尚書，主選舉。

---

2 《晉書‧宣帝紀》。
3 《三國志‧魏志‧曹爽傳》注引《魏氏春秋》。

何晏於正始年間倡導玄學，並成為清談領袖。他曾注《老子》，後見王弼的《老子注》比自己之注更為精到，遂改寫為《道德二論》。今何晏之二論已佚失，僅在《列子》書中張湛注引有一些片斷。何晏還撰有《論語集解》。何晏自稱其玄學已臻於出神入化之境界，其說雖難詳證，但從《文心雕龍·論說》云：「魏之初霸，術兼名法。傅嘏、王粲，校練名理。迄至正始，務欲守文。何晏之徒，始盛玄論。於是聃、周當路，與尼父爭途矣。」說明正始玄學的興起，確屬何晏等人的倡導。何晏不僅精於玄學，而且長於清談，將清談與玄學相結合。史稱他為吏部尚書時，談客盈門，成為清談領袖人物。「晏能清言，而當時權勢，天下談士，多宗尚之。」[4] 王弼即為其時何晏清談之座上客。

何晏姿容飄逸，面容潔白如玉，魏明帝曾疑其是傅粉之故，於炎炎夏日邀何晏吃熱湯餅，晏吃得滿頭大汗，撩衣擦臉，面色皎潔如故。後因與名士飲酒作樂，不分晝夜，又妻妾盈於後庭，縱慾無度，面容枯槁，遂服食五石散。於是自覺精神爽朗，神清目明，便大加倡導，以致服食之風瀰漫於魏晉時期，成為名士中盛行一時的風尚。

王弼，字輔嗣，山陽高平（今山東鄒縣西南）人，建安七子之一王粲的侄孫。王弼祖輩曾為漢三公，屬名門士族，父王業，為尚書郎。何晏為吏部尚書，愛弼之才，薦於曹爽，然未受重用。王弼由此得福，司馬懿誅夷曹爽、何晏時，未曾連及王弼，僅被免職。不久，王弼因病而亡，年僅二十四歲。

王弼少年時即已深通玄學，「弼幼而察慧，年十餘，好老氏，通辯能言」[5]。先後著有《老子注》、《老子指略》、《周易注》、《周易略例》、《論語釋疑》。王弼的玄學造詣精深，遠遠超出其同時代的玄學之士，何晏就曾歎服道：「仲尼稱後生可畏，若斯人者，可與言天人之際乎！」[6] 正始玄學的奠基者實應首推王弼，但因何晏亦贊同王弼的思想觀點，而且在清談中十分推崇王弼，因此，後人在論及正始玄學之形成時，皆以王、何並稱。

4　劉義慶：《世說新語·文學》劉孝標註引《文章敘錄》。
5　《三國志·魏志·鍾會傳》裴注引何劭《王弼傳》。
6　《三國志·魏志·鍾會傳》裴注引何劭《王弼傳》。

正始年間的玄學之士，除王弼、何晏外，還有裴徽、傅嘏、荀粲、夏侯玄、鍾會等人。

裴徽，字文季，河東聞喜（今山西聞喜）人。徽父茂在漢靈帝時任尚書，其家世為著姓。裴徽才學高深，善言玄妙，當時人稱其「才理清明，能釋玄虛，每論《易》及老莊之道，未嘗不注精於嚴、瞿之徒也」[7]。說明裴徽善談玄學，精通《易》、《老》、《莊》之義理。裴徽與何晏、王弼、傅嘏、荀粲等正始玄學名士來往甚密，成為玄學圈子中的重要人物。

傅嘏，字蘭石，北地泥陽（今陝西耀縣）人，家世為漢以來大姓。傅嘏在政治上與何晏不和，屬司馬氏集團。在玄學上，傅嘏提出了才性之辯，「嘏既達治好正，而有清理識要，好論才性，原本精微，勘能及之」[8]。還著有《才性》一書，人稱「師心獨見，鋒穎精密，蓋人倫之英也」[9]。今書已佚失。

荀粲，字奉倩，潁川潁陰（今河南許昌）人。荀氏家族以儒學知名於東漢後期，粲父或是曹操的股肱之臣。荀粲雖出身經學世家，荀氏子弟也多以儒術著稱，然粲卻獨好言道家學說，認為「六籍雖存，固聖人之糠秕」[10]。荀粲這種鄙視《六經》，以《六經》為糠秕的觀念直接影響了後來的名士不拘禮法，蔑視經典。荀粲在正始前十餘年即已和裴徽、傅嘏等談論玄學，成為正始玄學形成過程中的重要人物。

夏侯玄，字太初，沛國譙（今安徽亳縣）人。夏侯與曹氏世為姻親，曹爽當政，玄與爽為中表親，因而受到重用。曹爽被誅後，玄連遭貶黜。後中書令李豐、光祿大夫張緝欲以夏侯玄取代司馬師輔政，事洩，夏侯玄等均被誅死，夷三族。夏侯玄著有《本無論》，今已佚失。在正始玄學之士中，夏侯玄以思想深刻、長於分析、注重品格修養而著稱。

7　《三國志·魏志·管輅傳》裴注引《輅別傳》。
8　《三國志·魏志·傅嘏傳》裴注引《傅子》。
9　劉勰：《文心雕龍·論說》。
10　《三國志·魏志·荀彧傳》裴注引何劭《荀粲傳》。

鍾會，字士季，潁川長社（今河南長葛東北）人，父鍾繇歷仕魏武、文、明三帝，為曹魏名臣。鍾會於正始中受重用，此後接連陞遷，滅蜀後因與蜀將姜維勾結謀反，失敗被殺。鍾會青年時與王弼、何晏、傅嘏等相識，尤其與傅嘏就才性問題多有討論，進一步發揮了才性之辯，並著有《四本論》。「會論才性同異，傳於世。四本者，言才性同，才性異，才性合，才性離也。尚書傅嘏論同，中書令李豐論異，侍郎鍾會論合，屯騎校尉王廣論離。」[11]由於《四本論》已佚，其詳細內容不得而知，但東晉時，才性四本為玄學談理之重要命題。

正始玄學的主要形式是清談，即以究天人之際的玄學義理為內容，眾人相互辯難討論，將義理談論透徹。當時，玄學之士涉及的主要命題有以無為本，言、意之辨，聖人無情說，才、性之辯等。通過對這些命題的問難詰辯，援道於儒，在一定範圍內排擠了儒家的地位。從這一意義上說，正始玄學在魏晉南北朝思想史上占有十分重要的地位，此後，兩晉名士對正始玄風追慕不已，亦不足為奇了。

二、竹林七賢與竹林玄學

正始之後，曹魏政權實際已落入司馬氏之手。嘉平三年（西元 251 年），司馬懿死，子司馬師秉政，兩年後，廢齊王曹芳，立高貴鄉公曹髦。正元二年（西元 255 年），司馬師死，其弟司馬昭代之執政，咸熙二年（西元 265 年）八月，司馬昭死，三個月後，其子司馬炎篡魏建晉。在這短短的十六、七年時間中，擁戴曹魏的官僚士大夫不斷起事，司馬氏則大開殺戒，繼曹爽、何晏誅夷三族後，夏侯玄、李豐、張緝、毌丘儉、諸葛誕等也相繼遭遇了同樣的命運。魏晉易代之交一片腥風血雨，竹林七賢正生活在這樣一個動盪的時代。

竹林七賢之名見之於《三國志·魏志·王粲傳》裴注引《魏氏春秋》：「（嵇）

---

11 劉義慶：《世說新語·文學》劉孝標註引《魏志》。

康寓居河內之山陽縣，與之遊者，未嘗見其喜慍之色。與陳留阮籍、河內山濤、河南向秀、籍兄子咸、琅邪王戎、沛人劉伶相與友善，游於竹林，號為七賢。」「七賢」的活動，已在正始之後。

「竹林七賢」磚刻畫

嵇康，字叔夜，譙國銍縣（今安徽宿州西南）人。嵇康雖家世儒學，卻好談老、莊，超然曠達，不修名譽，嫉恨禮法，菲薄周、孔。景元三年（西元 262年），因言論放蕩罪而下獄，不久處死。

阮籍，字嗣宗，陳留尉氏（今河南尉氏）人，父阮瑀為建安七子之一。由於家學薰陶，阮籍博學多藝，尤好《莊》、《老》，曠達不羈，不拘禮法。阮籍少年時亦有濟世大志，然政局紛亂，遂寄情山水，縱酒酣飲，不與世事，以求自全。「籍本有濟世志，屬魏晉之際，天下多故，名士少有全者，籍由是不與世事，遂酣飲為常。文帝初欲為武帝求婚於籍，籍醉六十日，不得言而止。鍾會以時事問之，欲因其可否而致之罪，皆以酣醉獲免。」[12]阮籍主張越名教而任自然，在其所著《大人先生傳》、《達莊論》中，對那些拘泥禮法的虛偽之事進行了辛辣的諷刺和猛烈的抨擊。

山濤，字巨源，河內懷（今河南武陟西南）人。山濤性好《莊》、《老》，與

12 《晉書·阮籍傳》。

嵇康、阮籍相交甚深。正始年間，山濤步入仕途，但因其時政局反覆，曹爽與司馬氏正相爭激烈，遂辭官而去，與阮籍、嵇康等作竹林之遊。直到司馬師當政，才重新出仕。由於山濤兼具名士聲望和從政能力，入晉後屢次陞遷，位至三公。

向秀，字子期，與山濤同為河內懷人。向秀在竹林七賢中獨樹一幟，在玄學思想上不像嵇康那樣偏激和苦苦相求，不像阮籍那樣常有越名教而任自然之舉，而是雅好讀書，心境澄靜，以一種甘於淡泊、隨遇而安的恬靜和自娛自樂的達觀心態面對現實生活。向秀精研《莊子》，著有《莊子注》，史書稱其：「莊周著內外數十篇，歷世才士雖有觀者，莫適論其旨莊也，秀乃為之隱解，發明奇趣，振起玄風，讀之者超然心悟，莫不自足一時也。」[13]說明向秀對玄學發展起有重要作用。由於向秀的《莊子注》，使後世玄學家對莊子的興趣超過了老子，正始年間玄學名士喜談老、莊亦演變為後來的莊先老後。

阮咸，字仲容，阮籍之姪。阮咸精通音律，妙解絲竹，時之謂之「神解」。阮咸亦和其叔阮籍一樣，不拘禮法，母喪期間，仍然縱情越禮，不顧等級尊卑之分，與姑母的鮮卑族婢女相愛，當聽說姑母攜婢女離去時，竟借客人之驢，身著喪服去追趕，與婢女同騎而歸。其放蕩不羈可謂達於極致。

王戎，字濬沖，琅邪臨沂（今山東臨沂北）人。王戎少年時聞虎嘯而不懼，神色自若，高門望族的家學淵源，又使他長於言談應對，因此，頗受阮籍等人的賞識。阮籍曾對王戎的父親王渾說：「濬沖清賞，非卿倫也。共卿言，不如共阿戎談。」[14]說明王戎少年即有玄學之士善於清談的風度。而且王戎的言談往往言簡意賅，頗多雋語，深得玄學注重言約旨遠之要義。王戎在仕途上曾幾起幾落，後雖位至三公，仍心懷竹林之遊，感嘆入仕猶如鳥之入籠，喪失自由。

劉伶，字伯倫，沛國（今安徽沛縣）人。劉伶雖容貌醜陋，淡默少言，但深通老、莊之道。在竹林七賢中，劉伶以飲酒著稱，鹿車壺酒，不以生死為念。其所著《酒德頌》，將老莊哲理注入飲酒之中，因此，劉伶不像阮籍那樣以酣飲避

---

13 《晉書·向秀傳》。
14 《晉書·王戎傳》。

禍，而是借飲酒為得道之途徑，以飲酒來陶醉老莊精神，以酒德來比喻老、莊之道，並以此向名教禮法進行挑戰。

竹林七賢在繼承正始玄學的基礎上，從行為和理論兩個層面發展了玄學，形成了竹林玄學，使之成為魏晉玄學的一個重要階段。

理論上，竹林七賢突破了王弼、何晏儒道融合的玄學思想，認為自然與名教不可調和，主張越名教而任自然，進一步發展了道家的自然無為，從竹林七賢的文章中處處可以看到這種思想。如阮籍的《達莊論》中說：

> 故求得者喪，爭明者失，無慾者自足，空虛者受實。夫山靜而谷深者，自然之道也；得之道而正者，君子之實也。是以作智造巧者害於物，明著是非者危與身，修飾潔者感於生，畏死而榮生者失其貞。[15]

以息爭、無慾、空虛、守靜的自然無為來反對禮法名教的有為，保持人的自然之性。阮籍的這種觀點在嵇康等人的文章中也處處可見。

竹林七賢在強調任自然的同時，對《六經》進行了公開否定，認為「六經以抑引為主，人性以從欲為歡，抑引則違其願，從欲則得自然。然則自然之得，不由抑引之六經，全性之本，不須犯情之禮律」[16]。這就是說，儒家禮法是壓抑人的本性，違背了自然之道，禮法名教與自然水火不能相容，無從調和。從而突破了正始玄學王弼、何晏的儒道調和論。

竹林七賢還將老莊思想引入了其他領域，使玄學思想更為豐富。如劉伶賦予酒以老莊哲理，使魏晉名士縱酒放達有了理論依據。嵇康以老莊思想詮釋音律，以「聲無哀樂」論反對儒家的禮樂思想，依據老莊的宇宙觀，對音樂的本質、與人的感情的關係等進行了闡述，從而融哲學、美學、音樂於一體，豐富了玄學。

在對老莊思想的闡發中，竹林七賢更傾向於《莊子》。王弼、何晏等正始玄

---

15 《阮嗣宗集》。
16 《嵇康集》卷七。

學之士主要發揮了《老子》、《周易》思想，而竹林七賢則從莊子的世界觀和人生觀中找到了一種更為放任曠達、不拘行跡的達觀思想，因而對莊子思想進行了更多的闡發，使玄學發生了一大變化。此後，莊子思想受到玄學之士更多的歡賞鑽味，以致老莊之學變成了莊老之學。

行為上，竹林七賢在越名教而任自然的主張下，強調不遵禮法，擺脫禮法名教的羈絆，追尋人的個性自由。阮籍認為禮非為他所設，醉眠鄰家婦側，母喪期間，當著司馬昭之面飲酒食肉；阮咸與豬共甕飲酒；劉伶以天地為室棟，以室屋為褌衣，脫衣裸形居於屋中；山濤妻夜間越窗窺視嵇康、阮籍，達旦忘返，而山濤不以為怪。凡此種種，都反映了竹林七賢不受名教禮法約束，而追尋自然之道。不僅從理論上，而且從行為上將老莊自然無為的思想加以發展，開魏晉名士曠達放任、不拘禮法之風習。

竹林七賢在不遵禮法的同時，走向山林，投入大自然的懷抱，在大自然的恬靜與秀色之中，神與物遊。這種源於老莊隱逸精神的生活方式成為竹林風氣。阮籍在蘇門山中與真人不一言，只以長嘯相對；嵇康與隱者孫登同遊於汲郡山中，都是想追尋一種隱逸生活。而這種超世拔俗，游於方外的風氣，實質上仍是力圖擺脫禮法羈縻，不為世俗功名所累，是從另一個側面表現了竹林七賢的不遵禮法。

竹林玄學與正始玄學的理論基礎是一脈相承的，但有了新的發展，對西晉之後《莊》學大興起了重要的作用。相比而言，竹林七賢與正始名士的人生哲學則差異更大，兩晉名士縱酒放達，不拘禮法、隱逸山水等風氣，實由竹林七賢所開端。

三、西晉名士與元嘉玄學

西晉建立後，確立以門閥制度為核心的世家大族統治特權，占田、蔭客等經濟上的特殊照顧，為世家大族的奢侈豪華風習提供了物質基礎，司馬氏集團的淫

奢無度又開社會風氣之先，士風日益淪喪。何曾日食一萬錢，猶曰無處下筷，其子何劭日食二萬；王濟以人乳餵豬，王愷與石崇鬥富更是為世人所熟知。晉武帝司馬炎死後，即位的惠帝是個弱智，西晉王朝先後出現了後黨專權，藩王跋扈，動亂紛起。文人士子前途無望，朝不保夕，紛紛談玄說理。因此，玄學在西晉得到了進一步發展。

西晉的玄學之士按其行跡，約略可以分為兩類，一類繼承了正始以來的辯難勝屈，著重於清談之中闡發玄學義理，姑稱之為清談派。另一類受竹林七賢不拘禮法的行為影響，偏重於行為上的放浪形骸，並以此而博得社會上的聲譽，姑稱之為放達派。

西晉清談派的玄學名士主要有王衍、樂廣、裴楷、庾敳、衛玠、阮瞻、郭象等人。

王衍，字夷甫，竹林七賢之一王戎的堂弟。王衍信奉正始玄學之「貴無」思想，推重老莊之道，同時又自比孔門弟子子貢，明顯地具有調和玄儒之傾向。歷代史家對王衍的評價毀譽不一，貶之者認為王衍大節有虧，其女身為愍懷太子妃，太子受賈后迫害時，王衍上表要求其女與太子離婚，以避牽連之禍。被石勒俘虜後，為求活命又表白開脫自己責任，還勸石勒稱尊號做皇帝，實為清談誤國之禍首。褒之者譽其神清秀明，風姿詳雅，妙善玄言，當時無雙。其實，王衍身居高位，雅善老莊，說空終日，確無益於國計民生。然西晉社會腐敗，大廈將傾，又豈是王衍所能支撐？清談既為時尚，王衍也只能和眾多名士一樣，借清談以逃避仕途風險。

樂廣，字彥輔，幼年即曾受到正始名士夏侯玄的賞識，後又受到竹林七賢之一王戎的器重。樂廣博涉群書，善談老莊，能以簡練的言辭表達精深的義理，達到清辭簡旨的境界。樂廣善用麈尾闡發事理。古以大鹿尾製成拂塵，稱麈尾。魏晉名士以此為雅器，談玄說理時手持麈尾，以顯瀟灑高雅之態。一次清談時，客問：《莊子·天下篇》中「指不至」為何意？樂廣並不剖析其意，卻以麈尾柄敲几曰：「至不？」客曰：「至。」樂廣又舉麈尾曰：「若至者那將去？」客悟而歎

服。樂廣反對當時一些名士的放誕之舉，認為「名教內自有樂地，何必乃爾」[17]！主張曠達不必越禮，實際上是調和自然與名教。這一思想和王衍一致。因此時人以王衍、樂廣為清談領袖。

裴楷，字叔則，正始玄學名士裴徽之子。裴楷少年時就以精於玄學義理而知名，尤精《老子》、《周易》，曾以玄學解說《老子》而令群臣歎服。裴楷曾稱自己為俗世中人，故以儀軌自居，可見他亦屬調和名教與自然之流人物。裴楷的行跡也證明了這一點，他衣冠嚴正，反對放誕，以堯舜為政治理想；但對違禮之舉又十分寬容，不懼譏諷，不以毀譽為意。

庾敳，字子嵩，潁川鄢陵（今河南鄢陵西北）人。庾敳相貌奇怪，然神韻超人，自謂老莊之徒，內心與老莊相通。庾敳與郭象友善，對郭象在《莊子注》中的學問讚賞不已，但又對郭象任事專勢的為人嚴加批評。庾敳有感於世道艱險，「王室多難，終知嬰禍，乃著《意賦》以豁情，猶賈誼之《鳥》也。」[18]在《意賦》中，庾敳以老莊思想闡發了自己的宇宙觀和人生觀，要人不以榮辱為懷，生死為念，不以外物累心，而於遼闊寂寞之域中逍遙自在。

衛玠，字叔室，河東安邑（今山西夏縣西北）人。衛玠出身望族，自小聰慧秀美，被視為「神童」，後為樂廣女婿。衛玠精於《易》、《老》，談理入微至精，曾從哲學意義上對「夢」這一現象進行思考，以致得病。時人曾稱聽衛玠清談，猶如正始之音之再現。可見衛玠在晉代玄學名士中的地位和影響。

阮瞻，字千里，父阮咸及叔祖父阮籍皆為竹林名士。阮瞻清虛寡慾，雖諸阮多有放達不羈之舉，而阮瞻卻無此類行徑，性情天然，自得於懷，與世無爭。阮瞻的玄學思想明顯具有糅合儒道，致力於名教與自然結合的傾向。著名的「三語掾」即反映了他的這種思想傾向。一次，司徒王戎問他：「聖人貴名教，老莊明自然，其旨同異？」阮瞻回答說：「將無同。」王戎咨嗟良久，認為他講得太精

---

17 《晉書‧樂廣傳》。
18 《晉書‧庾敳傳》。

關了，即命辟之為掾，時人稱之「三語掾」[19]。所謂「將無同」之意，世人有各種解釋，或認為是「得無同」，或認為是「也許同」；或認為是「也許並無不同」。但無論作何種解釋，都反映了儒道合流、名教即自然的發展趨勢。而阮瞻能以如此簡要的言辭將這種趨勢表達出來，確可謂得玄學之要旨，也難怪王戎要玩味不已。

郭象，字子玄，少有才理，託志老莊，善清言，頗負盛名。郭象在玄學上的主要成果是《莊子注》，這也是西晉名士對玄學的重要建樹與貢獻。舊史有郭象剽竊向秀《莊子注》為己注之說，成為玄學史上的一樁疑案，後代史家對此聚訟紛紜。其實，向秀、郭象對《莊》學均有高深造詣，而作注時間有先後，因此，郭象之《莊子注》中繼承、汲取了向秀的思想並不為奇，也不能憑此就說郭象有剽竊行為，范文瀾、馮友蘭、任繼愈、湯用彤、唐長孺諸先生對此均有考證。

西晉放達派的玄學名士主要有謝鯤、王澄、胡毋輔之、光逸、王尼諸人。

謝鯤，字幼輿，陳國陽夏（今河南太康）人。謝鯤出身高門望族，年少知名，好《老子》、《周易》，善玄談，能歌善琴。謝鯤雖常常暢談「三玄」大義，但卻以曠達不拘禮法而著稱於世。他挑逗鄰女，折斷兩齒，不以為羞，仍傲然嘯歌。南渡之後，優游寄遇，不屑政事，唯與畢卓、王尼等縱酒終日。

王澄，字平子，王衍之弟。《世說新語》中記載了一個故事：王澄出任荊州刺史，赴任之日，送行者傾朝，王澄見庭中大樹上有一鵲巢，便脫衣上樹，捉雛鵲玩，且神色自若，旁若無人。其行為之放誕，令人啼笑皆非。到荊州後，王澄縱酒投壺，不分日夜，雖寇戎急務，亦不以為懷。

胡毋輔之，字輔國，泰山奉高（今山東泰安東）人，性嗜酒，放縱不拘小節，與光逸、王尼、阮孚等人放達終日，屢有荒誕之跡。一次，他與謝鯤、阮放等人散髮裸裎，閉室酣飲累日，光逸至，欲推門而入，守門曰不准，光逸便在門外脫光衣服，露頭於狗竇中窺之而大叫，遂呼其入門共飲，通宵達旦，夜以繼日。

---

19 《晉書・阮瞻傳》。

《晉書》評論這些放達之舉曰：「若乃解祖登枝，裸形押鷸，以此為達，謂之高致，輕薄是效，風流詎及。道暌將聖，事乖跰指，操情獨往，自夭其生焉。」[20]西晉放達派名士的這些荒誕行為形式上雖和竹林七賢有相似之處，但實質上卻有不同。竹林七賢雖不遵禮法，然精神超然方外，因此不為物慾而縱恣，曠達而有節制。西晉名士的放蕩越禮，則幾近輕薄、荒唐，徒有曠達之名，並無玄學之心。

西晉玄學則在進一步發展，尤其元康到永嘉年間，社會危機加深，禮法愈亦鬆弛，玄學思想取得了頗為可觀的成就。其標誌就是《莊子注》的問世，使魏晉玄學流派中繼王弼、何晏之後，又形成了向秀、郭象流派。

名教與自然的關係問題，是魏晉玄學的一個核心命題。正始玄學主張名教本於自然，王弼、何晏都調和儒道。竹林玄學主張名教與自然各不相同，難以相容，強調越名教而任自然。西晉玄學之士則認為名教與自然並無矛盾，從王衍、樂廣到裴楷、庾敳、阮瞻諸人都調和名教與自然。樂廣的「名教內自有樂地」，王衍的自比子貢又推重莊子，阮瞻的「將無同」等都反映了這一傾向。郭象進一步提出名教即自然，以儒道為一。若將此論推而廣之，那麼「有為」即是「無為」，「廟堂」即是「山林」，「外王」即是「內聖」，「周孔」即是「老莊」。顯然，對玄學理論的這一發展更適應西晉世家大族的需要。為世家大族享樂安逸，又標榜清高的雙重人格提供了理論依據。

郭象在《莊子注》中還提出了「獨化於玄冥之境」的主張，並成為其玄學思想的基礎，郭象以此否認王弼「有生於無」的思想。以形和影為例，按常理，影依賴形（物體）而成，影邊的淡影又依影而生。郭象卻持否定之見，他認為形、影、淡影都是獨立發生，看起來相關，實際上並無因果聯繫。因此，萬物背後並沒有一個「無」作為本體，也不存在著「有生於無」。

西晉玄學注重《莊》學，使《莊》、《老》、《易》並列，號稱三玄。而郭象

---

20 《晉書·王戎樂廣傳史臣曰》。

《莊子注》的出現，使玄學更具思辨性，於清談之中更能誘發人之玄思，由正始年間的王弼、何晏，到元嘉年間，玄學從產生到大暢，終於成為時代精神。

隨著玄學理論的發展，西晉談玄說理的內容也大為豐富，《世說新語・言語》載：

> 諸名士共至洛水戲。還，樂令問王夷甫曰：「今日戲樂乎？」王曰：「裴僕射善談名理，混混有雅緻；張茂先論《史》、《漢》，靡靡可聽；我與王安豐說延陵、子房，亦超超玄箸。」

可見清談品題涉及名理、歷史、人物等諸多方面內容，以闡釋義理，發人玄思。可以說，各種內容，乃至談論者自身的學識、才智、道德修養、器度風采都可以在談玄說理中得到表現。

四、玄風盛熾江左

西元三一七年，琅邪王司馬睿渡江來到建康（今江蘇南京），在南北大族的支持下建立了東晉政權。此時，北中國正處於一片混亂之中，少數民族政權之間戰禍不斷，烽煙四起，形成了十六國割據混戰的局面。中原名士紛紛南下，使得玄學在東晉獲得了空前的發展。玄風一度盛熾江左。

首先，東晉玄學的盛況表現在隊伍的擴大，談玄說理不再局限於名士，帝王公卿，大臣逸士，乃至黃口小兒，都捲入談玄之風。以致出現了一批兼具朝中宰輔與玄學領袖的人物，其著名者有王導、庾亮、謝安等。

王導，字茂弘，東晉開國功臣，司馬睿正是採納了王導的謀略，坐鎮江東，聯合江南士族，才使東晉得以中興，王導也因其政治才略而被譽為「仲父」。王導不僅是一位有遠見的政治家，同時也是當時的玄學領袖。他的青年時代正是西晉元康、永嘉時期，一流的門第，元嘉玄學的時代思潮影響，使王導對玄學理論頗有研究，並與阮瞻、王承等名士攜手共遊。尤其是對嵇康的《聲無哀樂論》、

《養生論》及歐陽建的《言盡意論》更為推重，於談玄之中常引用嵇康義理，剖玄析微，解除疑義。

庾亮，字元規，潁川鄢陵（今河南鄢陵西北）人。成帝登位，庾亮以帝舅身分與王導同受顧命輔政，統領長江上游江、荊、豫、益、梁、雍六州軍政要務。庾亮姿容秀美，風度清雅，在尊崇禮法的同時，又好《莊》、《老》，與當時的玄學名士孫綽、溫嶠等都有交往，時人曾說他「身在廟堂之上，心在山林之中」。

謝安，字安石。謝安與王導一樣，居宰輔之任而又為玄學領袖，而其政治業績勝於王導，灑脫風流更高一籌，所以南朝人說：江東風流宰相，唯有謝安。魏晉玄學家所理想的政治家，謝安最為相近。謝安青年時即善於論玄，談鋒銳不可當。出仕前寓居山水怡人的會稽，與那裡的名士名僧王羲之、許詢、支道林等交往密切，共論《莊》、《易》。

王導、庾亮、謝安諸人先後執掌朝政。他們的談玄說理，勢必使玄風暢熾，《世說新語》中記載了一個故事，頗能說明問題：

> 司空顧和與時賢共清言，張玄之、顧敷是中外孫，年並七歲，在床邊戲。於時聞語，神情如不相屬。瞑於燈下，二兒共敘客主之言，都無遺失。顧公越席而提其耳曰：「不意衰宗，復生此寶。」[21]

顧和為江東士族，說明談玄已非中原南渡士人之專有：七歲兒童竟能一句不漏地背出客主談玄之言，若非平時耳濡目染，熟悉玄談用語，豈能如此容易記住；顧和聽到後誇獎不已，說明世人對談玄說理的崇拜，於此可見東晉玄風盛熾之一斑。

在大族凌駕於皇權的東晉社會，上層社會的人物皆重談玄，又使得玄學與政治密切相連，玄學思想深深地烙痕於東晉的政治生活，這亦成為東晉玄學之一大顯著特點，名教皆自然在東晉得到了現實的證明。王導為政清靜寬和，實行「網

---

21 劉義慶：《世說新語·夙惠》。

漏吞舟」、「憒而不察」的寬鬆政治，思想根源乃出自老莊無為之治、簡易之教的政治理想。謝安為政務求清靜，成功地運用玄理指導政治，提出操切之政未必有益，認為誤國不是清談所致，而是由於清談者不務實。他們往往禮玄雙修，一方面從玄學中吸取治國思想，以冷靜客觀的政治遠見，強調為政寬恕，無為而治，穩定了東晉的政治格局和社會秩序。另一方面，雖也常常周旋於名士之間，談玄說理，卻並不妨礙政務，更沒有那種放誕不羈之舉，而講究務實之舉。如庾亮談玄不讓他人，但在處理公務時卻風格峻整，動由禮節；謝安欣賞清談，卻對其弟謝萬肩負軍事重任而以吟嘯自高的行跡極為不滿。名教與自然、山林與廟堂的關係在他們那裡得到了有機的結合。

其次，東晉玄學的盛況表現在談玄說理的形式和內容更加豐富多樣。有多人聚會，問難屈勝。如謝安曾和許詢、支道林等人談《莊子‧漁父》，名僧支道林首先剖析義理，七百餘言，理義精微，辭藻動人。待在座之人都「通」之後，謝安對眾人談理的不是之處提出詰難，然後萬言長論，不僅理辭皆精，而且神氣蕭然自得，四座稱美。除了這種形式的談玄之外，還有兩人促膝相對，纏綿論至，整個談玄說理過程充滿細膩的情旨，簡文皇帝與許詢就做過這樣的徹夜之談。當然，還有兩人之間的激烈辯難，殷浩與劉惔、孫盛都進行過這樣的談玄。對談之中，辯爭激烈，互不退讓，直到一方小屈，才肯甘休。許詢與王修談玄為爭高低，竟形同水火，甚至加入意氣之爭。如果說，這種兩人辯難是為爭勝，那麼兩人促膝之談則是為求知音。

東晉玄學發揮的仍是老、莊、易、義理，同時又出現了調和儒道之思想。「永嘉之亂」和「五胡亂華」的慘痛後果，使東晉初年的思想家出現了一股反思浪潮。玄學名士孫盛認為王弼注《易》而未及《易》之精華，徒以穿鑿附會、浮辭溢目而取勝。葛洪指責竹林七賢曲解老莊，那些放誕之舉有悖華夏文明。戴逵認為阮籍、嵇康等人迫於環境而放達，尚情有可原，西晉名士的放達則純粹是縱慾任恣而已，敗壞世風。在這種情況下，出現了一批調和儒道、儒玄雙修的玄學家。其著名者有王坦之、李充。

王坦之崇老黜莊，認為莊子其言詭譎，其義訞誕，害多利少，放蕩越禮成為

時俗，原因就在於莊學盛行。而老子和孔子的宗旨相同，孔子、顏回以禮義教人，符合老子「利而不害」、「為而不爭」的天道聖德，孔、顏實在是精通玄學。因此，名教與自然結合，才能達到最高境界。

李充認為儒學為末，老莊為本，兩者完全可以互補。老子反對禮教，是為了匡救禮教之弊，因此老莊與儒教其實是殊途同歸，並無本質的差異。

玄學從正始年間王弼、何晏調和儒道，到竹林七賢主張越名教而任自然，發展至東晉，又回歸到了名教即自然。這不是歷史的簡單重複，而是文化發展的螺旋上升。歷史時空的變化，玄學最終並沒有和儒學相結合，而是與外來的佛學相互滲透、合流了。佛理進入玄學，成為東晉玄學的又一顯著特點，對此，將在本書第四章中詳述。

東晉玄學的盛況還表現在玄學之士的精神風貌和生活方式成為時尚，流行於整個社會。

玄學貴「無」，「無」即是「清虛」。因此，「清虛」成為玄學之士追求的最高精神境界，並為人們所崇尚。簡文帝即位前，以「清虛寡慾」為尚；周以「清虛」表示自己身體消瘦，司馬道子以「清虛」比擬月明天淨，沒有一絲雲彩。玄學之士主張暢情曠達，不受世俗軌儀束縛，尊重個性亦成為東晉社會風尚。玄學之士喜愛隱逸生活，喜飲酒、服藥，這些也演變成社會風氣。孔愉未出仕前，以隱逸為樂，竟被百姓視為神聖，立生廟供奉。孟陋一生不應辟召，名聲響徹都下。在世人眼裡，隱逸之士甚至比精通義理者都要高出一籌。而東晉時期山水詩和山水畫的興起，則是這種隱逸風尚在藝術、文學領域中的折射。

東晉之後，玄學漸成餘波。儘管還有理論上的紛爭，但名教與自然這一玄學的核心問題已得到解決，儒玄並綜，禮玄雙修已成為基本一致的結論。不少玄學之士深通儒家的禮儀制度，一些儒家學者也兼注老、莊、易三玄。玄學末流則通過放達隱逸之風表現出來，遂最終導致了玄學的消亡。

魏晉玄學作為一種思辨哲學，在中國古代哲學史上占有重要的地位。通過玄學義理的問難辨析，衝破了兩漢以來儒學對人們思想的禁錮，不僅豐富了中國古

代的哲學思想，而且孕育了一大批富有個性，才情並重的思想家。魏晉時期思想解放、學派紛呈局面的出現，與玄學的產生與盛暢是分不開的。從這一意義上說，魏晉玄學不僅自身是當時文化爭論的重要組成部分，而且為推動當時的文化爭鳴、豐富文化爭鳴的內涵做出了重要貢獻。

第二節·
夷夏之辯
與佛道之爭

佛教自兩漢之際傳入中原，到魏晉南北朝時期已是發展迅速。與此同時，道教由於自身的變革和上層統治階級的支持，也取得了較大的發展。為擴大各自的社會影響，爭奪作為正宗思想文化的地位，佛教與道教之間展開了激烈的爭論。由於佛教為外來文化，道教為本土文化，遂使這場爭論又蒙上了一層民族色彩，變成了夷夏之辨，成為魏晉南北朝時期文化爭鳴的又一焦點。

一、佛道相爭之先聲

以夷夏之辯為內容的佛道之爭，主要發生在南北朝時期，而其先聲，則可以追溯到東漢後期。

漢末牟子著有《理惑論》[22]，以中國傳統觀念對佛教進行了闡述。在這部以問答形式寫成的著作中，牟子多次給佛教披上了道家的外衣。如說佛乃道德之元祖；佛教講究清躬無為；並不厭其煩地多次徵引《老子》以證其說。但同時，牟子又對道教的羽化成仙、長生不死之說進行了駁斥，認為全是虛誕之言，不值一信。這種情況，既反映了當時人們對佛教還不甚瞭解，視佛教為道家的一個派別；也說明佛教傳入中土之初，便與道教產生了矛盾，在爭論著到底是佛為道德之祖，還是道化佛教。而在「問」者的話中，更是直截了當地提出了只聞用夏變夷，未聞以夷變夏，豈能捨周、孔之道，學夷狄之術。可謂開夷夏之辯、佛道之爭風氣之先了。兩晉南北朝的佛道之爭不過是這一先聲的繼續和發展。

漢桓帝時，襄楷上疏，不僅將佛道視為一體，都是崇尚清虛無為，好生惡殺，省欲去奢。而且認為佛教乃老子入夷狄所化。逮至西晉，道士王浮作《老子化胡經》，攻擊佛教，與沙門帛遠一爭邪正，從此展開了佛道之爭。

十六國時，後趙中書著作郎王度上奏石虎說：佛教來自西域，屬外國之神，華、戎制異，夷、夏有別，漢代傳入中原以來，只是讓西域人立寺禮拜，漢人不得出家。建議石虎下詔禁止國人到寺廟中去燒香拜佛，凡有出家者，令其還俗。然而王度沒有想到，出身羯胡的石虎並不諱忌自己的民族成分，反而認為自己既是胡人出身的皇帝，理當敬祀「胡神」的佛。下令不論漢人，還是蠻、夷少數民族，凡願意事佛者，悉聽其便。王度挑起的一場夷夏之辯以流產告終。

劉宋太始三年（西元 467 年），江南著名道士陸修靜奉詔入京，途經九江時，九江王問陸修靜「道佛得失異同」，陸修靜以「殊途一致」相答。及至京師，宋明帝又先後兩次集玄、釋、道之人，相互辯難，當爭論誰先提出三世輪迴之說時，佛教徒紛紛抗議道教襲取佛教之說，而陸修靜則爭辯說《莊子》已云「方生方死」，只不過言約理玄，世人未曾醒悟而已。

---

22 學術界對牟子其人及《理惑論》的真偽多有爭論，今從胡適、湯用彤、任繼愈等先生斷定《理惑論》為真作無疑之說。參見《胡適論學近著》第一集卷二、湯用彤《漢魏兩晉南北朝佛教史》上冊、任繼愈《中國佛教史》第一卷。

儘管佛道之爭自漢末魏晉以來從未停止過，但由於其時佛教正處於在中原扎根發展階段，道教也忙於自身的改革與完善，加之社會局勢動盪，戰亂不斷，因此，佛道之爭只是斷斷續續地進行著，尚未演成大規模的激烈相爭。及至南北朝，隨著社會政局的穩定和雙方力量的發展，終於爆發了大規模的佛道之爭。

二、《夷夏論》與南朝的佛道之爭

　　漢魏兩晉時期時隱時顯、時斷時續的佛道之爭，到南北朝時分別在南北兩地展開了大規模的佛道之間的大辯論。在南朝，這場爭論源起於顧歡所寫的《夷夏論》。

　　顧歡，字景怡，吳郡鹽官（今浙江海寧）人。其祖顧糾於東晉安帝隆安年間因避戰亂遷徙至此，家世貧寒，祖、父皆以務農為生。顧歡從小好學，因家貧無力供其上學，顧歡便在鄉中學舍的牆邊聽講，八歲時已能背誦《孝經》、《詩經》、《論語》。及長，更是篤志好學，白天躬耕田畝，晚上燃糠自照誦讀。二十多歲時，師從雷次宗習玄學和儒學義理。母亡後立志隱居不仕，於剡縣（今浙江嵊州）天臺山開館授徒，受業者常近百人。齊高帝蕭道成征其為揚州主簿，顧歡以「山谷臣」自稱，上表辭謝不受，並進《政綱》一卷及其所撰《老子道德經義疏》，攜齊高帝所賜麈尾、素琴而歸。永明元年（西元 483 年），齊武帝又徵召顧歡為太學博士，仍不就。年六十四歲卒，「身體香軟，道家謂之屍解仙化焉」[23]。顧歡不善談辯，長於著論，齊武帝詔其諸子撰顧歡《文議》三十卷。

　　關於顧歡的身分，歷來史家多稱他為道士，而《南齊書》僅云其「隱遁不仕」[24]。其實，從史書記載來看，顧歡的思想是很複雜的。他自幼即習儒家經籍，從齊武帝欲徵召其為太學博士一事可見顧歡的儒學修養甚高。他又師從雷次宗研習玄學，曾與孔珪共談《四本論》，條分縷析，辨其不當，並作《三名論》

---

23 《南齊書·顧歡傳》。
24 同上。

以正之；他還曾注王弼的《易注》，說明顧歡亦精於玄學。顧歡的老師雷次宗曾是東晉名僧廬山慧延門下賢士之一，後又回廬山，耳濡目染，顧歡當亦受到佛學的影響。當然，顧歡信奉的主要還是道家思想，他雅好黃老之學，曾著《老子道德經義疏》。因此，他雖熟習儒學，並沒有成儒學之士，雖精於玄學，也沒有成為玄學之士。而是與奉道家學說為經典的道教之士往來密切，為五斗米道徒杜子恭的玄孫杜京產揀選道教經籍。顯然，儘管顧歡未必出家成為真正的道士，但他與道教有著千絲萬縷的關係。所以，當顧歡見當時佛道二教互相詆毀非難時，便撰寫《夷夏論》，詳辯佛道二教的是非異同與高下優劣，並由此而引起了佛道之間空前激烈的一場大辯論。

《夷夏論》的論點主要有四：

其一，佛道同源。中國自三皇五帝以來，只有老莊之道和周孔儒學，並無佛教，佛教乃是老子入天竺化胡成佛，才興起佛教。如果孔子、老子不是佛，那麼還有誰能稱為佛呢？因此，「道則佛也，佛則道也」[25]。佛道二教起源相同，並無二致。

其二，佛道術異。佛道雖則同源，都是聖人用以教化眾生，勸善戒惡，但教化的對象不同，所用的方法也不同，因此佛道術異，道教教化的華夏之人，華夏風俗是民風淳樸，遵行禮教，謙讓溫良。所以聖人以道教養生仙化之術、精微質樸之道，使華夏之人全形守禮，自然無為，止於至善。佛教教化的是西戎群夷，戎夷風俗是胡服鳥語，蠻荒無文，人性凶惡。所以聖人教以佛教的涅槃滅度之術，勇猛破惡。「佛是破惡之方，道是興善之術。興善則自然為高，破惡則勇猛精進。」[26]夷夏之人性有差異，佛道之術也不一樣。

其三，佛道之用不能相混。佛道雖然都是教化眾生的，但夷夏之人性有別，不能相互混用。其理如同舟、車雖然都是載人致遠的交通工具，但舟只能航行於江河之中，車只能行於陸地之上，兩者無法更換。「雖舟、車均於致遠，而有

25 同上。
26 同上。

川、陸之節；佛、道齊乎達化，而有夷、夏之別。若謂其致既均，其法可換者？而車可涉川，舟可行陸乎？」因此，佛道二教「各出彼俗，自相聆解」[27]。絕不應將出自戎夷之地的佛教用於教化華夏之邦。

其四，捨華效夷，義將安取。既然佛道之用不同，那麼，中國人就不應該信仰佛教。因為佛教倡導的剃髮曠衣，毀貌易性，棄絕妻子，斷絕宗祀的行為完全違背了華夏的傳統禮儀，是「悖禮犯順」，捨華效夷，義將安取。那些無知的刻舷沙門、守株道士之間互相爭論不休，而恰恰沒有搞清楚佛道二教「本同俗異」[28]的道理。佛道二教的優劣高低，乃是不辯自明、顯而易見的。

顧歡的《夷夏論》將佛教貶為夷狄之教，加之使用了諸如「狐蹲狗踞」一類近乎謾罵的刻薄詞語侮辱佛教。因此，《夷夏論》一問世，便招來了佛教徒的強烈反擊。司徒袁粲首先化名道人（佛教徒之稱）通公，著論反駁。

袁粲的文章從三個方面反駁了顧歡的觀點。其一，佛祖釋迦牟尼的誕生早於老子，並非老子入西域教化後才有佛教，老子化胡一說毫無根據。其二，孔子、老子、釋迦建立的教理完全不同，孔、老以治世為本，而釋氏強調以出世為宗，二者之道不同，根本就談不上同源異俗。何況，道教追求羽化成仙，結果卻難脫白首老死。佛教追求泥洹滅度，能使人了卻塵世俗緣，脫離生死，湛然常存。若以此論優劣高低，則顯然是佛優於道。其三，中西風俗確有差別，但佛教在中國傳播，並不強行要求遵行西方風俗。至於有些禮儀，如膝行為禮，三繞為虔，是古人即有之禮，與佛教的傳播無關。中西風俗的差異，不會妨礙佛教的傳播，也不會引起混亂。

針對袁粲的反駁，顧歡再次著論，堅持自己的觀點。其一，道先於佛是不爭之事實。道經完成於西周，佛教東漢時才傳入中土，道教比佛教早八百多年，顯然是道先於佛。其二，華夷風俗確有善惡之分。戎夷之地，習俗強獷，禮儀不同於中華，佛教產生於夷地，正說明戎夷之俗凶惡；道教出於華夏，正說明華夏風

---

27 《南齊書·顧歡傳》。
28 同上。

俗至善。因此，佛教勸人為善的道理可以聽取，但佛教的那些儀規，則絕不應該接受。其三，佛道二教文質有異，但道教執本以領末，佛教救末以存本，同源一致。其四，神仙是大化的總稱，一些人以服藥延壽，壽盡自然死去，這些人只能算是修考之士，並非神仙之流。

在顧歡與袁粲盡開爭論的同時，其他佛教徒也紛紛發表議論反駁顧歡，據今本《弘明集》所載，有明僧紹作《正二教論》、謝鎮之著《折夷夏論》、《重與顧道士書》、朱昭之作《難夷夏論》、朱文之作《諮顧道士夷夏論》、釋惠通的《駁夷夏論》，以及釋僧潜的《戎華論》，等等。

明僧紹，字承烈，平原鬲（今山東平原南）人。宋、齊兩朝曾多次委以官職，均辭謝不就。早年曾於嶗山聚徒講學，晚歲好佛，棲身於南京攝山棲霞寺。顧歡《夷夏論》問世後，明僧紹即作《正二教論》，逐條駁斥了《夷夏論》的觀點。

關於老子入天竺化胡成佛之說，遍覽闡述道家宗旨和敷玄之妙的老、莊之書，從未見到有變幻形狀的奇聞怪異，考之事實，年事並不相符，純粹是無中生有的荒誕之說。關於佛道二教之源。釋迦牟尼創立佛教，講究圓應無窮，通過練精研照，精深所會，明因果之報。道教則教極澆淳，不議殊生，可為帝王之師。因此佛道二教各有其義理。關於華夷異俗。雖然華夷習俗有所不同，但就教化而言，其理相同。聖人之說，並不以華、夷有別而受到局限，佛教乃明神道之所通，處處可用，並不拘泥於地域的不同而削弱作用。關於道家仙化之說。道教宣傳長生不死，然道教所說的服食金丹，羽化屍解，驗之事實，並無人見之。至於那些神怪變化，符水咒辭，更是以怪誕惑世。據此，明僧紹得出結論，佛道二教可以兼有所得。道教的真諦並不在於神化無方，濟世不死，而是修身治國，絕棄貴尚，浩氣養和，就經世治國而言，孔、老學說已達到了極高的境界。佛教弘揚的是盡照窮緣，明徹人生因果。因此，二教的區別在於「佛明其宗，老全其生；守生者蔽，明宗者通」[29]。從上可見，明僧紹在聲稱佛教高於道教的前提下，仍

---

29 《南齊書·顧歡傳》。

強調佛道二教可以兼取，儒、道、釋三家應該並重。

謝鎮之，生卒年及生平事蹟均不得考。顧歡《夷夏論》出，謝鎮之作《折夷夏論》、《重與顧道士書》駁之。其論點主要有二：

其一，佛優於道。道經簡幽，學道者難以鑽研領會，深究其理；道法以吾我為真實，服食丹藥養生，難以長生不死；孔、老主張以全形守祀，恩接六親，攝生養性，雖為盡美，難稱盡善。佛經繁顯，信佛者易於學習領會；佛法以有形為空幻，故忘身以普濟眾生；因此，佛教猶如汪洋大海，其智慧難以說盡，其應跡也難以形測。不但盡美，而且盡善，可見佛優於道。

其二，教化豈分夷夏。佛道二教雖出自不同的地方，但不論夷夏，人之所愛所重卻有共同之處。因此古昔一法，萬界同軌。何況，真道唯一，法亦不二，既然佛教精深微妙，清津幽暢，那麼不分夷夏，都應以此為大道。顧歡既不瞭解佛教，也不通曉道教，曲解二教，不值一駁。

他如朱昭之的《難夷夏論》對顧歡作了十條駁論。惠通的《駁夷夏論》和僧潛的《戎華論》則以激烈的言辭駁斥了顧歡所引老子化胡說的《玄妙內篇》是偽經，極力貶斥道教的方術、軌儀，乃至服飾打扮的醜陋不堪。

因顧歡《夷夏論》而引發的這場佛、道之爭，以夷、夏之辯的面目出現，反映了中國本土傳統儒道文化對外來佛教文化的排斥。因此，儘管表面上看起來只是佛、道二教的信徒在爭論不休，爭論的問題有的也屬於曲解，有的則近似謾罵，毫無意義。但實際上卻是兩種文化形態、兩種文化觀念的爭論。在爭論的同時，使更多的人瞭解了佛、道二教的源與理，推動了佛道二教的相互滲透與融合。

三、《三破論》與南朝佛道之爭的激化

在「夷夏之辯」之後不久，又有道士偽託南齊貴族張融之名，發表了《三破

論》，挑起了一場更為激烈的佛、道之爭。

張融，字思光，吳郡吳（今江蘇蘇州）人。張融與道士陸修靜交往甚密，又長於名家白黑之論，文辭詭激。大約出於這些原因，道教徒遂託名張融，著《三破論》問世，攻擊佛教。其三破是指：

第一破，佛教入國破國。佛教狂言說偽，到處建寺立塔，所費無度，聚斂百姓，使得國庫空虛、百姓窮困。佛教徒不蠶而衣，不田而食，不娶妻養子，長此以往，國滅人絕。佛教花費巨大，卻對國計民生無絲毫益處，比任何災害都有過之而無不及。

第二破，佛教入家而破家。一旦家中有人出家為僧，便使得父子兄弟之間不再同守一法。為僧者拋棄雙親，不盡孝道，不為家族延續骨脈，忤逆不孝，亦不復過此。

第三破，佛教入身而破身。一旦為僧，便使身體一有毀傷之疾，二有髡頭之苦，三有不孝之逆，四有絕種之罪，五有亡生之體。接受佛教戒條，學到的只有不孝。如子先出家為僧，後母又出家為尼，則母需跪拜其兒。像這種不禮之教，中國已經斷絕，怎麼還可以聽信。

佛教有此三破，所以並不傳於中國，只在西域流播。因為胡人性格剛強無禮，與禽獸無異，因此老子化胡成佛以行教化。胡人凶惡，不欲傷其形，所以髡其頭；胡人粗獷，欲斷其惡種，所以戒令男不娶妻，女不嫁夫，自然滅盡。中原人士，自古以來莫不奉道，凡有奉佛者，必然是羌、胡之種。

《三破論》與《夷夏論》相比，其攻擊更為粗暴。於是佛教徒也群起反擊，劉勰撰《滅惑論》，釋玄光作《辯惑論》、僧順作《折三破論》。一時之間，佛道二教之爭，達到了白熱化程度。

劉勰，字彥和，東莞莒（今山東莒縣[30]）人。他一生經歷宋、齊、梁三朝，

---

30 東莞本在山東，南朝僑置州郡，曾於京口（今江蘇丹徒）設東莞。

因家境貧寒而未曾婚娶，依傍著名僧人僧祐，共同相處十餘年，遂博通經論，著有中國古代著名的文學評論著作《文心雕龍》。由於劉勰為文長於佛理，因而京師寺塔及名僧碑誌，多請劉勰撰之。後奉敕與僧人慧震於定林寺整理佛典，完成後便於寺中出家，改名慧地，不久即死去。《三破論》一書，劉勰便著文《滅惑論》予以批駁，其主要論點是：

（1）國之興亡與佛教無關。秦末之時，中國並無佛教，然義兵四起，滅秦立漢，當此戰亂之時，千里無煙，人口大量死亡。西漢之世，文景之治，漢武盛世，其時中國也沒有佛教，可見國之盛衰興亡與佛教毫無關係。

（2）佛教並不反對孝道，相反，正是求取大孝。三皇以淳樸無服，五帝以沿情制喪，佛教棄俗返真，拔眾生出俗世苦難。因此，在家盡孝與出家學道以度雙親這兩者權衡輕重，自是後者為重。

（3）一個人是否出家為僧，因果所定，事實上並沒有天下人全都出家這樣的狀況。至於僧尼不跪父母，是因為佛教之尊高於父母。母遲於子出家而拜子，並不是母拜子，而是其母屈尊拜佛，正是出於禮，符合禮的要求。

（4）老子化胡之說本是捏造，西域之人與北狄相比，前者性格怯弱，後者凶熾，如果真是老子化胡以滅其族，那麼應該滅的是北狄，而不是西域之人。

（5）儒、佛雖說法不同而其理一致，因此不能以華、戎之分而阻止佛教的傳播，也不能因梵、漢語音不同而認為佛教無益於中國。實際上，老子貴在無為，理歸靜一，化本虛柔的學說也並沒有被後代道士所接受。相反，道教徒的所謂消災攘禍、咒語符水，純粹是欺騙愚弄百姓，而張角、李弘、盧悚、孫恩等聚眾起事，更是害民甚大。佛教與道教相比，實在是遠遠優於道教。因此《三破論》完全是以粗笑精，以偽謗真，是瞎子妄說自己目明。

僧人玄光所著《辯惑論》則斥責《三破論》與道教有五逆、六極之罪。五逆之罪是：禁經上價，是其一逆；妄稱真道，是其二逆；合氣釋罪，是其三逆；挾道作亂，是其四逆；章書伐德，是其五逆。六極則是：畏鬼帶符，妖法之極第一；制民課輸，欺巧之極第二；解廚墓門，不仁之極第三；度厄苦生，虛妄之極

第四；夢中作罪，頑痴之極第五；輕作寒暑，凶佞之極第六。玄光對這五逆、六極分別作文，攻擊道教，反駁《三破論》。

僧人僧順作《折三破論》，在對《三破論》進行逐條批駁反擊後，對《三破論》的作者進行了辛辣的嘲諷：真正得道者，不用宣傳，其道自顯；未曾得道者，即便常常道不離口，也照樣無道可恃。莊子說：生者氣也，聚而為生，散而為死。如果按《三破論》作者所說，道是氣的話，那麼便當有聚有散，有生有死，道教也就不是永遠存在，而是要死亡消散的。這豈不是自己承認道教劣於佛教嗎？僧順的這番嘲諷確實狠狠地挖苦了《三破論》的作者一番。

僧祐也採用以子之矛，攻子之盾的策略對道教徒的夷夏觀進行了反駁。如果因為佛教出於西戎之地，華夏之邦就不能用佛教以行教化的話，那麼，禹出於西羌、舜生於東夷，也應該不承認他們是聖人了。道之所在，並不受地域限制。何況，華夏之地也在變化，中州本屬華夏，然五胡作亂，已成戎墟，吳楚本是東夷之地，東晉立周以來，已成華夏正統所在。可見，以釋迦出於西方就反對佛教是毫無道理的。

在佛教徒紛紛著文反駁道教的同時，還有一批佛教徒則向道教學習製造偽經，如《老子大權菩薩經》、《清淨法行經》、《冢墓因緣四方神咒經》、《佛說空寂所問經》，等等。在這些偽造的佛經中，宣稱佛祖釋迦牟尼派遣三位弟子入華來行教化，其中儒童菩薩即孔子，光淨菩薩即顏淵，摩訶迦葉即老子。這樣，孔子和老子便都成了佛的弟子。

《三破論》的問世使南朝的佛道之爭達到高峰，然而，宗教的本質是相同的，都是為了獲取精神上的解脫與滿足。因此，儘管佛、道二教的教義、禮俗有所不同，但都能為人們所接受；儘管佛、道二教之間常常發生尖銳激烈的衝突，但又能夠相互調和。南朝的佛、道之間經過《夷夏論》、《三破論》所引發的兩場劇烈爭辯後，便逐漸走向調和共存。

四、北朝的佛道之爭

佛、道二教之間的鬥爭，在北朝比南朝更為劇烈，由於北朝諸政權均為少數民族建立，因而使得北朝的佛道之爭又與民族關係摻雜在一起，具有更為濃烈的政治色彩。

鮮卑拓跋部入主中原建立北魏王朝，到太武帝拓跋燾統治時，國力日趨強盛，於太延五年（439 年）平定了北方最後一個割據政權北涼，統一了黃河流域。拓跋氏入主中原後，承中原佛法之事，接受了佛教這一思想武器，用它來敷導民俗，以助王政之禁律。因此，自拓跋珪起，北魏諸帝大都禮敬沙門，即便是在立國初期戎馬倥傯之際，也沒有忽視對僧人的致禮精敬，等到天下初定後，更是大興土木，建寺立塔。一些僧人也出入內廷，與皇室建立了密切的聯繫。如僧人法果，帶頭跪拜皇帝，聲稱皇帝便是當今如來，他不是拜皇帝，而是在禮佛。當南朝佛教徒還在竭力維護「沙門不敬王者」的原則，並尋找種種理由與儒、道之士辯論時，北朝的佛教徒已完全按現實需要行事了。法果先後封爵宣城子、忠信侯、安成公，死後追贈老壽將軍，子襲爵。在中國佛教史上，和尚被封為公、侯、將軍的，法果可說是第一人，而僧人之子襲父爵，更為稀有罕見之事了。再如曇曜，被文成帝奉以師禮，雲岡石窟正是因了曇曜之請，才開鑿的。顯然，佛教在北朝，已不是一般意義上的宗教思想、宗教形態了，而是與現實政治緊密結合在一起，成為一股不可忽視的政治力量了。

在北魏佛教迅速發展的同時，道教也不甘落後。寇謙之於西元四一五年和四二三年兩次托神造經，對天師道進行改革，並通過與崔浩的結盟，使天師道獲得了拓跋燾的青睞，成為官方化的宗教。

拓跋燾即位之初，對佛教並無反感，也像北魏其他統治者一樣，歸宗佛法，敬重沙門。但隨著天師道改革的完成和崔浩、寇謙之對佛教的竭力詆毀，拓跋燾的態度開始發生了變化：

及得寇謙之道，帝以清靜無為，有仙化之證，遂信行其術。時司徒崔浩博學多聞，帝每訪以大事。浩奉謙之道，尤不信佛，與帝言，數加非毀，常謂虛誕，

為世費害，帝以其辯博，頗信之。[31]

　　崔浩、寇謙之在拓跋燾統一北方的征戰中，曾隨軍參與贊畫，統一完成後，拓跋燾也就更崇信道教了。統一後的第二年，即宣布開元為太平真君，親臨道壇，受符籙，備法駕，旗幟皆青，以從道家之色。這樣，道教也開始政治化了。當佛、道二教都力圖憑藉政治力量壓倒對方時，北朝的佛、道之爭就不像南朝那樣只是大打筆墨口舌之仗了，而是導致了太平真君七年（西元 446 年）的大規模滅佛事件爆發。

　　拓跋燾以及此後北周武帝的滅佛都有著複雜的原因，本書第六章中將做詳細論述。這裡僅從佛道之爭的角度出發作些分析。

　　佛道之爭的一個重要命題便是夷夏之辯，北朝也同樣如此。拔跋燾統一北方後，鮮卑拓跋氏與漢族士人的合作已經完成，封建化進程進入了一個新的階段。拓跋燾不再是以拓跋族的皇帝，而是以拓跋族與漢族的共同皇帝的身分出現。他需要證明自己是黃帝子孫，證明自己親漢不親胡，才能國運長久。而道教恰恰以夷夏有別來攻擊佛教，拓跋燾從維繫統治、緩和與漢族矛盾的政治需要出發，自然就站到了道教一邊。從拓跋燾的滅佛詔中可以看出，他之所以滅佛，是因為佛是外來的胡神，崇奉佛教使得禮義敗壞，滅佛是恢復羲農之治。顯然，與其說拓跋燾是在向佛教宣戰，還不如說是在向漢族表白：拓跋族並不是少數民族，而是黃帝子孫，與漢族同出一源，對胡人之神亦不信仰。

　　由於政治因素的進入，北朝的第一次大規模佛道之爭以佛教失敗告終。此後的七、八年間，佛教陷入寂寂無聲狀態。直到拓跋燾死後，才又得以興盛起來。

　　北齊時，又爆發了一場佛道之爭。東魏武定六年（西元 548 年），把持東魏實權的鮮卑軍閥高澄準備廢魏禪代，首先宣布道教不再為官方宗教，罷除了自拓跋燾以來一直存在的天師道壇，以為禪替作思想意識上的準備。天保之年（西元 555 年）八月，北齊文宣帝高洋集佛道二教之士進行了一場辯論，結果道教論戰

---

31 《魏書·釋老志》。

失利，高洋遂下詔廢道，令道士皆剃髮為僧人。當有道士不從時，殺四人，於是，迫於強力，北齊境內道士紛紛成為僧人。一百餘年前道教藉助政治權力使佛教遭受滅頂之災，一百餘年後，佞佛的高氏使道教遭受了同樣的厄運。

與此同時，在北周境內卻出現了截然相反的結局。依靠關西漢族建立了北周政權的宇文氏注重儒道二家學說，輕視外來佛教。周武帝宇文邕時，道士張賓和由信佛改為通道的衛元嵩結盟，屢屢向宇文邕進言，攻擊佛教。周武帝也像拓跋燾一樣，受符籙，服衣冠。非漢族出身的宇文氏想以此證明自己作為漢族統治者的合法性。但宇文邕沒有像拓跋燾那樣簡單地以一紙滅佛詔行事，而是組織了一系列的大辯論。

北周天和四年（西元 569 年），宇文邕召集眾僧、名儒、道士及文武百官二千餘人，在紫極殿討論儒、道、佛三教的優劣，以定廢立。然由於意見分歧，眾說紛紜，結果不定而散。五天之後，又召集大會，討論三教。但仍然是各抒己見，得不出一個令人滿意的結論。宇文邕便提出自己的看法：「儒道、道教，此國常遵。佛教後來，朕定不立，僉議如何？」[32]表示了準備廢除佛教的意向。但與會的人仍陳述理由，表示不贊同廢除佛教。於是宇文邕讓大家再作準備，進行討論，同時詔令司隸大夫甄鸞對佛道二教的異同優劣進行詳細考察，提出意見。次年二月，甄鸞完成了《笑道論》三卷。三卷意為笑道教三洞之名，全文三十六條，意為笑道經有三十六部。全文嘲笑了道教的所謂三洞真經皆係偽造虛妄之作，嘲笑了道教的道法淺薄鄙陋，言辭十分激烈。五月，宇文邕大集群臣，詳細討論甄鸞所寫的《笑道論》，認為《笑道論》傷蠹道法，在殿庭上當眾燒燬。僧人道安又上《二教論》，詳細評論儒、道、佛三教之優劣。認為佛教是內教，是練心之術；儒家是外教，屬救形之術，兩者雖然皆不可缺，但以佛教為高。至於道教，則是依據於儒家的一個旁枝而已，鄙陋不堪，毫無價值。周武帝看了之後，便徵詢朝臣意見，但無人提出不同看法，結果這次討論又未得出結論。

建德元年（西元 572 年），宇文邕來到玄都觀，親御法座講說道經，令公卿

---

32 道宣：《廣弘明集》卷八。

道俗論難。是年僧人僧勔詣闕，攻擊道教所說老子化胡成佛之說係偽造惑人，毫無依據。第二年，宇文邕又召集群臣百官及沙門、道士，討論三教先後，以儒教為先，道教次之，佛教為後。建德三年，宇文邕詔集僧道論難，由道士張賓與僧人智炫進行辯論，結果張賓被智炫駁倒。宇文邕本意是留道廢佛，他曾明確說過：佛教有三不淨，朕意將除之；道法中無此事，朕將留之，以助國化。然而，幾度討論，都未能就此事獲得統一。於是便於是年五月詔令同時禁斷佛、道二教。

天保六年（西元 577 年），北周滅齊後，宇文邕在鄴城召集沙門大統等五百餘人，宣布在北齊境內廢除佛教。僧人慧遠當眾與宇文邕進行辯論，直至以阿鼻地獄相威脅：「陛下依仗皇帝權力，廢除佛教，是邪見之人，阿鼻地獄不論貴賤，你難道就不害怕嗎？」宇文邕勃然作色，對慧遠說：只要百姓有好處，我也不怕受地獄的各種苦難。下令將北齊境內的所有寺廟賜給王公作為宅第，寺院財產入官府所有，一切經籍、佛像全部燒燬，所有僧尼一律還俗為民。僧人任道標上書宇文邕要求當面辯論，宇文邕將他召進宮，面對面地向他聲明：佛教出於西域，其教義不適合中國，不屬正教，我不是胡人，不敬胡神，所以決定廢除佛教。

宇文邕雖然下令同時禁斷佛、道二教，讓僧尼、道士一律還俗，但實際上又下令另外設立通道觀，簡選著名的道士、和尚一百二十人到通道觀裡學習《老》、《莊》、《周易》，名為通道觀學士。所以，真正廢除的只有佛教一教。

無論是太武帝拓跋燾和周武帝宇文邕的滅佛，還是齊文宣帝高洋的滅道，都可以看出，北朝的佛道之爭與南朝有著明顯的差異。其一，南朝的佛道之爭主要是通過對教義、教理的辯論表現出來的，因此，著論撰文、造作偽經一類事情頗多；北朝的佛道之爭則是通過政治權力進行，因此相伴而來的是鎮壓、強制等暴力手段。其二，南朝的佛道之爭中，一批玄學之士站在佛教一邊，使佛教徒的隊伍大為壯觀；在北朝的佛道之爭中，儒家之士則和道教徒聯合攻擊佛教。其三，南朝佛道之爭中與政治的瓜葛較少，大都是爭正統；北朝佛道之爭中則涉及政權穩定、民族關係等諸多政治因素，因此北朝的佛道之爭往往演化為大規模的滅佛

或滅道事件。

南北朝時期的佛道之爭，並不僅僅是思想領域中的一場爭論，尤其是當「夷夏之辯」成為佛道之爭的一個主要命題之後，就使佛、道之爭具有濃郁的政治色彩。但是，佛、道，乃至儒家學說，都為封建社會的人們提供了一種可供選擇的人生道路。儒家強調「內聖外王」之道，主張內以修身養性而成聖人，外以助君治民理國名垂青史。應該承認，這是一條積極的人生道路。但在現實生活中，仕途坎坷，宦海風波又在所難免，於是不得不從兼濟天下退而求取獨善其身。佛教宣揚諸法無我，諸行無常，只有看破塵緣，覺悟成佛，才能脫離俗世苦難，進入樂土。因此，佛教的主張恰恰和儒家學說相反，以出世來求得解脫，而不是從入世中尋求理想的實現。道教主張隱居山林，養生修練，得道成仙，求得永生。因此，道教尋求的是一條避世的人生道路。顯然，儒、道、佛的主張都能為一部分人所認同。也正因為如此，儘管佛、道之爭始終存在，有時甚至十分激烈，但始終不會出現某一教消逝的狀況。相反，在爭論的同時，又彼此調和，相互吸收，共同存在。拓跋燾滅佛時對佛教徒實行殺戮時，寇謙之表示激烈反對即是證明。所以，北朝雖曾二度滅佛，但不過數年，佛教便又迅速發展起來。

第三節 ·
無神論與
有神論的鬥爭

魏晉南北朝時期，隨著宗教的迅速發展，反對宗教有神論的鬥爭也隨之發展，無神論者與有神論者展開了激烈的爭論。爭論的對象以佛教為主，爭論的焦

點則集中在神滅與神不滅這一核心問題。神不滅論是佛教宣揚的因果報應和輪迴說賴以存在的基礎，神滅論則是無神論者反對佛教及鬼神迷信的依據。從魏晉到南北朝，這一爭論一直沒有停止過，其激烈程度不亞於佛道之爭，而其積極意義則遠勝於佛道之爭。

一、魏晉時期的無神論與有神論之爭

魏晉時期，在佛、道二教伴隨著尖銳的社會矛盾而發展起來的同時，一批具有無神論思想的知識分子也紛紛撰文著論，與有神論者展開辯論。其中著名的有曹植、阮瞻、阮修、孫盛、戴逵等。

曹植，字子建，曹操之子，長於詩文，曾著《辨道論》，對道教神仙方術進行了尖銳的批判。其觀點主要有二：

（一）人之生死是自然之理，成仙之說是欺眾惑民

曹植認為，人的身體強弱，壽命長短，因人而異。善於保養者身體強健，壽命較長；辛勞過度者則身體虛弱，壽命就短。但不論壽命長短，人必有一死，這是客觀規律。而道教方士所說服藥煉丹，長生不死純是誘惑百姓的虛妄之言。他曾與方士當面辯論。一位方士吹噓說，取兩條活鯉魚，一條塗上藥，另一條不塗，同時放入沸水之中，有藥者奮尾鼓鰓，沉浮游動，就像在水中一樣；而另一條則一下就煮熟了，以此說明服藥之靈驗。曹植要方士當場試驗，方士不敢，搪塞一番，騙局被揭穿。曹植還指出，欲成仙者其實都無好結果，秦始皇死於沙丘，漢武帝崩於五柞。慫恿成仙的方士也都落了個誅其身、滅其族的下場。可見，方士道徒實為騙子，成仙長生從無實證。

（二）災異發生與鬼神無關

自然界發生的災害、社會流行的疾疫，都不是鬼神所作。自然界的災害，是氣候變化；疫病流行一是由自然氣候變異，二是生活條件惡劣所致。如疾疫流行感染上的人，都是生活貧困者，公卿貴族，達官顯貴就極少有染上者，為什麼？生活條件的優劣所決定。而且，疾疫流行還往往與吏治清明與否，社會是否穩定等有關。道教方士所說的求神禳災、符水治病毫無意義。

阮瞻、阮修均為西晉著名的玄學之士。阮瞻性情超然，清虛寡慾，儒家學說及老莊之道兼通，妙解音律。他素不信鬼，與人相辯，從未被難倒過。傳說他曾與鬼辯論，一天，有客來拜訪阮瞻，問候之後，便談名理。來客甚有才辯，談到鬼神之事時，反覆辯難，來客終於理屈，乃變臉色說：古今聖賢皆敬事鬼神，你為什麼偏偏就說沒有鬼，我就是鬼。於是變為異形消失。從這則傳說中可以看出，阮瞻的無鬼論思想十分堅定，理由充足，無人能駁倒他。阮修也是一個無鬼論者，《晉書·阮修傳》記載：「嘗有論鬼神有無者，皆以人死者有鬼，修獨以為無。」阮修反駁有鬼論者的說法時用了一個例子：凡是說見過鬼的人都說鬼穿著生前的衣服，如果說人死後變鬼，那麼，衣服有沒有鬼呢？可見世上並無鬼。

孫盛，字安國，博學善言名理，著有《魏氏春秋》、《晉陽秋》等史書，他曾與佛教徒羅含有過一場著名的「更生」之爭。羅含著有《更生論》一文，提出神（靈魂）與質（肉體）可分可合，人活於世上時，神、質相合，死後便神、質分離，世人只知道神、質相合必有相離，卻不知道相離之後必有相合；只知道神、質相聚必有相散，而不知道散後必有相聚。羅含實際上是以神、質相互獨立的形神二元論來論證靈魂可以脫離肉體而獨立存在的神不滅論，以及神、質可以重新結合的輪迴報應論。孫盛對羅含的《更生論》進行了針鋒相對的駁斥，指出：人死之後，形（肉體）散知（靈魂）滅。而且形散之後，便轉化為另一種物體，不再是過去的形了，知滅之後不再有。因此，人死之後，形神消散，根本不可能散而再聚，離而復合。既然形神不再相合，那麼，人活著時的善、惡行為也不會有鬼來承擔報應，輪迴報應論全是虛妄不實之言。孫盛與羅含的這場「更生」之爭拉開了此後神滅與神不滅之爭的序幕，到范縝時，便達到了高潮。

戴逵，字安道，博學善文，性行高潔。他著有《釋疑論》，批駁了佛教的輪迴和報應之說，問世後，當時的名僧慧遠授意信徒周道祖作《難釋疑論》，反駁戴逵。戴逵又著《答周居士難釋疑論》，再次堅持自己的觀點，雙方展開了一場爭辯。

戴逵首先依據大量的事實說明行善者未必得福，作惡者未必遭禍，指出積善之報，並不應驗。而且，天地玄遠，宇宙浩渺，人在宇宙中，就如同太倉一粟，馬身一毫，「天」根本無法對一個人的一事一語、一善一惡，皆致報應。換言之，即便有「天」，也無法行使報應之事。事實上，積善積惡之談只是用來勸人為善，是聖人因神道設教，以匡救社會弊俗，並不是真正有神在施報於人。至於為什麼人們的行為會有善惡之分，為什麼積善不得好報，行惡反而得福，戴逵的解釋是賢愚善惡，修短窮達，各有分命，並不是積行所致，而是自然之定理。也就是說，戴逵用自然命定論來反對佛教的因果報應論。戴逵的這一觀點以自然的必然性代替天意，否認冥冥之中有神在掌握人的命運，這無疑是進步的。但一切決定於自然，人們無法抗拒，實際上是以自然為命代替超自然的神，仍然沒有真正找到貴賤貧富的社會根源，反而陷入神祕主義的宿命論。但就當時而言，自然命定論在與有神論的鬥爭中還是起到了積極作用。

此外，戴逵還以火與薪的關係闡述了神滅論的觀點。他說，火是憑藉著木柴而燃燒的，人的生命依靠氣來維持，木柴燒完了，火也就熄滅了，氣沒有了，人的生命也就終止了。離開了木柴和氣，火焰和生命就無法延續下去，因而柴盡火滅，形盡神滅。根本就不可能有形盡而神不滅，柴盡而火不滅。

魏晉時期無神論與有神論的爭論集中在對形神關係與輪迴報應這兩個問題上。就形神關係而言，無神論者以火與柴的關係論證了形毀神滅，有神論者則堅持形盡神不滅。與神滅論相聯繫，無神論者提出人死則滅，無靈無鬼。就輪迴報應而言，無神論者主要通過大量的實例來說明報應之說虛無縹緲，未見其驗，而有神論者堅持三報論，以報應或此身受報，或來生受報，或幾生乃至幾十生後才受報來說明輪迴報應確實存在。魏晉時期無神論與有神論就這兩個問題的爭論為南北朝時期無神論思想的發展奠定了基礎。

二、形神論與報應論的爭辯

南朝時期無神論與以佛教為代表的有神論的鬥爭，主要集中於六個方面：一是佛經所說荒誕，大而無徵；二是人死神滅，沒有三世輪迴；三是佛教無益國家治安；四是佛教漢代才入中原，古無法教；五是佛教為戎方所出，並非華俗；六是漢魏之時佛教並無多大影響，晉代始盛。這六個方面，有的是從社會政治角度而言，有的涉及夷夏之辯，真正具有理論價值的是形神關係與報應論的爭論。爭論的代表人物是無神論者何承天與佛教徒宗炳、顏延之、劉少府等人。

何承天，曾任劉宋衡陽太守，故也稱何衡陽。他博覽經史，精於曆法，考定《元嘉曆》，使日月食與朔望相符。當時，僧人劉少府力倡報應論，何承天作《報應問》反駁；隨後又與僧人宗炳圍繞慧琳所作《白黑論》展開神滅與神不滅的爭論。此後，宗炳著《明佛論》，宣揚神不滅與報應論，何承天作《達性論》予以駁斥；顏延之作《釋達性論》批駁何承天，何承天又作《答顏光祿》反駁。雙方辯詰問難，展開了一場激烈的爭論。

何承天在《報應問》中首先指出：報應之說雖然在枝節上說得明白，但從根本上看則是荒謬而無徵信的說教。因為論證一件事情或一種說法是否可信，必須由近事驗證遠事，用明顯之事驗證不明顯之事，而因果報應說恰恰難以驗證。他以生物界的鵝與燕子為例，鵝在池塘中游水，吃的是草，並不傷害其他生物，但卻被人們宰殺烹食；燕子飛於空中，專吃各種飛蟲，人們卻讓燕子把窩做在屋簷下，還不去驚動打擾牠。可見，殺生者無惡報，為善者無好報，因果報應亦無從談起。

宋文帝元嘉十年（西元 433 年），僧人慧琳作《白黑論》，認為孔、老、釋迦皆為聖人，儒、道、佛三教各有所長，可以並行而不悖。由於文中對佛教的「來生說」多有譏評，而慧琳身為僧人，因而被視為異端，遭到佛教徒的圍攻。何承天贊同慧琳對「來生說」的譏評，與僧人宗炳展開爭論，宗炳作《明佛論》，以薪、火不能與形、神並論為由，認為火由薪而生，故薪滅火盡，而神非形所作，故形消神不滅。何承天針鋒相對，作《達性論》辯駁。

《達性論》提出，人生於天地之中，稟天地之氣，同其他生物一樣，也有生死枯榮，此乃自然法則。人之生時，猶如燃燒著的薪，薪與火相依共存，不可分離，形體與精神也同樣如此。薪盡火滅，人死後神就消散了，絕無可能已滅之神再與形結合，因此，人死為鬼與來生轉世之說皆是無稽之談。

《達性論》發表後，宗炳作《答何衡陽書》辯難、顏延之作《釋達性論》反駁。於是，何承天又作《答宗居士書》和《答顏光祿》，再次申明自己的觀點。認為天下沒有無形之有（鬼），形神相伴不可分離。並提出，人稟天地之氣，是萬物中最有靈氣的，何必將希望寄託在毫無驗證的來世之堂之想上。

何承天的這三次與佛教有神論者的爭論，代表了南朝前期無神論者的基本觀點。與此同時，還有許多無神論者也參加了與有神論的爭論，如彭丞著《無三世論》、僧含作《神不滅論》，兩相辯難；鄭鮮之所《神不滅論》中有五段由「客難」所代表的神滅思想；范曄欲著《無鬼論》，託人寄語何僕射：天下絕無佛鬼等。從這些爭論中可以看出：南朝前期的無神論者的主要觀點是神滅論、無鬼論、反對報應說。其神滅論大體承襲漢晉以來的「薪火」之喻，少有突破；其無鬼論、反對報應說大都以儒家經典為依據，「夷夏之辯」也進入了有神與無神的爭辯。儒家思想與無神論的結合，導致無神論者有時陷入自相矛盾之中，僧祐就曾抓住儒家的一些觀念進行攻擊。儘管如此，何承天以及南朝前期無神論者已經刺中了佛教的若干論點，產生了積極的意義。

三、范縝與神不滅論之爭

神滅與神不滅的爭論，到南朝齊、梁間，因范縝《神滅論》的發表而達到高潮，參與人數之多，爭論規模之大，程度之激烈，都是漢魏以來所罕見，在中國思想史上留下了重要的一頁。

范縝，字子真，南鄉舞陰（今河南泌陽西北）人，六世祖范汪於東晉初渡江，遂流寓江南。范縝少時孤貧，刻苦勤學，以孝謹聞名。後拜名儒劉為師，學

業優異，卓越不群。及長，博通經學，尤精三《禮》，性情耿直，敢於發表危言高論，以說理言簡意明、通達要旨而為眾人所折服。南齊時仕尚書殿中郎，齊武帝永明年間曾奉詔出使北魏，以其博學多識和才思敏捷備為北魏朝野士人所歎服。

范縝生活的時代，正是南朝佛教極盛時期，靈魂不死、因果報應的佛教之說瀰漫於社會，上層統治階層也有不少人篤信佛教，齊竟陵王蕭子良就是其中之一。他在府邸聚會名僧，講論佛經，甚至以宰相身分為僧人端茶上菜。蕭子良還聚會文學名士，論說靈魂不死與因果報應。其時士人中大多信佛，唯有范縝對此說法嗤之以鼻，盛唱無佛。結果於永明七年（西元 489 年）以蕭子良為首的佛門信徒與范縝展開了一場大論戰。

蕭子良問范縝：「你既然不信有因果報應之事，那麼為什麼人有富貴貧賤之分呢？」范縝反駁道：「人就好比是長在樹上的花，花都是相同的，人本來也無貧富貴賤之分。一陣風吹過，花隨風飄落，落到不同的地方。有的花瓣因風拂簾帷而飄落在廳屋內，留在茵席上；有的花瓣則因籬笆的遮擋而掉進糞坑中。殿下好比是留在茵席上的花瓣，下官就是落在糞坑中的花瓣。雖貴賤不同，但全是偶然，與因果報應毫無關係。」蕭子良在范縝這番有理有據的辯答面前無言以對。

范縝在與蕭子良的這次爭論之後，感到有必要對因果報應論的基礎神不滅論進行駁斥，才能真正駁倒有神論。於是他潛心研究，寫出了《神滅論》，以犀利的筆鋒，形象的比喻，簡明扼要地概括了無神論與有神論爭論的核心問題，即形與神的關係，將有神論駁得體無完膚。在《神滅論》中，范縝吸取了前人的無神論思想，用刀刃和鋒利的關係作比喻，第一次明確地把精神看作形體的作用、屬性，正確地解釋了形神關係。在此基礎上，《神滅論》提出了五個論點。

（一）形神相即

「即」是指密不可分，也就是說，精神與形體不可分離，形體存在，精神才存在；形體衰亡，精神也就消失。因此，形體和精神是名殊而體一，既有區別，

又有聯繫，形神不二，是不可分離的統一體。

（二）形質神用

形是實體，是精神的質體，精神依賴於本體，只是形體的作用，是由形體派生出來的。就如同刀刃與鋒利一樣，沒有刀刃，鋒利就不存在了；沒有鋒利，刀刃也不成其為刀刃。鋒利只是刀刃的屬性，依賴於刀刃而存在。既然從未聽說過刀刃不在了，鋒利還在，那麼，又怎麼令人的形體消亡了，而精神依然存在呢？從而有力地證明了精神對形體不可分割的依賴關係。

（三）不同的質有不同的用

佛教徒曾以樹木和人為例，提出人和樹木都是質體，但人有知覺，樹木沒有。可見樹木只有一種質，而人有兩種質，所以人的精神可以離開形體而獨立存在。范縝反駁說，不同的質有不同的用，人的質有感知，木的質沒有感知，人和木的質不同，其用也不同。人從生到死，木從榮到枯，形體發生了根本變化，質的作用也隨之變化。所以人死之後，精神活動也就停止了。

（四）人的生理器官是精神活動的物質基礎

精神活動有知覺和思維的區別，不同的生理器官負責不同的精神活動，如手能感覺痛、癢，但不能判斷是非，心負責思維。但又統一於一個人的精神活動整體之中。由於自然科學水準的落後，范縝還不瞭解大腦的作用，錯誤地把「心」當成思維器官。但他已經認識到了思維活動需要有自身的物質基礎，從而有力地駁斥了精神可以離開形體而獨立存在的謬論。

（五）夢境是虛幻的，否定形留而神逝

有神論者常以人在做夢時形神分離為由，論證精神可以脫離形體而存在並繼

續活動，即形留神逝，形靜神馳。范縝否定了這種說法，指出夢境只是一個人現實生活的虛幻反映。人死後，形體消亡，精神也消失，不會變成鬼，而精神照樣存在。同樣，人活著，精神也不會離開，夢境中看到的各種現象，如變成牛、馬，夢見已死的人等，都只是幻覺，並不表明一個人的精神會離開形體去自由活動。

范縝在《神滅論》的最後部分，無情地揭露了佛教的欺騙性和對社會的危害。指出佛教損害國政，僧尼敗壞民俗，佞佛浪費錢財，其弊難以盡數。

《神滅論》抓住了佛教的要害，而系統地闡述神滅思想更使佛教徒難以應對。因此一問世便朝野譁然，士林爭相傳抄。蕭子良召集名僧名士，相與辯難，然無人能屈倒范縝。太原名士王琰撰文嘲諷范縝：「嗚呼范縝，你怎麼連自己祖先神靈所在都不知道！」范縝當即反唇相譏：「嗚呼王琰，你知道自己祖先的神靈所在，怎麼不殺身去追隨它們呢？」讓王琰碰了個硬釘子，啞口無言。蕭子良又派名士王融對范縝說：「神滅之說不合道理，你卻堅持己見，有傷名教，以你的才學，完全可以官至中書郎，而你卻違背眾人之意，自討身敗名裂。」范縝聽後哈哈大笑，答道：「要是范縝賣論取官，恐怕早就做到尚書令、尚書僕射一類的高官了，何止是中書郎呢！」高官厚祿同樣沒能使范縝放棄真理。

齊梁禪替後，梁武帝篤信佛教，宣布佛教為「國教」，崇信有加，詔令臣下答難《神滅論》，朝野僧俗一齊上陣，輪番向范縝進攻，先後有六十六人寫了七十五篇文章，其中僅沈約一人就寫了《六道相續作佛義》、《因緣義》、《形神義》、《神不滅義》和《難范縝神滅義》等五篇文章，以壽有長短來論證形、神之別；以形有多名，神也應有多名，來反對神不離形；以劍利和刀利來論證前生和後生。蕭琛在《難神滅論並序》中則以夢境來證明形神相離。面對圍攻，范縝毫不示弱，將《神滅論》改寫成賓主問答的文體，共設三十一個問答，使全文更具有論戰性。在這場大辯論中，史書稱范縝辯摧眾口，日服千人。以能言善辯著稱的東宮舍人曹思文接連寫了《難神滅論》、《重難神滅論》，但與范縝交鋒後，不得不承認自己情思愚淺，無法駁倒范縝。

范縝與佛教徒的這場神滅之爭，在中國思想史上具有極為重要的意義。《神

滅論》在形神關係論證上的深度和邏輯嚴謹超過了范縝之前的所有無神論者，從理論上摧毀了有神論的基礎——神不滅論。而范縝那種堅持和捍衛真理的勇氣，更是難能可貴。

四、自然命定論與因果報應論之爭

南朝無神論與有神論之爭，在范縝之後繼續發展，其中最為著名的是劉峻以自然命定論否定因果報應論，朱世卿以性法自然論否定善惡報應論。

劉峻，字孝標，原籍平原（今山東平原），後隨父流寓江東，幼時曾被掠賣。劉峻家貧好學，常終夜不眠。由於劉峻出身寒微，仕途頗不得意，在范縝與蕭子良辯論因果報應之後十八年，劉峻寫出了《辨命論》，以自然命定論批駁了佛教的因果報應論。

劉峻的《辨命論》認為，一切事物皆受一種自然的必然性支配而無法抗拒。

生而無主，謂之自然。自然者，物知其然不知所以然；同焉皆得，不知所以得。鼓動陶鑄而不為功，庶類渾成而非其力。生之無亭毒之心，死之豈虔劉之志。墜之淵泉非其怒，升之霄漢非其悅。蕩乎大乎，萬寶以之化；確乎純乎，一化而不易。化而不易，則謂之命。命也者，自天之命也。定於冥兆，終然不變。鬼神莫能預，聖哲不能謀。觸山之力無以挽，倒日之誠弗能感。短則不可緩之於寸陰，長則不可急之於箭漏。至德未能踰，上智所不免。[33]

劉峻把萬物生化沒有主宰稱為自然，對於自然，人們只知道它這樣，而不知道它為什麼這樣；萬物雖都有得於它，但說不出有所得的原因；它使萬物各有一定的形式，但並不以其為功，它使事物相互之間發生聯繫，但並無任何強制之意；它使萬物生長但又無長養之心，使萬物衰亡但又無殺害之心。總之，宇宙萬

---

33 《梁書·劉峻傳》。

物的一切生長變化都是自然而然的，沒有主宰，沒有意識、目的。這種自然而然的變化，有其必然性，這種必然性就是「命」。這個「命」不是佛教所說的有靈感的命，而是自然變化的必然之命，它沒有意識和感覺，墜入深淵不是因其發怒，升上九天也不是因其高興。正是這個必然之命，決定了萬事萬物的興衰盛亡、生長變化。而且，這個必然之命是任何力量都無法抗拒的，即便有觸山之力也無以抗爭，有倒日之誠也難以感動它，至德聖賢也不能踰越，上智之人也在所難免。壽之長短，貌之美醜，貧富貴賤，皆由自然命定。

既然一切都是自然命定，那麼佛教所說的因果報應也就不存在了。劉峻列舉了聖人孔子絕糧陳蔡，賢者顏回早死短命，高才屈原自沉江中等一系列事實，指出賢才俊秀不被所用，而湮沒無聞者不可勝數，因此因果報應純係虛誕之言。

劉峻的這一思想發展了南朝以來何承天等人的無神論思想，彌補了前人由於受傳統天道觀束縛而在無神問題上的缺陷與矛盾。使儒家的反神學傳統與道家的自然哲學重新結合。從而與范縝的神滅思想相互影響，共同批駁了佛教有神論。《辨命論》發表後，也曾遭到有神論者的再三責難，但劉峻始終堅持自己的觀點。

朱世卿，生年行事難以詳考，約為南朝末期人。他著有《性法自然論》，駁斥佛教的善惡報應論，僧人真觀作《因緣無性論》與之相辯。

朱世卿繼承了道家的自然天道觀，在《性法自然論》中強調，萬法萬性，皆自然之理。人是萬物之靈，稟自然之秀氣，有妍媸盈減之質。懷哀樂喜怒之情，有窮達修短之命，愚智善惡之性。人的體質好、壞、強、弱表現在形體上，喜、怒、哀、樂的情感通過待人接物表現出來，命之窮、達、長、短要遇事才看得出來，性之愚、智、善、惡要觸用才能顯明。稟自然之氣而生的人，其性、情、命也皆有自然之理，並不受超自然的「神」所主宰。因此，天道對人並無愛憎之分，善惡之報不過是聖人教化的一種說法而已。事實上，一些心地險惡，貪得無厭者往往終身享受富貴，而那些心懷坦誠，多行好事之人卻往往窮困潦倒。人生在世就像隨風飄落之花一樣，或落在玉階之上，或落於溲糞之下，是自然之命決定了人的一生遭遇。如果真有善惡報應，真有天神決定世道治亂和人之禍福，那

就不該讓堯、舜生不肖之子，龍逢、比干遭暴君殺害。可見。善惡報應之論不足為證。

朱世卿的性法自然論與劉峻的自然命定論一樣，都是以自然之命來反對佛教的報應論。但是，劉峻的《辨命論》更多地強調自然之命的必然性，陷入了機械決定論。而朱世卿則繼承了范縝的觀點，強調偶然性對人的作用，就連舉例都一樣，都使用了隨風飄落之花來說明人的貧富貴賤出自偶然，並非報應。就此點而論，作為南朝末年人的朱世卿較好地繼承了南朝各家無神論思想，使他反對佛教報應論的論著更為有理、有力。

五、北朝無神論與有神論的爭辯

北朝無神論與有神論的爭辯大致可分為兩個時期，前期多從政治倫理立論展開爭辯，後期則從理論對神滅思想展開爭辯。

北朝前期對佛教有神論的批駁主要以儒家學者為主，他們多從儒家學說立論，駁斥佛教的來世說、報應論等。儒家學說就本質而言，並非無神論思想，但其重人事、輕鬼神的傳統，在一定程度上亦可成為反對有神論的理論依據。因此，當北朝佛教氾濫之際，一批儒家士人便首先起來反佛，其中著名者有陽固、張普惠、高謙之、崔光、李瑒、楊衒之等，他們從三個方面對佛教進行了尖銳的抨擊，與有神論者展開爭辯。

（一）佛教所說來世、報應之論皆是虛妄惑眾之言

張普惠在給孝明帝的奏疏中指出，佛教所說三世輪迴，來世有報都是遙遠的未來之事，很難予以驗證。因此，追求虛幻不可捉摸的來世、報應，是最愚蠢的舉動，還不如以儒學教化人心，可以使天下和平，災害不生。高謙之指責佛教所說來世、報應儘管說得天花亂墜，但來世之事難以追求，天堂淨土渺茫難以考

察。楊衒之更是坦言：「佛言有為虛妄，皆是妄想。」[34]根本就是虛無妄想之言，不值一論。

（二）佛教出世說有悖儒家名教觀念

在這方面，說得最為尖銳，又最有代表性的就是李瑒了。他在給靈太后的上疏中直斥佛教為「鬼教」，指責佛教宣揚出世說，不養父母，不育子孫，有悖於最起碼的人倫道德綱常，違背了「禮」的基本規範。至於用這種違背道德倫理綱常的出家行為來追求事實上並不存在的個人解脫和來世幸福，就完全是一種不值得也不應該提倡的自私行為。李瑒的這番言論深深地刺痛了佛教的要害，沙門都統僧暹等人紛紛指責李瑒誹謗佛法，群起圍攻，甚至哭泣訴說於靈太后。當靈太后指責李瑒時，李瑒引用佛教經典為自己辯護，證明佛教確為鬼教。迫於僧暹等人的壓力，靈太后不得不罰李瑒金一兩。儘管佛教徒利用政治權力懲罰了李瑒，但事實表明李瑒在這場論爭中獲得了勝利。

（三）佛教無益於國計民生，有礙治道

高謙之、張普惠、楊衒之等紛紛指出，佛教的流播使大量的物質財富用於毫無意義的佞佛行動。花費大量人力、財力、物力建造寺塔，給百姓增加了負擔，影響了社會生產的正常進行；佛教徒不事生產，不從征役，使國家的稅源、役源受到影響；佛教誇誕大言，使得王法廢而不行，擾亂了社會秩序；寺塔廣占田產，以剃度為名，收納逃戶，使國家編戶減少。總之，虛誕無稽的佛教除了浪費錢財外，於國計民生毫無意義。這些言論從佛教浪費錢財、損傷民力立論，正反映了北朝前期無神論者重治道的特色。

既然佛教是虛妄之言，又無益於國計民生，自然就不應該任其氾濫流播。北朝前期的無神論者從這一認識出發，紛紛要求排佛，「絕談虛窮微之論，簡桑門

---

34 《洛陽伽藍記》附編一《楊衒之傳略》。

無用之費，以存元元之民，以救饑寒之苦」[35]。這些尖銳的批判和強烈的排佛要求，在佛教盛行的北朝，產生了巨大的社會影響，也引起了佛教徒的不滿，他們紛紛著文立論進行辯難，從而引起了激烈的爭論。

北朝前期無神論與有神論的論爭有其顯著特色。其一，儒家知識分子成為與佛教有神論進行論爭的主力。如張普惠精於三《禮》，兼善《春秋》；高謙之專意經史；崔光、李崇、楊衒之等也精於儒學。其二，北朝前期的無神論者反佛主要立足於佛教與儒家學說的衝突，立足於佛教對國計民生的破壞，更注重於從治道出發論證崇佛的危害性。這與南朝無神論與有神論的論爭重於名理有顯著區別。其三，北朝前期的無神論者在反佛的同時，往往要求崇尚文教，立學校，重禮治，行教化。從史書記載來看，幾乎每一個反佛者都是一邊要求排佛，一邊要求重視儒學，加強儒學的地位和影響。與南朝相比，這又是一個顯著區別。

北朝前期的無神論者雖然尚未能對佛教有神論的本質問題進行批駁，也不及南朝無神論者那樣系統、深刻地對有神論進行批判，從而顯得理論力度不夠，但仍不失其社會意義。就當時而言，由於其對佛教的批駁具體、現實，更易為一般人所接受，社會影響更大。若就對後世的影響而言，隋唐時期的儒家反佛之士的不少觀點就淵源於此。

北朝後期的無神論者在繼承前期對佛教有悖綱常名教觀念、有礙治道出發進行批駁的同時，開始從理論上與有神論者進行論爭，從而使北朝無神論與有神論的論戰發展到一個新的高度，其中著名者當推邢邵與樊遜二人。

邢邵，字子才，博學能文，曾作《議生滅論》，倡人死神滅之說，北齊中書令、著名的佛教信徒杜弼反駁邢邵之說，雙方往復再三。邢邵與杜弼的這場神滅之辯，成為北朝後期無神論與有神論的重大論戰之一。

邢邵認為佛教所云人死還能來世再生，其實是畫蛇添足，無中生有。杜弼強辯：如果人死歸無，不能再生，那麼萬物未生之前，也是無有此物，無能生有，

---

35 《魏書・陽固傳》。

為什麼就不能死而再生呢？邢邵指出，所謂來生、報應，本是聖人設教，以行教化，並不是真有來世。杜弼則以聖人言則為經，行則為法，怎麼可能以詭言勸民來辯解呢？顯然，杜弼在關於人死不能再生這一問題上是偷換概念，人死不能再生，是形體消亡後精神也不復存在，講的是形神關係，事物出生之前的無，是事物的生長過程，也並不是從無到有，同樣需要有物質基礎，才能成為有。

邢邵與杜弼又就神滅問題展開了論爭。邢邵強調，人死之後，精神也消失殆盡。杜弼用草木枯死後留下種子能夠再生來比喻人死後靈魂還在，還可轉世來詰難邢邵。杜弼在這裡再次混淆概念，因為草木的種子仍然是實體，是形。邢邵針鋒相對地運用燭火的比喻進行了反駁，人之精神，就像蠟燭有光，蠟燭燃盡了光也就沒有了，人死之後精神同樣消亡。人死神滅，形消神亡，既沒有靈魂脫離肉體而存在的情況，也不可能出現來生、轉世的情形。杜弼答辯說，這支蠟燭燃盡了，但另一支蠟燭又亮了，既然光可以離開此燭，點燃彼燭，神也就可以離開此形，托於彼形。邢邵進一步反駁道，不同的形有不同的用，彼燭之光已不同於此燭之光，彼形之神也不同於此形之神，就如同泥土不能變成人，樹木不會長出眼睛、鼻子一樣，神也不會再依附於新的形。

邢邵在和杜弼展開神滅之爭的同時，還與魏收等人上疏要求壓抑佛教，更修儒術、立學校，行禮樂，以教化天下。

從邢邵與杜弼的論爭中可以看出，他的無神論思想已經超出了北朝前期那種只從佛教對社會的危害出發所進行的批判，而進一步從形神關係來論證佛教的虛妄。儘管以燭火來比喻形神關係，是漢魏以來無神論者所常用之例，但在北朝，是邢邵第一次就形神關係與有神論展開論爭，從而使北朝的無神論思想發展到一個新的階段。

樊遜，字孝謙，北齊員外散騎常侍。《北齊書·樊遜傳》中保存了他於天保五年（554 年）所上的《舉秀才對策》，集中地反映了他的無神論思想。樊遜認為，佛、道二教宣揚的都是虛妄不可信的東西。道教所說的玉簡金書，神經秘錄，金丹神藥，羽化成仙，皆是憑虛之說。秦皇漢武好神仙方術，結果一無所獲的事實說明道教方術的虛妄和通道者的可悲。佛教也同樣如此，所謂寫經西土、

畫像南宮、法王自在、變化無窮根本就是虛無之事，無從證實，不能成立。宣傳這些無稽之談的僧人其實是左道怪民，妖妄之徒，應該毫不留情地予以取締。樊遜還駁斥了報應之說，認為天道玄遠、神蹟難尋、造化之理、寂寞無傳、報應之說，難以證實，當屬妄說。

樊遜的無神論思想雖然在理論上沒有多少創新和突破，但他對宗教所取的全部否定的態度，比他同時代人都要來得堅定不移，從而成為北朝時期又一位影響較大的無神論者。

第四章

文化的交流
與雜糅

胡風內漸
與胡漢雜糅

魏晉時期，緣邊少數民族紛紛內遷，有的還先後在中原建立政權。各民族之間的接近，使人們對民族關係有了新的認識。傳統的「華夷」有別的觀念，在胡風內漸的影響下，逐漸被胡漢雜糅所替代。交會—衝突—融合，胡漢文化間的這種變化軌跡，成為魏晉北朝時期文化交流的一個縮影。

一、胡漢相交與胡文化的漢化

夏、商以來，逐步形成了一個以漢民族為主體的華夏民族。逮至魏晉南北朝時期，出現了又一個民族遷移的高潮，北邊的匈奴、羯、氐、羌、鮮卑諸「胡」族相繼進入中原，建立政權，定居下來。於是，胡、漢之間在這塊土地上相交了。自三代至秦漢的兩千多年中，少數民族和漢族有過無數的相交，然而，這次發生在中原大地上的相交，使游牧民族的「胡」文化與農耕民族的「漢」文化得以進行更長時間的交流，並逐步走向融合。

當草原游牧民族跨入中原大門之際，他們對呈現在面前的漢文化那麼陌生，北朝樂府《折楊柳歌辭》中的「我是虜家兒，不解漢兒歌」，正道出了他們對漢

文化的陌生感。而北魏「破慕容寶於中山，獲晉樂器，不知採用，皆委棄之」[1]，則更反映了他們對漢文化的難以適從。文化的差異導致了「胡」族的兩種不同心態：一是揚胡抑漢。胡人賀狄干習讀《書》、《史通》、《論語》、《尚書》，舉止風雅，有似儒者，拓跋燾見其言語衣服皆類漢人，憤而殺之。孝文帝遷洛變俗，禁絕舊言，改官易服，拓跋鮮卑中的守舊派拒不相從。縱觀一部《北史》，「時鮮卑共輕中華」[2]之類的事例屢屢可見。「漢狗」、「漢賊」、「漢兒」一類對漢族的誣衊性稱呼史不絕書。在抑漢的同時，尊胡人為「國人」，在政治、經濟上給予諸種特權。後趙石勒甚至有「諱胡之律」，乃至改胡餅為麻餅，連「胡」字都需避諱。二是自卑心態。以強悍的武力征服了中原的游牧民族，在先進的漢文化面前自覺不自覺地流露出一種卑怯的心理狀態。如鮮卑人段叔自我表白：我不過是胡夷而已，之所以能使漢人仰服，其實是害怕我強悍的武裝罷了。匈奴靳准因「自古無胡人為天子者」，將破洛陽時所得西晉傳國之璽託胡嵩帶回東晉。無不說明這一自卑心態的存在。至於北魏拓跋氏宣稱祖先出於黃帝，將拓跋鮮卑排入黃帝子孫的行列之中，與漢族同宗同祖的做法，實質上是從另一個側面反映了對本民族缺乏自信，而認祖歸宗於黃帝。

北朝武士俑

不論是自卑心態，還是貌似強橫的「抑漢」心態，胡、漢文化的差異性決定了在經歷不可避免的衝突之後，兩者必然要走向融合。而文化的融合，又不能逃脫馬克思揭示的，「野蠻的征服者，總是被那些他們所征服的民族的較高文明所征服」[3]的歷史規律。在先進的漢文化面前，胡文化必然地走向了「漢化」。

胡文化的「漢化」主要通過兩條途徑。一是自上而下的途徑，即通過胡族統治者採取的「漢化」政

1　《隋書·音樂志》。
2　《北史·高昂傳》。
3　《馬克思恩格斯選集》第二卷，70頁，北京，人民出版社，1972。

策，使胡文化發生質的變化，逐漸融入漢文化之中。建立漢國和前趙的匈奴劉淵、劉曜，建立後趙的羯人石勒，建立前秦的氐人苻堅、苻融，建立後秦的羌人姚萇、姚襄，以及建立南涼的禿髮烏孤，建立北涼的盧水胡沮渠蒙遜等，都曾通過崇尚文教、徵聘漢族士大夫等政策，使漢文化逐漸滲透、進入胡文化之中，促使胡文化與漢文化的同化。這種由上而下的漢化主要通過三個方面得以實現。

其一，統治階級上層人物的習經明儒。如劉淵曾師事上黨大儒崔游，習《毛詩》、《尚書》、《易》，尤好《春秋左氏傳》，《史》、《漢》、諸子，無不綜覽。劉聰聰悟好學，經史百家，無不綜覽。石勒家世低微，曾被掠賣為奴，目不知書，但他在軍旅戎馬之間隙，常令儒生讀史書而聽之，推崇儒學，視為安邦治國之不可或缺。李班謙虛博納，敬愛儒賢。姚興常與儒士梁喜、范勗等人講論經籍，不因戎事廢業。沮渠蒙遜博涉經史，通曉天文。少數民族統治者自身的習經明儒，使他們能更準確地瞭解漢文化，從而促進胡文化的漢化進程。

其二，延聘漢族儒家士人，為胡文化的漢化提供理論依據。如石勒曾將河北地區的衣冠人物集為「君子營」，下令族人不得侮易衣冠華族，禮請博涉經史的漢族士子張賓為謀主。慕容廆虛懷引納流亡到遼東的儒士，並委以重任。禿髮烏孤曾大規模收羅儒家士人、中州才令、秦雍世門、西州德望，皆將其延攬到南涼政權中，授以各種職位。就連以殘暴著稱的後涼氐族統治者呂光，都很尊重儒家知識分子，延聘宗欽、宋繇等擔任要職。漢族儒家士人進入胡族政權後，或參與軍國大政，或幫助整理各種文化典籍，或制定儒家禮樂制度，從不同層面將漢文化的因數注入胡文化之中。

其三，興辦學校，倡導儒學。如石虎遣國子博士詣洛陽寫石經，又令國子祭酒聶熊注《穀梁春秋》，列於學宮。苻堅在枋頭親自祭奠孔子。慕容廆令世子慕容皝和宗室國冑皆到學校受業，學習儒經。禿髮利鹿孤接受祠部郎中史皓的建議，興辦學校，以教冑子。沮渠牧犍尊河西大儒劉昞為國師，命百官皆以學生之禮師事劉昞。學校的興辦，使胡族官吏子弟直接受到漢文化的薰陶，培養了一大批精通漢文化的胡人。在這一過程中，胡文化也逐漸漢化。

在少數民族政權中，由上而下地推行胡文化漢化最為突出和徹底的，當推北

魏拓跋氏。拓跋氏自拓跋珪之時起，就開始了與漢族士人的合作，通過詔諸州郡，徵請名儒，以修立文學，整齊風俗。如索敞專門從事對拓跋貴族子弟的儒學教育，其學生中前後顯達，位至尚書牧守者數十人。常爽置館於溫水之右，教授門徒七百餘人，京師學業，翕然復興，尚書左僕射元贊等均為其學生。這些儒家士人還在代京整理儒家經典，加以訓詁、註釋。如索敞將散在各篇中的儒家關於服喪的規範儀注彙編成《喪服要記》，為拓跋氏瞭解和吸取儒家喪儀禮節提供了方便。闞駰對曹魏時的易學大家王朗所注《易傳》進行了深入淺出的闡發。到獻文帝拓跋弘時，拓跋族上層集團的儒化已達到一個新的水準，出現了一大批精通漢文化的拓跋貴族。孝文帝即位後，便掀起了更大規模的漢化。西元四九三年，他將京城從游牧文化氛圍籠罩下的平城（今山西大同）遷到了神州中心的洛陽，割斷了胡文化的地域紐帶。緊接著，孝文帝又推行了一系列漢化政策，獎勵鮮卑與漢人通婚，改鮮卑姓為漢姓，禁胡語胡服，從風俗禮制到語言服飾，全面割斷了拓跋族與胡文化的聯繫，使胡文化徹底漢化。

胡文化漢化的第二條途徑是自下而上的轉變舊有的文化觀念與禮儀習俗。少數民族入居內地後，與漢族人民錯居共存，在長期的共同生活中，他們學會了漢語，瞭解了漢族的禮儀習俗，而且在新的生活環境中，潛移默化地受到了漢文化的薰陶與影響，發生了文化觀念和意識的變化。如胡人對兩性關係的觀念較為開放，「女兒自言好，故入郎君懷」。但在漢文化的影響下，開始出現了變化。北朝樂府《折楊柳枝歌》中出現了這樣的情景：「問女何所思？問女何所憶？阿婆許嫁女，今年無消息。」昔日大膽自由追求意中人的胡家少女形象不見了，出現在我們面前的是漢族女子寄希望於「父母之命」的閨中怨辭。至於段豐妻慕容氏在段豐死後宣稱「忠臣不事二君，貞女不更二夫」，拒不聽從其父再嫁之命，則更是無一絲一毫「胡」氣，全然是一位恪守儒家貞烈觀的漢族婦女。顯然，儒家的貞操觀念已在一部分胡人身上扎下了根，並不自覺地以漢文化觀念來支配自己的行動。

胡文化的漢化是多方面的，除了表現在思想觀念、倫理習俗、教育科技等方面，還表現在經濟生產方式、政權結構制度等方面。因與本書主旨不合，此處不贅。

二、胡風內漸與漢文化的胡化

　　文化的交流從來就不是單向的，而是相互影響、相互吸納。魏晉南北朝時期的文化交流同樣如此，在胡文化漢化的同時，漢文化在胡風內漸的影響下，也出現了「胡化」的現象，正如崔浩所言：「漠北醇樸之人，南入中地，變風而俗，化給四海。」[4]與兩漢拘謹的漢文化相比，這時的漢文化更多了幾分「胡氣」，並在文化觀念、社會風習、婚姻關係等諸多方面顯示出來。

　　第一，漢文化的胡化表現為華夷觀的變化。儒家「內諸夏而外夷狄」的華夷觀，使漢文化一直對胡文化抱有排斥、貶低心態。西晉江統在其著名的《徙戎論》中就表達了這種心態：

　　夫夷蠻戎狄，謂之四夷，九服之制，地在要荒。《春秋》之義，內諸夏而外夷狄。以其言語不通，贄而不同，法俗詭異，種類乖殊；或居絕域之外，山河之表，崎嶇川谷陰險之地，與中國壤斷土隔，不相侵涉，賦役不及，正朔不加……非我族類，其心必異，戎狄志態，不與華同。[5]

　　江統正是在這種華夷有別的觀念支配下，提出了所謂的「徙戎」，使華夷異處，戎夏區別。也正是這種文化信念，使得晉室東遷之時，一大批漢族士人離開中原，追隨司馬氏集團前往江東。即便留在中原的士人也時時不忘華夏文化之優越，鄙視胡文化。如崔浩就常常嗟服南人，流露出訕鄙拓跋氏之意。然而，隨著胡文化的漢化，漢族士人的華夷觀開始發生變化，即從華夷有別而轉變為用夏變夷。以這種文化心理為寄託，不少漢族士人跨過種族界限，進入胡族政權。他們或以統治中原即是正統，或以凡奉中國文化則為中國之名來解釋自己的行動。實際上，淡薄了華夷有別的觀念，從而為漢文化吸納胡文化的因子提供了理論依據。

　　第二，漢文化的胡化表現為漢人傳統禮法觀念的削弱。游牧民族本無嚴格的

4　《魏書‧崔浩傳》。
5　《晉書‧江統傳》。

禮法制度，入居中原後，胡風內漸，衝擊了漢族傳統的禮法觀念。這種衝擊主要是通過婚姻關係而形成。

婚姻與文化，兩者之間是密切相連的，由文化及婚姻，相同的文化習俗導致婚姻關係的存在；由婚姻及文化，婚姻關係又推動文化的變異。魏晉南北朝時期大量的胡漢通婚既促進了胡文化的漢化，同時也給漢文化注入了胡文化的血液。以北朝為例，可以明顯地看出這種文化的雜糅。

《魏書》、《北齊書》、《周書》、《北史》這四部正史上共記載了二百四十一起男女雙方均有姓氏可考的民族之間相互通婚的關係，涉及氐、羌、匈奴、鮮卑、突厥、柔然、吐谷渾等眾多民族，其中胡漢間的通婚約占三分之二[6]。如此廣泛、頻繁的胡漢通婚給當時社會帶來了開放的婚姻風氣和具有游牧民族特點的婚聘禮儀習俗。如寡婦再嫁較為自由，不論是漢族，還是少數民族，不論是公主，還是平民，都不乏寡婦再嫁之例，甚至還出現了張彝與高肇爭娶寡婦陳留公主，孫騰與封隆之爭娶寡婦平原公主之事。在這種風習的影響下，漢族中也屢屢發生寡婦性生活不受約束的現象。韓子熙未婚與寡婦李氏長期同居而生三子；祖珽與寡婦王氏同居，公然在人前往來；京兆人韋英死後，其妻梁氏不治喪而嫁，納河內人向子集為夫，雖云改嫁，實仍居舊宅。漢人傳統禮教十分注重一女不事二夫，魏晉時期反對寡婦再嫁也大有人在，甚至一些少數民族婦女也恪守此道。但在胡族婚姻風氣的衝擊下，傳統禮教觀念受到削弱，社會已不以寡婦再嫁為恥。

又如少數民族婦女的社會地位較高，此風沿襲，使得魏晉南北朝時期男女較為平等，婦女在社會交往中較為自由。北魏延興二年（西元 472 年）曾詔令今後婦女不得參加祭禮。眾所周知，祭禮本是一種漢化活動，而北方婦女卻按鮮卑習俗自由參加。孝文帝在靈泉池宴請各國使者、諸方渠帥及群臣百官時，文明太后欣然作歌，孝文帝與群臣九十餘人和歌，身為漢人的文明太后如此豪放灑脫，無疑是受到胡風所染。曾在南朝和北朝都做過官的顏之推，曾比較了南北婦女的不

6　參見施光明：《北朝民族通婚研究》，載《民族研究》，1993 年第四期。

同地位和風氣：「江東婦女，略無交遊，其婚姻之家，或十數年間，未相識者，惟以信命贈遺，致殷勤焉。鄴下風俗，專以婦持門戶，爭訟曲直，造請逢迎，車乘填街衢，綺羅盈府寺，代子求官，為夫訟屈，此乃恆、代之遺風乎。」[7]顏之推也認識到了，正是游牧民族的風習，使北朝婦女儼然不同於受禮教薰陶教育的南朝婦女，而活躍於各種場合，公開在社會上交往奔走。

再如北方游牧民族的婚聘禮俗也流行於當時社會。魏晉時期，漢族大姓婚姻講究門第，士庶之際，猶如天隔。而游牧民族則無高門卑族之分，婚嫁多以財幣相尚，這種習俗也影響了漢族，並不以士庶同堂、尊卑共室為憾，厚出聘財之風卻越颳越烈，北朝歷代皇帝雖曾多次詔令禁止貴姓與卑姓通婚和婚姻論財，但風俗難易，貴賤通婚史不絕書，財婚之風未曾稍減。

北齊時，婚聘禮俗已仿效中原婚姻六禮，「後齊聘禮，一曰納采，二曰問名，三曰納吉，四曰納徵，五曰請期，六曰親迎」[8]。但實際上，在施行這些禮儀程序時，往往雜以游牧民族的諸多習俗。如迎親之時不用轎，新娘坐於馬鞍之上。儒家禮儀規定婚禮不用樂，而北朝婚禮之辰多舉音樂，不僅宗室貴族皆由樂部給伎以為嬉戲，就連尋常百姓也在嫁娶之時大行歌舞，以增添喜慶氣氛。漢族本有新婚之夜鬧洞房戲新娘之俗，而北朝則出現了新婚之夜戲弄女婿的習俗。

在胡文化影響下，北方地區的婚姻風氣較為開放，貞節觀念相對淡薄，寡婦再嫁十分普遍，婦女社會地位也比較高。這些現象都削弱了漢族傳統的禮教觀念。而婚姻習俗的風行更是為漢族的民俗文化注入了新的色彩，到唐代，演化為「攔門」、「青廬」、「催妝」、「下婿」、「坐鞍」等一系列儀程，使婚禮更為歡慶熱烈，豐富多彩。

第三，漢文化的胡化還表現為士大夫精神面貌的振奮，士風為之一變。北方游牧民族以強悍的武力征服中原之後，其尚武之風也帶進中原。因此，當江東士族鄙薄武事，視武職為賤的風尚瀰漫於社會之時，北方的士大夫卻崇尚武功，熟

---

7 顏之推：《顏氏家訓‧治家篇》。
8 《隋書‧禮儀志》。

習戰事。如清河崔道固好武事，善弓馬。博陵崔模號為名將；崔延伯武勇絕人，攻無全城，戰無橫陣，時人以關、張相喻。范陽盧勇戰功卓著。趙郡李屢立戰功。隴西李琰好射獵，常對人自稱家世將種。敦煌索苞征戰克敵，勇冠三軍，時人比之關羽。據呂一飛先生考證，當時北方士族高門清河崔氏、博陵崔氏、范陽盧氏、趙郡李氏、隴西李氏、滎陽鄭氏、太原王氏、弘農楊氏、太原郭氏、河東柳氏、河東裴氏、河東薛氏、京兆韋氏、武功蘇氏十四個家族中，在西魏北周之時頗染尚武習戰之風者共六十五人，專崇文教，不預武風者計三十九人，前者大大超過後者[9]。連以儒業自矜的高門士族都或多或少地沾染上尚武之風，可見當時社會受胡風浸潤之深。

游牧民族之文化觀除崇尚武事外，還注重質樸。自曹魏正始之後，玄風日盛，逮至兩晉南朝，崇尚清談玄言已成社會時尚，高門士族子弟不涉世務，徒以浮華為高。而在北方，受胡文化影響，儒學文士卻呈現出截然不同的精神面貌，明習世務，政事練達。如崔浩參謀軍事，籌畫朝務，多有創見；李沖總成朝儀典章，主持修訂禮儀律令，參定官制，奏立三長制，規劃洛陽新都，堪稱當時傑出的政治家；蘇綽起草六條詔書，推行改革，為北周滅齊奠定了基礎。儒家文化的經世致用觀在他們身上得到了明顯的表現。而究其與江東士大夫精神面貌不同的原因之一，則與胡文化的影響有關。

陝西西安草場北朝墓出土陶俑之騎馬擊鼓俑（北朝）

第四，漢文化的胡化還表現為文化藝術、生活習俗的變化。隨著北方少數民族入居中原，大量胡物進入中原，廣為流行，並為漢族人民所接受，引起了漢族在

9　呂一飛：《北朝鮮卑文化之歷史作用》，合肥，黃山書社，1992。

飲食、服飾等方面的一系列變化。據《齊民要術》記載，當時進入內地的胡物有胡餅、胡飯、胡羹、羌煮、胡椒酒，等等。胡帽、胡衫、胡褲、胡靴也頗為流行，以致北齊時有人感嘆中國衣冠乃全用胡服。胡笳、羌笛、琵琶、豎頭箜篌等胡樂器以及龜茲樂、天竺樂等胡樂也進入中國，並與漢族古樂交融雜糅，形成新樂，流播中原。

漢文化的胡化與胡文化的漢化實質上是胡漢文化雜糅這一個問題的兩個側面，正是在這種相互接納、相互影響的過程中，最終形成統一而又豐富多樣的華夏文化。

三、漢化──胡化──漢化的曲折發展

在胡漢文化的雜糅過程中，除了胡文化的漢化和漢文化的胡化之外，還有另一種形式，即漢化、胡化、再漢化的曲折變化，北燕馮氏即是這樣一個典型。

創立北燕的馮跋為長樂信都（今河北冀縣）人。自漢以來，這一帶即為經濟文化發達地區。馮氏為漢人，信都又是漢文化發達地區，自然深受漢文化薰陶。西晉淪亡，河北為戰亂頻繁之地，馮跋祖父馮和遂避居胡漢雜居之地上黨，始染胡俗。此後，馮跋父馮安出仕西燕，遷居蘭中。西燕之後，馮氏又舉家遷居昌黎（今遼寧朝陽），遂同夷俗，成為胡化的漢人。馮跋亦取胡名莫里伐，其從兄馮萬泥、弟馮素弗皆取胡名。及北燕建立後，早已胡化，深得後燕少數民族信任，自稱崇信胡俗的馮跋又大力推行漢化，興建學校，倡導儒學，行周禮，倡薄葬，處處以漢文化為依據。顯然，信都馮氏為我們提供了胡漢雜糅的另一種模式，即先胡化再漢化。

如果說信都馮氏畢竟是漢人，其胡化是生存環境所迫，最終必然要回歸到漢化。那麼，北朝後期的鮮卑化則是涉及少數民族漢化之後的再度胡化。

自孝文帝改革後，拓跋鮮卑舊日的文化已完全讓位於漢族封建文化，鮮卑貴族著漢冠朝服，讀儒家典籍，飲宴之上，詩賦並陳，清言乍起，以致來到洛陽的

南朝人士驚嘆：衣冠人物，全在中原，江東遠不及也。但至東、西魏分立後，出現了大規模的鮮卑化潮流。在東魏、北齊，高歡恢復鮮卑舊制、舊俗。循鮮卑舊俗行即位之禮；建立神祠，祭祀胡神；胡服盛行於世，鮮卑語成了朝廷用語，甚至以是否通曉鮮卑語作為仕宦的條件之一。遷洛的拓跋鮮卑人，原已漸忘其舊言，然此時又紛紛學習鮮卑語。西魏、北周亦復如此。宇文泰按鮮卑舊俗定魏文帝即位之禮；朝廷百官又脫去昔日的漢魏衣冠，改穿鮮卑服；朝廷之上提倡說鮮卑語，周武帝身體力行，躬為表率，還親撰《鮮卑號令》一卷，在這種風氣的影響下，地方官及漢人也就說鮮卑語。宇文泰還恢復鮮卑舊姓，規定府兵將領及所統軍人皆須採用鮮卑姓氏，對漢人也賜以鮮卑姓。就當時形勢而言，高歡與宇文泰在東魏、北齊和西魏、北周推行的鮮卑化運動，規模絲毫不亞於孝文帝的漢化運動。北朝少數民族在漢化之後又重新走向了胡化。

然而，此時的胡化就其實質來說，並不是簡單的文化復舊或回歸。孝文帝的漢化，使昔日的同宗兄弟產生了地位與貴賤的兩極分化，遷洛者身居高位，留居邊鎮者形同廝養。對漢族門閥政治的全盤吸收又使廣大鮮卑平民備受壓抑，身分日淪，怨恨倍增，北魏末年六鎮起義中夾雜的強烈的反漢化情緒正是上述遭遇的反映。在六鎮起義中起家的高歡、宇文泰當然需要利用這種情緒來建立自己的統治。因此，這時的鮮卑化是形勢所然，隨之而來的又必然是一場新的漢化。

在西魏，宇文泰於大統七年（西元 541 年）九月頒行了六條詔書：「先治心，敦教化，盡地利，擢賢良，恤獄訟，均賦役。」[10]從這十八個字中可以看出，宇文泰在政治、經濟、法律、思想、文化各個方面奉行的都是漢族封建統治制度，無絲毫鮮卑化的內涵。他要求奉行德治教化，用儒家學說修身，躬行仁義、孝悌、禮讓等儒家道德規範。在長安設立國子學，拜儒學大師盧誕為國子祭酒。革除落後的鮮卑舊俗和空談玄理、崇佛論道的腐朽風氣。依據《周禮》制定新的官制。顯然，宇文泰的鮮卑化措施只是為了照顧一部分鮮卑族人的感情，消弭因漢化不當而造成的民族隔閡。經過這樣一番調整，以保證漢化的順利進行。北周

---

10 《周書・蘇綽傳》。

之所以能滅齊統一北方，一個很重要的原因，當是在鮮卑化之後又走上了新的更高層次的漢化。

鮮卑族漢化——胡化——再漢化的發展歷程揭示了胡漢文化雜糅的又一種模式。由此也說明，文化雜糅並不只有一種簡單的形式。儘管漢文化的發展水準要高於胡文化，儘管在先進的漢文化面前，胡文化必然趨勢是要走向「漢化」，但在實際走向「漢化」的過程中，仍會表現出各種各樣的情形。

第二節 ·
玄學佛理，相映成趣

佛教作為一種外來文化，自西漢之際傳入中國後，便開始了中國化歷程。在這一過程中，佛教與中國傳統文化的代表儒、道之間有過碰撞、衝突，也有相互吸收。魏晉時期盛極一時的玄學和佛教也曾有過一段交融的歷史。玄學引入佛理，佛教玄學化，玄風佛理，相映成趣，成為魏晉南北朝時期文化交流與雜糅的重要一章。

一、玄、佛相交的歷史背景

玄學與佛學這兩種不同地域、不同民族的文化，之所以在魏晉時期相交，並隨之而發生有機的交融，並不是偶然的。

魏晉時期，社會的黑暗與動盪使人們迫切希望能找到一條避免戰亂兵火的出

路，擺脫生命朝不保夕的恐懼，尋求解除精神痛苦的慰藉。正是在這樣的背景之下，玄學產生了；也正是在這樣的背景下，佛教獲得了發展的良機。

任何一種學術思想和社會思潮，不僅是對所處社會現實的反映，同時也是以往的文化傳統在新的歷史背景下的延續與發展。以飄逸無羈的氣度所表現出來的玄學，繼承了老、莊自然哲學，力圖在理想人格的追求和宇宙本體的討論中，使人領悟人生，擺脫現實的悲感。然而，儘管玄學時時追慕老、莊風骨，以《老子》、《莊子》、《周易》為主要的闡發對象，並對兩漢以來錮閉人們思想的儒家學說大加抨擊，但它不可能，也無法擺脫儒家思想的影響。正如湯用彤先生在《魏晉玄學論稿》中所說：「蓋玄風之始，雖崇自然，而猶嚴名教之大防。……清談者，原篤於君父之大節……然則其形上學，雖屬道家，而其於立身行事，實仍賞儒家之風骨也。」[11]魏晉玄學在瀟灑放達的外表下，仍然沒有忘懷儒學。縱觀自曹魏正始年間興起的玄學發展道路，便可清晰地看到「名教與自然之辯」這一條醒目的主線。

玄學的發展大致可以分為四個階段。從夏侯玄提出「自然為體，名教為用」，繼而王弼提出「名教出於自然」可視為第一階段；第二階段竹林玄學嵇康等提出了「越名教而任自然」；第三階段元康玄學郭象倡導「名教即自然」；第三、四階段東晉時期與佛學合流。顯然，從現象上看，玄學之士似乎都崇尚自然，貶抑儒學。但實際上，他們反對的只是虛偽的名教之學，而不是不加區別地對儒學一概排斥。正因為如此，王弼好論儒道，向秀以儒道為一，郭象常論聖人遊外而弘內，嵇康在給兒子的「家誡」中處處以儒家立志、進取的精神相告誡。因此，玄學尊奉的自然並不是絕對自在的自然，而是與名教發生關係的自然。玄學繼承的並不僅僅是老、莊的自然哲學，而是同時也繼承了孔孟道德哲學的人倫底蘊。這樣，佛學便必然地汲取結合華夏儒、道兩大文化精髓而形成的玄學要義。

當佛教文化傳入中土之後，與之最早發生思想交往的是道家文化，人們用傳

---

11 湯用彤：《湯用彤學術論文集》，279 頁，北京，中華書局，1983。

統的眼光把佛教看成是道家方術中的一種。道家文化無疑是魏晉玄學的直接母體，這就為玄、佛交融提供了一個最早的契機。進入魏晉後，在嚴酷的社會現實面前，王公貴族、知識分子、平民百姓這三個社會階層儘管遭遇不同、人生態度不同，但都有一種深層的心理企望，即對現實社會的失望和對來世及彼岸世界的嚮往。如果說這種嚮往在平民百姓身上更多地表現為對物質生活幸福的憧憬，那麼，知識分子則更多地渴望著精神生活的自由。他們在看似曠達超然的玄談清言之中，時時透露出實現理想人格的追求，對人生價值的高度關注。或以言簡意賅的格言，或以辭約義豐的玄言詩來表達對宇宙、人生哲理的理解。這些華夏文化的精華，在玄學中被發揮得淋漓盡致，而傳入中國的佛教卻恰恰缺乏這些。因而，佛教便急迫地需要攝取玄學的這些思想，以更好地闡釋佛理，弘揚佛法。

玄學構建理論時，在方法論上十分強調思辨性。但是，由於受到傳統的注重經驗理性的思維方式的束縛，使玄學在自身發展過程中困難重重。因此，儘管東晉時期玄風盛熾，但無論是思辨高度，還是認識深度，在元康玄學的郭象那裡已經達到了高峰，「獨化於玄冥之境」的命題難以掩飾其本體論上的矛盾。這時，以高度思辨性為特徵的佛教般若學的出現，無疑使得玄學家耳目一新。般若學的集大成者僧肇，少年時便潛心老、莊，因而在他的《不真空論》、《物不遷論》、《般若無知論》、《涅槃無名論》等文章中，融匯了老、莊思想，使得玄學之士容易接受。更重要的是，僧肇以其長於思辨的才華，為玄學之士提供了一種充滿邏輯魅力的思維方法，較好地解決了本體論的矛盾。這樣，魏晉玄學便必然地吸納了般若思想，將佛理融入玄學，以取他人之長，補己之短。

誕生於魏晉社會動盪環境中的玄學，時時想顯示出自己的超越性。他們所說的「自然」，是用以超越名教的人類自然之性；他們對宇宙本性的玄思，是力圖超越生命的時限，復歸自然，使人的生命與自然融為一體。但是，玄學家最終卻只能得出「生死如夢，聽任自然（命）」的結論。也就是說，傳統思維的局限與本體論的矛盾，使得玄學無法超越。佛教從萬法虛幻、因緣而生的觀點出發，強調生死無常、自然解脫、定入涅槃永樂的境界。顯然，佛教完成了玄學無從完成的人的本體的超越。這就使得玄學去吸收佛教的這一思想。何況，佛教對人的生命的這一超越所帶來的「現實社會苦海無邊，彼岸世界其樂無窮」的宗教幻覺，

能省卻人們無數的煩惱與憂思。

當玄學在發展過程中面臨著矛盾與困境之時，以思辨性和超越性見長的佛教文化映入了人們的視野，於是，玄學家們從中汲取新的思想和思維方法，出現了玄學佛理化。當佛教在中土發展過程中迫切需要尋找一種可以依託的思想學說時，與佛學有著諸多相似之處的玄學便成了最好的選擇，於是，出現了佛教的玄學化。而玄學的佛理化和佛教的玄學化恰好從兩個不同側面展現了魏晉時期玄、佛的交流與融合。

二、名士名僧，相會交遊

玄學和佛學的交融，首起於名士與名僧的相會交遊。而這種交遊，又起於一批玄學化的名僧的出現，其中主要有：

竺法雅，河間（今河北獻縣）人。少時便精於老、莊之學，出家後專通《般若》之學。其時，《般若》學說雖已流傳於社會，但人們對其義理很難理解。竺法雅便用人們熟悉的老、莊學說來比附《般若》教義，即「格義」。這種以佛經、外典遞互講說的方法，雖然有把佛教教義世俗化之弊，使佛教處於依附於玄學的尷尬地位。但就當時而言，卻促進了玄、佛的交融，並在這一過程使人們接受了佛教這一外來文化。

支遁，字道林，本姓關氏，陳留（今河南開封東）人。曾於洛陽白馬寺中與人談《莊子·逍遙遊》，並注《逍遙》篇。支遁的《逍遙論》標新理於向秀與郭象兩位大家的《莊》注之外，為玄學名士所歎服。支遁不僅喜愛《老》、《莊》，而且深好《般若》，其在玄學上的造詣，使他完全是以玄學觀點來理解《般若》學說，把宣傳《般若》教義和論說《老》、《莊》思想完全糅合在了一起，以致簡直成了一位身披袈裟的玄學家。由於支遁身上的這種玄學之氣，所以時人喻之為向秀。

於法蘭，高陽（今河北高陽）人。於法蘭十五歲出家，精勤為業，研習經

典，日以繼夜，其佛學造詣在青年時即已名氣在外了。於法蘭在勤於佛典的同時，又喜好玄學，不僅深得玄學義理之要旨，而且繼承了「隱士」風格，性好山泉，傲然不群，流連於山澤巖壑。因而時人比之於竹林七賢之一的阮籍，又比之於東晉玄學名士庾亮。

於道邃，敦煌（今甘肅敦煌）人，於法蘭之弟子。於道邃是《般若》學「六家七宗」中「緣會」義的倡導者，同時，亦通識玄理，性好山澤，常游跡於名山，不屑毀譽，頗有玄學名士風度。所以孫綽將他比之為竹林七賢之一的阮咸。

竺法護，其先月支人，世居敦煌郡，八歲出家。西晉武帝時，隨其師遊歷西域，備曉多國語言文字，回國後專心譯經，成為中國佛教史上第一位譯經數量最多的名德高僧。晉武帝末年，隱居深山，後又於長安城外立寺修道。竺法護所譯佛教中包括般若經類，因此後人將弘傳《般若》學的竺法護比之為竹林七賢之一的山濤。

帛法祖，本姓萬氏，河內（今河南武陟西南）人，出身儒學之家，其父以儒雅知名。帛法祖雖少年出家，研習佛經，但亦通於《老》、《莊》之學，深得玄學幽微，晨夕之時，輒講談道德，清談之士，咸服其遠達。因而孫綽作《道賢論》時以嵇康比帛法祖。

竺道潛，字法深，出身名門之族，年十八出家，永嘉初避亂東渡。竺道潛出家後，曾拜劉元真為師，而劉元真本為西晉清談名士，融佛法玄理於一體。在這樣一位師長的教育下，竺道潛自然也內綜佛理，外貫《老》、《莊》學說。名族之胤的家庭出身與玄、佛兼通的學術修養，使竺道潛與王導、庾亮及東晉元、明諸帝都有著良好的關係，出入宮廷，或暢論佛理，或闡釋《老》、《莊》。因而，時人以劉伶相比喻。

慧遠，本姓賈氏，雁門樓煩（今山西寧武）人，出身世家，年十三時隨舅令狐氏遊學中原，博綜《六經》，尤善《老》、《莊》。慧遠繼承了由竺法雅倡始的「格義」傳統，以《老》、《莊》學說比附佛教思想。後定居於廬山東林寺，與劉遺民、雷次宗等結社於廬山般若雲台精舍阿彌陀像前。在慧遠的這批信徒弟子

中，不乏通於玄學者。如周續之曾研習《老》、《易》，宗炳精於言理，雷次宗曾於京師開館收徒，講授儒、玄，南朝作《夷夏論》挑起佛道之爭的道士顧歡就曾是他的學生。慧遠和他們在廬山不僅修持淨土，也精研玄理。

此外，如支孝龍、竺法乘、於法開等也都頗有名士氣度。

這些生活於兩晉玄風盛暢氛圍中的名僧，其言論、行為、風姿無不染上了時代的氣息，如竺叔蘭性喜嗜酒，每飲必至五六斗方盡興。一次大醉，臥於路旁，被差吏送入郡獄，當郡尹責問其出家人何以飲酒時，竟答以杜康釀酒，天下共飲，何必分是否出家人。真有幾分劉伶的風格了。又如康法暢，雖身披袈裟，卻常手執麈尾，每逢遇見名士，便清談盡日，其行徑已難以區分到底是僧人還是名士。所以，孫綽以竹林七賢配七僧，正反映了西晉時期一批玄學化的名僧的出現。

這樣一批言行舉止、氣質風姿都絕類名士的名僧的出現，自然博得眾多玄學之士的青睞，視為知己，披襟致契，結為知音之交，出現了名士與名僧相會交遊的景象。竺道潛曾與中朝名士桓穎結為至交，渡江後，又與王導、庾亮等談禪說理，遊心玄虛。竺法汰與王導之子王洽結交，王洽不僅供養竺法汰，而且常以談玄為樂。康僧淵與殷浩辯難《老》、《莊》義理，自晝至曛。支孝龍與阮瞻、庾凱等結為知音之友，世人稱為「八達」。帛尸黎密多羅與王導、庾亮、桓彝等披襟致契，常作終日之談。支遁更是與謝安、許詢、王濛等辯難問屈，成為東晉玄學之士清談的座上常客。

名士、名僧的相互知交，既使得玄學更好地認識了佛教，將佛理引入玄學；也使得佛學能以中土人士所熟悉的語言、形式傳播開來，促進了佛教的玄學化。可以說，正是通過了名士與名僧的相互交遊，才完成了玄學和佛學這兩個不同民族的文化的交融，玄言佛理，有機地融合到了一起，成為中國思想文化發展史上的一大碩果。

三、名士精研佛經與玄學佛理化

《般若》學說的興起與名僧參與清談，使一些玄學名士也注目佛經，以玄學眼光對佛教義理進行審視和剖析。因而，在出現一批精於《老》、《莊》之學的名僧的同時，也出現了一批通曉佛理的名士。

孫綽，字興公，太原中都（今山西平遙）人。其祖孫楚以才藻卓絕、天才英博而著稱於世。出身名門世家的孫綽，自小博學，以文才稱世，於時文人推其為冠。孫綽自述少時便仰慕老莊之道。然其不僅精通玄學，而且熟悉儒學，深研佛理，與名僧支遁、竺道潛等交往甚密。在玄學家，孫綽以調和儒、佛，致力玄、佛合流而為名僧們所推重，曾作《道賢論》，以名僧比附竹林七賢，流傳甚廣。又著《喻道論》，宣稱周、孔即佛，佛即周、孔，區別僅在於周、孔之教匡救時弊，佛教明其本而已。孫綽還長於以詩談玄，其五言詩融老莊和佛教玄言，意境深邃，文采斐然，成為當時玄言詩創作的領袖人物。

許詢，字玄度，高陽（今河北高陽東）人。許詢自幼聰慧，人稱神童。既長，不願入仕，遊於山林，以隱逸為高。許詢與孫綽知交，兩人有許多共同之處，如都精於玄學，又研習佛理；都曾以詩談玄，是玄言詩的代表；都與名僧支遁等交往甚密，清談玄理，互致詰難。而許詢在清談中的名聲則更甚於孫綽，孫綽在與支遁的談論中也自認詢之高情遠致，勝於自己。由於許詢和孫綽精研佛理，使他們與一般玄學之士相比，具有更深的學術造詣，因而在玄學佛理化的過程中發揮了更重要的作用。

郗超，字景深，高平金鄉（今山東金鄉）人。祖郗鑒起自壟畝，以儒雅知名，東晉時官至太傅、太尉。父郗愔，雖居藩鎮之要，假節督晉陵諸軍事，領徐、兗二州刺史，但棲心絕谷，修黃老之術，與王羲之、許詢等並以高邁之風著稱。受父感染與時風薰陶，郗超雖出入仕途，參議朝務，卻欽宗隱逸。不同的只是，其父郗愔修黃老之術，專事天師道。郗超學通《老》、《莊》，義理精微，卻專奉佛教，成為玄、佛雙修之士。郗超與名僧道安、支遁等多有交往，常以財物相贈。支遁等名僧也推譽郗超為一時之俊，相交甚密。

殷浩，字淵源，陳郡長平（今河南西華）人。殷浩識度清遠，弱冠即有美名，與叔父殷融俱好《老子》、《周易》，而口談更甚於殷融，為當時清談者所推崇，王導曾讚譽殷浩清談辭義之美，足以與正始之音相比擬。殷浩雖精於玄學，談玄說理無人能敵，但於仕途卻屢受挫折。東晉永和八年（西元 352 年），殷浩受命北伐，自壽陽出師，然前軍謝尚部將張遇叛變，晉軍大敗。第二年，殷浩再度北伐，部將姚襄又生叛意，對殷浩發起突然進攻，晉軍死傷萬餘人，輜重盡失。與殷浩有隙的桓溫上疏彈劾，殷浩被廢為庶人。黜放後的殷浩由玄入佛，專心研習佛典，多有所得，其佛學造詣，連名僧支遁都歎服不已。

　　顧愷之，字長康，晉陵無錫（今江蘇無錫）人，出身江東一流高門顧氏家族。時人稱讚顧愷之有三絕——才絕、癡絕、畫絕。才絕是指其善於清談，琴賦書畫無所不通。顧愷之曾作《箏賦》，自比嵇康。癡絕指其行徑多有名士風度，超脫率性。畫絕則是指其繪畫技藝高超。顧愷之不僅通曉玄學，而且亦熟習佛學，常往來周旋於名士名僧之間。玄、佛雙修的學術造詣使得顧愷之不僅擅長畫山水人物，而且也善作佛教內容的畫；在他的畫中不僅體現了魏晉名士那種飄逸秀雅的風度和清峻瘦骨的形象，而且體現了佛教空靈縹緲的意境。他的名作《金陵瓦棺寺維摩詰像》，就是超凡脫俗的名僧形象與侃侃清談的名士形象的絕妙結合，以致數百年後杜甫見到這幅畫時仍為之震懾，傾倒不已。如果說，孫綽、許詢等人以言語將佛理引入了玄學，那麼，顧愷之則是以繪畫將佛理融入了玄學。

　　名士精研佛典，通曉佛理，必然要將佛理引入玄談，使玄學進一步佛學化。其時，與名僧交遊，共談玄理佛理的名士除了上述諸人之外，還有王導、王珣、庾亮、謝安、謝朗、王羲之、簡文帝等人。可以說，東晉社會的幾乎所有名士都通過清談，與佛學發生著關係。

　　兩晉之世，《般若》學盛行，《放光般若經》、《道行般若經》等為名僧所推重，名士也多有研習，其內容也被引入清談。《世說新語・文學》中就記載了名僧與名士共同談論《小品》（即《道行般若經》）的故事。支遁、竺法深、孫綽等與一北來道人在瓦棺寺講《小品》，道人屢設疑難，支遁辯答清晰，辭氣俱爽。道人每輒摧屈。孫綽問竺法深：「你對《小品》的義理理解不在支遁之下，

何以從風而靡？」支道林遂引用佛經故事，比喻自己義理深奧，竺法深不得不折服。竺法深對支遁的話流露出不屑一顧的神色。這個故事說明，佛學義理已成了玄談的內容。

東晉時，小乘佛教的《阿毗曇經》亦弘傳於江東，於是，也成了玄談的品題。《世說新語·文學》中便記載了其時名僧與名士共講《阿毗曇經》的故事。僧伽提婆與王珣、王珉等共講《阿毗曇經》，提婆剛開講，王珉便說都已明瞭了。王珣駁難，認為王珉之理解不過是大略而已，並未深得精蘊。

玄學的佛理化除了上述兩例以佛學內容作為清談命題外，還有以佛理解《老》、《莊》學說。例如：

《莊子·逍遙篇》，舊是難處，諸名賢所可鑽味，而不能拔理於郭、向之外。支道林在白馬寺中，將馮太常共語，因及《逍遙》。支卓然標新理於二家之表，立異義於眾賢之外，皆是諸名賢尋味之所不得。後遂用支理。[12]

向秀、郭象之《逍遙義》認為人與物均有待而逍遙，能各任其性而足。聖人與道同體，得道故無待。萬物雖有待，然而不失所待，任性自足，亦同於聖人之無待，獲得逍遙。支遁的新義認為，萬物之任性自足，都有局限，猶如饑者一飽，渴者一飲，絕非真正的逍遙。更不能和聖人之逍遙相比。因為聖人與道同體，是真正的逍遙。支遁認為，如果以適性自足即為逍遙，那麼夏桀、盜跖以殘害為性，也可自足而逍遙了。此後，支遁在作《大小品對比要鈔序》時又進一步對聖人之逍遙進行了闡釋。認為聖人能凝守精神，心如水鏡，無物不照，故而能覽通萬物，逍遙自足。顯然，支遁的所說新義，實際上已融入了幾分佛性論的觀點，而支遁所說的聖人境界，也已有了幾分佛的心境。

《世說新語·文學》還記錄了支遁、許詢等人一場清談的鏡頭，一問一難，一詰一辯，眾人莫不抃舞，四座皆為傾心，莫不嗟詠佛理精微，玄言味雋。

---

12 劉義慶：《世說新語·文學》。

名士精研佛理，佛理融入玄學，成為東晉時期玄學的一大特色。湯用彤先生稱玄學發展的第四個階段，即東晉玄學可為佛學時期[13]，確實抓住了東晉玄學的特點。玄學和佛學的交流與融合也由此得到印證。

四、佛教的玄學化

文化的交流、融合總是雙向的。在名士精研佛理，佛理融入玄學的同時，名僧研習《老》、《莊》，玄學融入佛學，自兩漢之際傳入中土的佛教出現了玄學化。

如前所述，兩晉時期很多名僧都通曉《老子》、《莊子》學說，貫綜內經外典，具有很高的玄學修養，支遁甚至成為《莊》學權威，清談領袖。另一方面，他們又大都是般若學者，支遁、支孝龍、竺叔蘭、竺法雅、慧遠、道壹等皆治般若學。這就使得他們自覺不自覺地以玄學來緣飾《般若》之學，引玄學義理來解釋般若佛理，以致玄學各派的分歧也與般若學各派的分歧發生了直接關係。

般若學派有六家七宗，若約略歸之，實可視為本無、心無、即色三派。

本無派分為本無宗和本無異宗，其代表人物分別為道安和竺法深、竺法汰。道安早期鑽研的主要是禪學思想。在闡釋禪觀時，道安大量吸取了王弼、何晏的玄學觀。王弼玄學思想強調以靜制動，以一御萬，以簡濟眾。道安依據這一觀點解釋禪學的「安般守意」，通過息心去欲的修練以達到玄學提出的這一境界。「無為，故無形而不因；無慾，故無事而不適。無形而不因，故能開物；無事而不適，故能成務。成務者即萬有，而自彼開物者，使天下兼忘我也……夫執寂以御有，崇本以動末，有何難也？」[14]顯然，道安這裡運用的幾乎全都是玄學概念，並以此來解釋禪學。

---

13 湯用彤：《湯用彤學術論文集》，304 頁，北京，中華書局，1983。
14 釋道安：《安般注序》，《中國佛教思想資料選編》第一卷，北京，中華書局，1981。

道安後由禪觀轉入般若學，執「本無」說。但他的「本無」觀中，仍融入了王弼、何晏的觀點，認為無在萬化之前，空為眾形之始，一切諸法，本性空寂，故雲「本無」。由此可見，道安的「本無」觀是禪智與般若義理的交融，而玄學則成為其直探「本無」的重要途徑。

　　本無派的另一宗本無異宗的代表人物竺法深（道潛）與竺法汰本都通於玄理，其以玄理釋佛理亦屬自然。

　　與本無派持不同意見的是心無派，其代表人物為支愍度、竺法蘊等。心無派認為萬物未嘗無，有形不可無，也就是，萬物並非由無而生，有是實有。所謂無心，只是指「心」不執著於萬物，即無心於萬物。心無派的這一觀點同樣可以從玄學中找到根源。王弼、何晏貴無，被道安所汲取；裴崇有，則與心無派相一致。「夫至無者無以能生，故始生者自生也，自生而必體有，則有遺而生誇矣。生以有為己分，則虛無是有之所謂遺者也。」[15]反對無能生有，主張生有者為有的玄學崇有論與心無派的主旨如此吻合，仍是心無派引崇有論而釋佛理。

　　即色派分即色、識含、幻化、緣會四宗，其代表人物分別為支遁（道林）、於法開、道壹、於道邃。即色派的論點主要是色之性不自色，色即是空。色相之起或是因心而生，或是因緣而生。因此，色的成立要有條件，心不計色，則色即是空；心計於色，則色復異空。支遁是東晉名僧中玄學色彩最為濃厚者，其上述持論實為玄學與般若學的糅合，從向秀、郭象的《莊》注與般若學的色空同異觀中可以找到根源。《世說新語‧文學》記載：「支道林造《即色論》，論成，示王中郎。中郎都無言，支曰：『默而識之乎？』王曰：『既無文殊，誰能見賞？』」可見，支遁創即色宗，曾與玄學名士相切磋，並博得了名士的讚賞。

　　綜上可見，般若諸派的理論中，都融入了玄學義理，佛理玄言，旨趣盎然，般若老莊，交相輝映。

　　佛教的玄學化，不僅表現為玄理融入了佛學和一批名僧精研《老》、《莊》，

---

15 《晉書‧裴傳》。

而且連玄學的清談形式也被佛教所吸收。如名僧康法暢握麈尾的形態甚佳，一日往訪庾亮，庾亮問法暢何以手中麈尾常在？法暢以佛學義理比附老莊思想，答以廉者不求，貪者不與。僧人揮麈達到為名士所讚賞的程度，可見其時的名僧已相當熟悉清談了。甚至出現了名僧之間爭當清談領袖的激烈爭奪。例如：

於法開始與支公爭名，後精漸歸支，意甚不忿，遂遁跡剡下。遣弟子出都，語使過會稽。於是支公正講《小品》，開戒弟子：「道林講，比汝至，當在某品中。」因示語攻難數十番，云：「舊此中不可復通。」弟子如言詣支公，正值講，因謹述開意。往反多時，支公遂屈。屬聲曰：「君何足復受人寄載來！」[16]

支遁創即色派即色宗，於法開創即色派識含宗，同屬般若學。於法開為了在即色空義的辯難中勝過支遁，竟遁跡深研《小品》，可謂嘔心瀝血。從這件事上也可看出，名僧之間也通過問難辯屈的玄學清談形式來討論佛理，決定各人的地位、名望。

僧人本為方外之人，但在當時，他們視老莊與般若同氣，學問兼佛、玄。結交名士，互相標榜，參與清談，說玄析理。在這一過程中，佛法得以弘揚。隨著佛教的不斷中國化，逮至隋唐，玄便完全融入了佛之中，呈現在人們面前的是充滿了玄學意蘊和旨趣的中國化了的佛教。

---

16 劉義慶：《世說新語·文學》。

佛、道交融與
道教向西流布

　　當佛教傳入中國之後，便與中國的本土宗教道教產生了碰撞。隨著雙方的不斷發展，這種碰撞、衝突也越來越激烈，其結果便是引發了魏晉南北朝時期的佛、道之爭。然而，與此同時，雙方也在互相吸取。道教廣納佛理，完善自身的理論體系的宗教儀軌；佛教從道教身上看到了中國人的信仰取向，不斷調整自己的理論構建。這種相互交融的結果，使佛教從上層人士那裡走向更為廣泛的百姓大眾，道教則從中土向西流播，走上了佛教來到中土時走過的路。

一、道教廣納佛理

　　道教和佛教在宗教觀念上有著許多差異。佛教認為萬物空幻，人生無常，縱使延年，難脫無死，因此主張涅槃清寂，超脫輪迴，以求「無生」。道教以吾身為真實，希求通過道術和丹藥求得長生不死，因此主張修練養生，超脫塵世，以求「無死」。為了證明自己理論的正確，爭奪宗教正統地位，道教和佛教之間相互攻訐，引發了激烈的佛、道之爭。

　　但道教和佛教又有許多相同之處，都是用唯心主義的宗教神學來招攬信徒並

為統治階級服務。因此，他們也互相吸收，互相效仿。正是在這種背景下，東晉南朝時期，出現了道教廣納佛理的現象。

佛教自兩漢之際傳入中國之初，由於其本身勢力不大，社會影響較少，因此，道教基本上處於自我發展的狀態，幾乎沒有汲取佛教的觀念，如西晉末年葛洪所撰寫的《抱朴子》一書中就很難找到受佛教影響的痕跡。逮至東晉南北朝時期，佛教得到了廣泛傳播，大批的佛教經典被譯成漢語，寺院林立，信徒眾多。這樣，一方面，佛教與中國傳統的儒家和道教間的矛盾加深，衝突開始激化；另一方面，也迫使道教在自我改革、完善的過程中大量吸收佛教教義、理論，以便更好地與佛教抗衡，爭取上層統治者的支持，吸引廣大信徒。道教的這種廣納佛理突出地表現在五個方面。

其一，吸取了佛教的因果報應說。中國的傳統思想中本有善惡報應的說法，認為積善之家，必有餘慶；積不善之家，必有餘殃。因而在中國本土宗教道教中也對禍福報應之說多有涉及，如道教早期經典《太平經》中就宣揚凡行惡之人其子孫將受報應。但道教的這些論述與佛教經典中的因果報應說相比，顯得十分粗淺、零散，不成系統。因此，道教在完善自身理論時，便吸收了佛教的因果報應說，強調人的此生貧富貴賤，皆由前世宿業所致。如《太上洞玄靈寶真一勸誡法輪妙經》中就宣稱，人的今世富貴，是由於前世積善所致；今世的貧賤痛苦，則是由於前世作惡所致。今世如能忍受窮困艱辛，多行善事，損身度人，施種福田，從師受經齋戒，檢束身、口、心三業，則來世可得富貴之報，或者成為真人仙家。今世如果作惡不斷，則下世又將不得好報。《太上洞玄靈寶智慧本願大戒上品經》中宣稱，一個人如果今生不修身行善，死後則將淪入地獄，備受痛苦，來世成為下賤之人，或六根不具，或形質醜陋，頑痴可惡，為眾所棄，流落世間，饑寒至死。如果今世甘於忍受貧苦，一心修道，行善積德，來生就將有大福大貴，生於王侯之家，容貌端莊，才智聰慧，眾見皆喜。《洞玄靈寶長夜之府九幽玉匱明真科經》中更是詳細列舉了十條行善因緣報應和十四條行惡因緣報應。

其二，吸取了佛教輪迴說。就生死觀而言，佛教宣揚涅槃滅度，道教追求長生不死，羽化成仙，兩者觀念不同，正如北周僧人道安在《二教論》中所說：

「佛法以有生為空幻，故忘身之濟物；道法以吾我為真實，故服餌以養生。」[17] 東晉南朝之時，道教雖然仍以成仙作為最高的理想目標，但將佛教的輪迴之說摻雜了進來。如《太上洞玄靈寶智慧定志通微經》中就吸收了佛教涅槃輪轉思想，宣稱三界之中，一切皆空，因此我身亦空，既明此理，便應不愛身，而忘自身，才能得到真道。不再追求肉體不死，即世成仙。而是通過積累功德，死後升入天堂，或來世成仙。並宣稱道教的最高神元始天尊就是由於累世積德，死後成為真仙的。《靈寶諸天內音自然玉字經》中也以天真皇人現身說法的形式，講說自己如何六道輪迴，九生九滅，最後終於成仙的故事。

其三，吸取了佛教的濟世度人說。道教的修仙途徑原本注重個人的煉形養生，並不強調濟世度人，但隨著吸取佛教的涅槃轉回說，從即世成仙變成來世成仙，因而修仙的途徑也相應地發生了變化，從依靠個人的養生度世，進一步強調濟世度人，通過行善積德、捨身濟物等方式，修道成仙。如《靈寶度人經》中就宣揚仙道貴生，無量度人。《太上洞玄靈寶本行宿緣經》中還記載了葛玄對弟子們的一番說教，你們之所以未能修成天仙，只修成地仙，原因就在於你們前世學道受經之時，少行善功，只想度得自身，不想去度他人；只想自己得道，不考慮他人得道。無量度人，原本是佛教修行的一條宗旨，現在被道教吸取，成了修道成仙的重要途徑。

其四，吸取了佛教超現實世界的空間觀。中國傳統的宇宙空間觀只有天、地兩個層次，日月星辰、山巒江海分布在天地之間。道教最初也是這種觀念，所謂神仙世界就在海島、仙山洞府之中。佛教的空間觀則遠為複雜，認為世界分為欲界、色界、無色界，又有欲界六天、色界十八天、無色界四天，等等，修行者依其證得功果達到諸天之不同境界，直至超越三界，免脫輪迴之苦。東晉南朝時，道教開始吸取佛教的這種空間觀，改換諸天名稱。如《諸天靈書度命經》講說三界二十八天。《靈寶度人經》則宣稱二十八天之上還有四梵天，共為三十二天。《上清經》中又有三十六天之說，即三十二天之上為三清天境，分別為仙、真、

---

17 釋道安：《二教論‧仙異涅槃》，《中國佛教思想資料選編》第一卷，351 頁，北京，中華書局，1981。

聖所居之天界，元始天尊則居於玉清之上，為諸天最高境界。同時，佛教中有關地獄的觀念，也被引入道教，宣稱北方癸地有羅豐山，山的上下有六座鬼府，是鬼王決斷罪人的場所，曹操、孫策等前代帝王將相在這裡擔任鬼官。

其五，吸取佛教的戒規解儀。兩晉之時，佛教經典大量被翻譯，這種局面的出現，也促使了道教大批製作新經典，如東晉楊羲製作的《真誥》，其中《甄命授篇》即竊取佛教《四十二章經》而成之。而佛教戒律更是被廣泛吸取。晉宋間製作的道教經典中，對道士的日常修行、生活起居、禮儀規範等都有了相應的戒規，其中不少戒律就來自佛教，如五戒、八戒、十戒等，與佛教戒律幾乎完全相同，只是將說戒者的名字換成了太上老君或元始天尊。同時，還吸取佛教的寺院制度，建立道館，作為道士進行宗教活動的場所。道館中的道士有等級區分，道師與弟子為師徒關係。

不僅東晉南朝的道教廣納佛理，北朝的道教也同樣如此。如北魏寇謙之偽託上師授予他的《錄圖真經》中就吸收了佛教的劫運觀念來充實道教教義，宣揚在「末劫垂及」之世，生民只有立壇宇朝夕禮拜神靈，修身煉藥，學長生之術，使功德及於上世，才能長生不死，成為聖人。寇謙之甚至還把釋迦牟尼也拉入了道教三十六天的諸神譜系之中，稱「《經》云：佛者，昔於西胡得道，在三十二天為延真宮主，勇猛苦教，故其弟子皆髠形染衣，斷絕人道。」[18]其他如佛教的報應說、地獄觀、輪迴轉生的思想等，也都被改革後的天師道所吸納。

道教廣納佛理，不僅完善了自身的理論體系，使東晉南北朝時期的道教進入了一個新的發展階段，也從一個側面反映了佛教和道教這兩種不同文化的交流與融合。

---

18 《魏書·釋老志》。

二、佛教吸納道教思想

佛教作為一種外來文化，要在中土扎下根來，必然要吸收中國本土的文化。因此，在道教廣納佛理的同時，佛教也在不斷地吸取道教的思想。

天竺僧人曇無讖，十六國時來到河西，受到北涼主沮渠蒙遜的厚遇，在姑臧（今甘肅武威）譯經傳教。曇無讖受到寵遇固然是因為其在《涅槃》學說上的深厚造詣，為篤信佛教的沮渠蒙遜及河西僧人所推重。但同時，曇無讖也是一個精通道教方術的僧人。史書稱其曉術數、禁咒，常預言他國政事安危，多所中驗，甚至還以男女交接之術教授婦人，蒙遜諸女、媳皆往受法。禁辭咒語，驅鬼迎神，預卜吉凶、房中之術等皆來自秦漢以來的方術，為道教所繼承。曇無讖的行徑，說明他受道教所影響，在弘傳佛法的同時，佐以道教方術，以提高自己的社會地位，博得世人的尊崇，成為藉助道法以弘揚佛法的典型。

天臺宗第二代祖師慧思，開定慧雙修，融通南北佛學，成為南北朝時期的著名高僧，其佛學思想中反映了南北朝逐步走向統一的大趨勢。但值得注意的是，在他的佛學思想中還明顯地糅合了道教的思想，把道教的長生不死說納入了佛教。他在所立《誓願文》中聲稱自己入山修習苦行，懺悔罪障，是為了學成神仙，求得長生不死，「為護法故求長壽命，不願生天及餘趣，願諸聖賢佐助我，得好芝草及神丹，療治眾病除饑渴……足神丹藥修此願，藉外丹力修內丹」[19]。顯然，慧思不僅認為長生不死是護揚佛法和化度眾生的重要條件，因此學佛不能排斥學道，學道可以更好地學佛。而且，他提出了藉助於道教的丹藥可以更好地修持內心，把道教金丹派關於「內修形神」的思想融入了佛教，通過服食丹藥，外可以療病去疫，健身強體，內可以修練精神，神思凝聚，從而證得正果。這樣，慧思就把佛教和道教的修行方式統一了起來。

北朝高僧曇鸞，一生專修淨觀，弘揚淨業，為淨土立宗奠定了基礎，湯用彤

---

19 慧思：《誓願文》，《中國佛教思想資料選編》第一卷，418 頁，北京，中華書局，1981。

先生推之為淨土宗初祖[20]。而曇鸞的佛學思想即具有援道入佛、以道證佛的明顯特徵。曇鸞十四歲時在五臺山佛光寺出家，研習經律。後欲註解《大集經》，未成而染疾，遂發願求取長生不死之法，聽聞南朝道士陶弘景精研神仙方術，望見者以為「仙人」。即往江南相訪，到茅山從師陶弘景學習仙術，得《仙經》十卷而返。歸途中曇鸞在洛陽永寧寺遇見西域高僧菩提流支，得流支指點，並授以《觀無量壽經》，遂頂禮而受，焚燬《仙經》，專修淨觀。但道教思想已經自覺不自覺地在曇鸞的佛教思想中留下了痕跡。他以道證佛，用道教咒辭消災除病之說證明口誦佛名的功效，「如禁腫辭云：『日出東方，乍赤乍黃』等句，假使酉亥行禁，不關日出，而腫得差。亦如行師對陣，但一切齒中誦『臨兵鬥者皆陣列前行』，誦此九字，五兵之所不中。《抱朴子》謂之要道者也。又苦轉筋者，以木瓜對火熨之，則愈。夏有人但呼木瓜名亦愈。吾身得其效也。如斯近事，世所共知。況不可思漢境界者乎！」[21]道教可以咒辭消災除病，刀槍不入，佛教口誦佛名，自然也可到達淨土世界。道教的思想成了阿彌陀淨土稱名唸佛的依據。

曇鸞還援道入佛，將道教的除罪增壽之說納入佛教。道教早期經典《太平經》中有天神下降巡視記錄世人功過、薄疏善惡的說教。曇鸞的淨土思想也有相類似的表述，甚至語言都十分相近[22]。

曇無讖以道法輔佛法；慧思佛道雙修，以求長生不死護佛法；曇鸞援道入佛，以道證佛，都從不同角度將道教思想納入佛教，反映了兩晉南北朝時期的佛道融合。

三、佛、道調和漸成主流

早在以「夷夏之辯」而引發的佛道之爭十分激烈之時，就有一批佛教徒和道

---

20 湯用彤：《漢魏兩晉南北朝佛教史》下冊，577 頁，北京，中華書局，1983。
21 湯用彤：《漢魏兩晉南北朝佛教史》，下冊，580 頁，北京，中華書局，1983。
22 《法苑珠林》卷六十二《淨土三昧經》。

教徒力倡兩教調和相容。佛教徒朱廣之在《諮顧道士夷夏論》一文中勸雙方不應各執己見，還以自己早年崇信佛教，晚年又浸染道風的經歷說明佛、道之間完全可以調和相容，南齊士族張融所撰《門論》中也宣稱：其家世信佛，唯其舅氏奉道，二教雖跡有所異，本實相同，不能相互指責庸愚，誣罔神報。道教徒孟景翼所著《正一論》也稱：道之大象，即佛之法身，分佛、道先後優劣是無知之舉。因此，到南朝齊、梁之後，佛、道調和相容的輿論漸成主流。

南梁武帝稱帝后不久，便下了一道《舍事道法詔》，宣布從此之後不再事奉道教，而要一心歸信佛教。然而事實上他並未真的捨棄道教，禮敬道士陶弘景、鄧郁等人，對佛、教二教相容並收。南朝帝王貴族以及北朝諸帝也大都取同樣態度。隨著佛、道調和漸成社會主流，出現了一批佛、道雙修的佛教徒和道教徒。前文述及的慧思禪師，即可為佛教徒中佛、道雙修的典型，而道士中兼修佛、道的代表人物當屬陶弘景。

陶弘景，字通明，丹陽秣陵（今江蘇南京）人，南朝道教改革的集大成者。陶弘景早年仕途不順，中年辭官，於茅山建華陽館，隱居修道，但身在山林，心存魏闕，當蕭衍起兵攻殺蕭寶卷，代齊稱帝時，他曾派弟子奉表表示擁戴，還援引圖讖，以「梁」字為應運之符，進獻蕭衍，並為之擇定效禪吉日。因而受到梁武帝的寵遇，每有吉凶徵討大事，必前往諮詢，時人謂之「山中宰相」。昭明太子蕭統、簡文帝蕭綱、邵陵王蕭綸等候王公卿也都敬重倍常。值得注意的是，陶弘景常以敬重佛法為業，力倡崇教惟善，法無偏執，對佛、道二教一視同仁。他在茅山立佛、道二堂，隔日朝禮，岩穴之內，悉安佛像，率門徒朝夕懺悔。他還曾前往鄞縣阿育王塔，自誓授五大戒。甚至連死後的葬禮都體現了佛道雙修，以大袈裟蒙手足，明器中有道人、道士，分列左右。

魏晉南北朝時期，佛道二教從碰撞到激烈衝突，最後走向調和相容。此後，雖仍時有佛道之爭，甚至唐武宗時再度出現滅佛事件，但從總體上看，矛盾已趨於平緩，兼收並容成為歷代統治者對佛道二教的主要政策，社會對此也趨於認同。

四、道教的向西流布

魏晉南北朝時期，道教在變革與發展的同時，也不斷向西流布，與佛教的東傳形成中西文化雙向交流的一大景觀。

道教向西流布的確切時間，今已很難詳考，但從南朝佛道之爭時，釋玄光所作《辯惑論》中雲漢時因原始道教亂俗而被斥敦煌，以及張魯五斗米道原在邊陲，不施華夏的情況來看，似乎漢時即已出現了道教西傳的蹤跡。

西晉時，道士王浮製作《老子化胡經》。《魏書‧西域傳》詳細記載了老子化胡的具體地點：「于闐西五百年比摩寺雲是老子化胡成佛之所。」而南朝道士顧歡所作的《夷夏論》中則稱老子化胡是在天竺維衛國。老子西行化胡之說本為道教徒所虛構，目的不過是攻訐佛教，抬高道教的地位。但道教徒對西域情況的熟悉程度卻隱約表明，道教西傳，至少道教徒的西行當是不爭之事實。

隨著文物考古研究的發展，越來越多的材料證明了魏晉南北朝時期道教的向西流布。

據陳國符先生《道教源流考》中的統計，敦煌石室所藏古籍寫本中，道教經卷達三百七十五件之多，雖然大量的是唐代寫本，但也有六朝寫本。張風在《漢晉西陲木簡彙編》中還收錄了一枚斯坦因在敦煌烽燧遺址中發現的天師符木簡，雖無書寫年號，但從字跡及木簡可以推定，至遲不會晚於西晉[23]。敦煌乃是中西交通的咽喉之地，來往商旅必經於此。石室藏書和木簡的發現，表明兩晉之時，道教在敦煌的流行。而由敦煌西傳，則完全在於情理之中了。

一九六○年，在發掘吐魯番阿斯塔那古墓群時，於編號為三○三墓室門洞內，發現一紙道教符籙，紙長二十七點五釐米、寬十釐米，折成長二點五釐米、寬二釐米的小塊縫於絹囊之中。符紙分為三部分，上方是一位左手持大刀、右手

---

23 參見黃烈：《南北朝時期道教西傳高昌試探》，《魏晉南北朝史研究》，成都，四川省社會科學院出版社，1986。

持長叉的朱繪天神，中間為若黃字之符，下是四行咒文，雖難以全識，但仍可辨出一些文字，其中有「天帝神」、「煞百子死鬼」、「後必道不得來近、護令」、「急急如律令也」，等等[24]。據同時出土的墓誌記載，該墓主人為高昌明威將軍民部參軍趙令達，埋葬時間為麴氏高昌和平元年（西元 551 年），為南北朝後期。天帝、煞百鬼、急急如律令等均屬道教符籙常用語，在道教經典上可以經常看到；墓主人又為高昌人，而非過往行人；這一紙符籙也不是偶然摻入墓地，而是精心疊折，縫入絹囊，作為死者佩符所隨葬，那就證明在高昌地區已有道教流播，並擁有眾多信徒。麴氏高昌割據立國一百六十餘年，直到唐貞觀十九年（西元 645年）才統一於唐朝，其間一直保持著獨立狀態，有自己的服飾、語言、文字，信仰祆教、佛教。道教在高昌的流播，說明南北朝道教至少已在西域傳布。

吐魯番出土文書中有一件《西涼建初十四年（西元 418 年）韓渠妻隨葬衣物疏》，上面寫有：「左青龍、右白虎。書物數，前朱雀，後玄武。□□□要，急急如律令。」[25]且墓中死者著用青色塗染的紙鞋。青龍、白虎、朱雀、玄武均為道教所尊崇的神靈，葛洪的《抱朴子‧雜應篇》中就稱太上老君「左有十二青龍，右有二十六白虎，前有二十四朱雀，後有七十二玄武」。這四靈已成為老君的護衛和儀從。而青色則是道教之色，北魏太武帝拓跋燾到道場接受符籙時，就「備法駕，旗幟盡青，以從道家之色也」[26]。顯然，這一切都說明墓主人是個道教信徒，以道教所尊崇的神靈來佑護死者能安寧。從而也證明在西域地區已有道教流播。

類似的這種情況在《緣禾六年翟萬隨葬衣物疏》、《阿斯塔那五九墓隨葬衣物疏》中也同樣存在，說明南北朝時期道教在西域地區的流傳不是個別之事，而具有相當普遍性。同時，從西域前來中土的僧人中不少人都通曉道教，如鳩摩羅什通陰陽術數，曇無讖通曉術數、禁咒。西域僧人知曉道教方術，且已有一定造詣，說明道教在西域的流傳已有時日，廣為人們所熟悉和接受，乃至連僧人都耳

24 新疆博物館：《新疆吐魯番阿斯塔那北區墓葬發掘簡報》，載《文物》，1960 年第六期。
25 唐長孺主編：《吐魯番出土文書》第一冊，15 頁，北京，文物出版社，1981。
26 《魏書‧釋老志》。

濡目染，對道教頗有所曉，甚至出現通曉道教者。

　　道教，作為中國的本土宗教，在其向西傳布的過程中，也將中國的傳統文化傳向了西域，以至中亞、印度。從這一意義上說，道教的向西流布不僅僅是宗教思想的交流，而且是中西文化的交流。

第四節 ·
域內各地區之間
的文化交流

　　魏晉南北朝時期的數百年間，除西晉有過短暫的統一外，一直處於分裂割據之中，三國鼎立、十六國混戰、南北對峙。分裂的政治格局必然對文化發展產生深刻的影響，其結果之一就是導致了區域文化的發展，形成了江東、中原、河西、關隴、巴蜀等多個文化區。這些區域文化有自己的文化特點和文化中心，並與其他區域之間展開頻繁的文化交流與融合，成為魏晉南北朝時期民族大融合趨勢在文化領域中的折射。逮至隋唐，出現了充滿生機與活力的新的華夏文化。

一、江東文化的發展與南北文化交流

　　自秦漢以來，中原一直是文化中心。三國鼎立，孫吳立國江東，伴隨著江南經濟的大規模開發，文化學術事業也日趨發展。東晉南朝的二百七十餘年間，江南政局相對較為平穩，經濟得到進一步發展，文化也日趨昌盛，並形成了迥異於

北方地區的獨特文化風貌。

1. 多姿多彩的文化格局　魏晉南北朝時期，江東文化名家輩出，成就斐然，呈現出多姿多彩的文化發展格局。東晉時期，玄風盛暢江左，玄學名士問難屈勝，與佛教名僧相會交遊，將佛理引入玄學；道教吸取佛教義理，不斷改革完善，完成了自身理論體系的構建；佛教融匯儒、道，在中國化的歷程中跨出了重要的一大步，得到了廣泛傳播，南朝蕭梁時甚至取得了近乎國教的地位。唯物主義哲學思想也空前活躍，楊泉寫下了著名的《物理論》，堅持元氣自然本體論；鮑敬言以一篇《無君論》，力陳了封建專制政治的腐朽，描繪了美好的無君社會；范縝的《神滅論》成為向宗教神學挑戰的戰鬥檄文，在中國古代哲學史上樹起了一塊重要的里程碑。思想領域如此，文學、藝術、科技也同樣歎為觀止。田園詩和山水詩的創立，委婉纏綿的樂府民歌，志怪小說與筆記小說的出現與發展，《文選》、《玉臺新詠》與《文心雕龍》、《詩品》相映生輝。史家人數之眾，著述之多，題材之廣，體裁之雜，為任何一個歷史時期所難以比擬，范曄的《後漢書》，裴松之的《三國志注》、沈約的《宋書》、蕭子顯的《南齊書》等皆為列入正史的官修史書。書法、繪畫等藝術取得重大突破，書聖王羲之、小聖王獻之，被稱為畫家四祖的顧愷之、張僧繇，名家輩出。何承天、祖沖之、陶弘景等在天文曆法、數學、醫學等領域中的成就令世人矚目。約略述之，已足可見江東文化之繁榮。

2. 創新求異的文化精神　江東文化不僅多姿多彩，而且異常活躍，流派紛呈，勇於變古創新，形成了創新求異的文化精神。在哲學思想領域中，佛、道之爭，夷夏之辯；形神之爭，有無之辯；無不透現出江東文化的這種精神，使江東思想舞臺上出了激烈爭辯的場景。在文學領域中，陶淵明、謝靈運等著名詩人，不僅開拓了新的文學題材，將自然界中的田園草木、山水花鳥、日月星辰，以及人類社會中的世事興衰、悲歡離合都納入了歌詠吟唱對象的行列，而且在藝術表現手法上也多有突破，好為新變。在史學領域中，紀傳體正史的框框被眾多史家所突破，方志、譜學、人物傳記，乃至各種載記、拾遺、世語等雜史紛紛湧現。在藝術領域中，王羲之等書法家增損古法，變古而不泥古，裁及今體，形成了具有獨特風格的新書體——真草。山水畫經江東畫師的倡導，終成氣候，名山大

川、秀峰奇景皆入畫中。不斷創新求異，既推動了江東文化的繁榮，也成為江東文化發展過程中的一大特色。

3. 清逸婉麗的文化風格　江南獨特的地理環境釀就了江東文化的清逸婉麗，「東山風度」即可謂集中地體現了江東文化的這一特徵。名士、名僧、名道怡情山水、謝安、謝靈運、支遁、許詢、孫綽、王羲之、王獻之、顧愷之等都雅好山水，以清新的自然之美為對象，達到自由、超脫的審美境界，使寧靜秀麗的山水與高潔玄遠的意境糅合在一起。在思想領域，江東士人的空靈飄逸的思辨之學見長。在文學領域，無論是田園詩、山水詩，還是閨閣詩、宮體詩，乃至樂府民歌，都一反北方文學的壯志豪情、陽剛之氣，而以清新秀麗、婉約柔美的風格呈現在世人面前。在藝術領域，王羲之、王獻之等書法大家由注重漢字的形體結構之美上升到追求書法作品的神韻，清麗飄逸的南帖較之樸素遒勁的北帖，別有一番情趣。同樣，江南的繪畫藝術也以細膩精巧、情韻連綿的風格而矯然獨步。清逸婉麗的江東文化，注重情性抒發，形成了自己的獨特風格。

獨具風貌的江東文化在發展過程中並不是封閉的，儘管其時南北對峙，爭戰時起，但文化交流並沒有中斷。在南北雙方的使臣交往通好中，雙方政權都十分注重所派使節的才學，裴方明、蕭琛、范雲、邢巒、盧昶、宋弁等，都為富有文學才華之人，他們在奉使進行政治交往的同時，或賦詩唱和，或紋桿博弈，進行著文化交流。如北魏李彪出使南齊時，隨行棋手范寧兒與南朝名手王抗對弈，李彪北返時，齊武帝蕭賾率群臣相送，登山臨水，賦詩送別。顯然，南北使臣在互訪之中，直接進行了文化交流。

與此同時，大量的民間文化交往更是十分活躍。中原士大夫為躲避戰亂而紛紛東渡，他們帶來了北方文化，與江東本土文化交流並逐漸融合。一批南方士人前往北方，將江東文化傳向北土。如東晉名士史學家習鑿齒在前秦時被劫往長安；東晉名僧慧遠曾遊學洛陽、許昌多年；竺道生到長安就師於西域名僧鳩摩羅什；南朝宮體詩的重要作家庾信出使西魏，因梁亡而滯留長安，歷仕西魏、北周；王褒在江陵破後被俘至長安，受到宇文氏的優遇；顏之推在西魏破江陵後被俘入關，後又逃奔北齊，齊亡再入周。這些名士名僧在其遊學流寓的過程中，也

展開了南北文化交流。如庾信等人到北朝之後，將辭藻清麗、對仗工整，講究形式美的南朝宮體詩風格傳到了北方，受到宇文毓、宇文邕、李昶等人的喜愛，他們紛紛模仿庾信，使北朝文風受到了南朝文風的深刻影響，將邊塞風光、從軍生活這些北方文學中常見的內容與南朝的藝術形式相融合。

江東文化的興起與南北間的文化交流，是魏晉南北朝時期域內各地區之間文化交流的一個重要部分，促進了南北兩大文化因數的融合。同時，江南地區的巴蜀文化、荊楚文化、嶺南文化也和江東文化在發生著交流、融合，使江南文化區成為當時三大文化區之一。

二、河西文化的昌盛與東西文化交流

秦漢封建統一國家的建立與強盛，推動了漢民族文化圈向邊地的擴展，漢武帝經營西域和開置河西四郡，將大批中原人口遷徙到河西地區，也把中原數千年積累的文化成果隨之而帶到了河西。絲綢之路的開通，使河西地區成為中西交通要道，最先接受西域文化的成果，又把中原文化的精華送向西域。歷史的積累與優越的地理位置，為河西文化的昌盛奠定了厚實的基礎，到魏晉十六國時期，終於煥發出燦爛奪目的光彩，並以其獨特的西部風姿，在中國文化史上留下了輝煌的一頁。

永嘉之亂，中州激盪，秦漢以來發達的中原學術文化遭到戰亂摧殘，文人儒士紛紛避地河西，以致區區河右，學者埒於中原，成為北中國新的學術文化中心。

1. **學術研究碩果纍纍** 河西地接邊陲，民風古樸，為學者文人潛心學術研究提供了良好的環境，僅現存史籍中可考者便有三十餘種學術著作，涉及經學、史學、文字學、曆法學、算學等領域。在經學研究中，河西學者既保持著對儒學的熱忱，寫下了《論語注》、《春秋墨說》、《孝經錯緯》等著述；也受兩晉玄風之影響，著有《周易注》、《人物誌注》、《王朗易傳注》等，推崇老莊之學，出現

了一批儒玄合流的學者，如大儒郭瑀就同時口詠黃老。在史學研究中，更是著述豐厚，既有記述五涼各政權歷史的《涼書》、《拓跋涼錄》、《蒙遜記》、《涼記》等十餘種史書，也有匯集某一地方歷史、人物的《敦煌實錄》等著述。而《河西甲寅元曆》、《七曜曆數算經》、《趙算經》等自然科學領域中的研究成果，也同樣具有很高的學術價值。

2. 佛教傳譯活躍發達　河西作為內地與西域陸上通道的必經之地，東來西往的僧人絡繹不絕，駐錫停留，宣講教義，日久天長，遂成影響。「涼州自張軌後，世信佛教。敦煌地接西域，道俗交得。其舊式村塢相屬，多有塔寺。」[27]正說明河西地區佛教活動的活躍，而佛經的譯述則更為可觀。敦煌高僧竺法護於西晉初由西域返回，自敦煌至長安，沿途傳譯。永嘉之亂後，又由長安避亂河西，所譯諸經也都隨攜涼土。竺法護的譯經活動中有兩次是在河西進行的。一次是西晉太康五年（西元 284 年）在敦煌翻譯了從罽賓帶回的《修行道地經》和從龜茲帶回的《不轉退法輪經》；另一次是元康四年（西元 294 年）在酒泉譯《聖法印經》。前涼張天錫時，又於官方主持，在姑臧（今甘肅武威）組織了大規模的譯經活動。翻譯了《首楞嚴經》、《須賴經》、《金光首經》和《如幻三昧經》。到北涼時，佛經的翻譯出現了高潮，僅大規模的譯經活動就有四次。北涼立國之初，便在張掖組織譯經，由沙門道龔等人譯出了《慧上菩薩問大善權經》、《大方等陀羅尼經》和《寶梁經》。北涼玄始十年（西元 421 年），沮渠蒙遜親自主持了譯經，由曇無讖翻譯《大般涅槃經》，道俗數百人參加，足見規模之大。這次譯經歷時十餘年，先後譯出了《大般涅槃經》、《菩薩戒本》、《大集經》、《金光明經》等十多部佛經。此後，沮渠蒙遜之子興國、牧犍也分別主持譯經，譯出了《優婆塞戒經》和長達一百卷的《大毗婆娑經》。據《開元釋教錄》記載，道龔、曇無讖等九人共譯出了佛經八十二部、三一一卷，其中僅曇無讖就譯經十一部、一一二卷。河西地區的這些譯經活動，不僅反映了河西文化的昌盛，更重要的是，這些佛經由河西傳向長安、中原、江東，對整個中華的佛教傳播產生了深刻的影響。

---

27 《魏書·釋老志》。

3. 文學藝術蔚為可觀　河西的文學創作十分活躍，南朝著名文學評論家劉勰在其《文心雕龍》中就讚譽了河西文人張駿、謝艾、王濟等人。劉勰對北方文人少有稱道，由此可見河西文學作品在南朝享有較高聲譽。事實上，河西也確實不乏佳作。張駿的樂府詩《樂門行》、《薤露行》清新真摯，雖重詞采而無矯飾之病，且情感深沉，風格剛健。他的《上疏請討石虎李期》表文言辭懇切，表現手法採用駢散相間，讀來富有氣勢，被劉勰稱譽為「陳事之美表」。李暠的《述志賦》繼承了東漢抒情小賦的傳統，充分運用比興手法。而神話傳說的引用，又使作品塗上了一層瑰麗的浪漫主義色彩。在兩晉辭賦中，不失為一篇清麗典則的佳作。劉昞的《酒泉頌》不僅是河西文學作品中的壓卷之作，而且被《北史·文苑傳》譽為整個十六國文壇上的經典之作。音樂、雕塑、繪畫、書法等藝術創作也同樣如此。一九七七年發掘的酒泉丁家閘五號墓中的壁畫，運用彩繪技法，飄浮變幻的慶雲、昂首奔逸的神馬、疊嶂起伏的山巒、神態各異的人物，整個畫面錯落有致，將南北朝時期謝赫總結的繪畫六法在壁畫中融為一體，顯示了河西繪畫的高超技藝。河西地區眾多石窟中的造像，則反映了古樸雄健的河西雕塑風格。如敦煌莫高窟有確切年代可考屬於五涼時期的第二六八、第二七二、第二七五三個洞窟，其塑像頭戴化佛冠，髮披兩肩，袒胸露臂，神情肅穆，面含笑意，無論儀容、神情、造型、衣著，都既不違背佛教思想，又符合儒家審美觀。至於西域藝術風格的影響，在音樂、繪畫、雕塑中也都顯而可見。

具有西部風姿的河西文化通過東傳江左、中原，與其他區域文化進行交流。前涼時，曾向江東送去了一批經史圖籍。元嘉三年（西元 426 年），北涼派使者向劉宋政府求取《周易》及子集諸書。元嘉十四年（西元 437 年），北涼又一次派使者去江東，求取晉、趙《起居注》諸雜書，同時帶去了一大批圖書，包括河西學者的著述，計有《周生子》十三卷、《時務論》十二卷，《三國總略》二十卷、《俗問》十一卷、《十三州志》十卷、《文檢》六卷、《四科傳》四卷、《敦煌實錄》十卷、《涼書》十卷、《漢皇德傳》二十五卷、《亡典》七卷、《魏駮》九卷、《謝艾傳》八卷、《古今字》二卷、《乘丘先生》三卷、《周髀》一卷、《皇帝王曆三合記》一卷、《趙歠傳》並《甲寅元曆》一卷、《孔子傳》一卷等二十種一五四卷圖書。這次圖書交流具有很大的文化意義，因北涼所送書籍不少具有

很高的學術價值。如劉昞的《敦煌實錄》是中國最早的一部實錄體史書，為南朝史家編撰實錄提供了借鑑和參考。闞駰的《十三州志》詳細地記載了北方的地理狀況，為南朝學者瞭解北方地理提供了方便，范曄撰《後漢書》，就多處引用，以釋名補義。趙歐的《甲寅元曆》最早提出了改革閏法，對以後南朝祖沖之編定《大明曆》有一定的影響。河西與江東之間的這種圖書交流，為雙方學者的研究提供了資訊與成果，既促進了各自學術文化的發展，也推動了河西文化與江東文化的融合。

河西文化與其他區域文化的交流還有一條重要途徑，那就是人員往來，尤其是河西佛教發達，僧人西行東徙，也起到了文化交流的作用。如竺佛會、慧常、僧純、智嚴、寶雲等東下長安，特別是河西逗留了十七年的鳩摩羅什到長安後譯經三十五部二九四卷，使長安譯事臻於極盛。賢護、法成、僧表、慧覽、道法等前往蜀中，僧印前去江陵，於道邃、道挺、沮渠京聲等來到江東。這些僧人不僅在長安、蜀中、江東弘揚佛法，從事譯述，而且將河西文化也隨之帶到各地，成為廣泛意義上的文化交流。

北魏滅北涼，統一北方後，河西學者中不少人徙於平城（今山西大同），河西文化也逐漸融於中原文化之中。

三、中原文化的復興與相容並蓄

十六國割據，使中原文化一度沉寂，文人學者或東渡江南，或避亂河西，促成了江東與河西文化的發達，逮至北魏統一北方，中原文化得以復興，並且，融入了河西、代北諸文化因子，成為華夏文化的一大基石。

1. 厚重質樸，淵綜廣博　與江東文化的清麗柔美、空靈飄逸之風相比，中原文化以其厚重質樸、淵綜廣博見長。文人儒士少受玄風影響，繼續保持著兩漢經學家的治學風格。反映在學術思想上，不太注重理論思辨，而常從治道出發，因此，出現了一批很有應用價值的學術研究成果。賈思勰的《齊民要術》總結和介

紹了大量的生產經驗和科技知識，成為一部農業百科全書，書中提到的不少經濟觀點和技術知識，直到今天還有借鑑的意義。酈道元的《水經注》以河道水系為綱，詳細地記述了河流所經地區的地形、物產和地理沿革，以及當地的風土人情和名勝古蹟，成為一部兼具自然地理、經濟地理和歷史地理的綜合性著作。更重要的是，賈思勰和酈道元在寫作過程中，都十分注重實地考察，獲取第一手資料。這種治學風格及兩部著作正好反映了中原文化的厚重質樸、淵綜廣博。反映在藝術領域上，魏碑用筆厚實，構字緊密，骨肉峻岩，以質樸遒勁為主，方嚴端正為尚。繪畫風格粗獷樸素，出現了完全以色和面代替墨和線的技法。北齊著名畫家曹仲達所畫人物身體稠迭，衣服緊窄，猶如剛從水中出來一樣，從而有「曹衣出水」的美譽，與「吳帶當風」相提並論，在中國美術史留下了重要的一頁。

2. 剛健勇武，豪放悲涼　注入了代北游牧民族文化因子的中原文化，變得崇尚剛健勇武，更有豪放悲涼之風，這在文學藝術領域中表現得尤為突出。一首《敕勒歌》，短短二十七個字，便展現了一幅蒼茫悲涼的草原風光。一篇《木蘭詩》，悲壯感人，語言剛健，反映了北方民族的勇武氣質和悲涼豪放的民歌風格。所以顏之推曾說，離別之際，江南人設酒餞行，泣淚送別，而北方人豪言相贈，歡笑分手，在悲涼中不失豪放。就連青年男女間傳唱的情歌、戀歌，也大膽率真，潑辣豪放，直抒其情。如《捉搦歌》寫男女相悅，直言「天生男女共一處，願得兩個成翁嫗」。《折楊柳枝歌》寫婚姻直言「阿婆不嫁女，那得孫兒抱」。都是直截了當，沒有絲毫含蓄和扭捏作態。

中原文化的復興中又注入了河西文化的因子。北魏太武帝拓跋燾平涼後，大批河西學者入仕北魏政府，編修史書，整理經籍，修訂禮樂，將河西地區保留的漢、魏文化之脈重新在中原播種、發展。南北之間的文化交流則將江左文化因子也注入中原文化之中。這就使得復興後的中原文化相容了代北文化、河西文化、江東文化，形成了兼納百川的文化格局，華夏正聲的形成就是一例。

中原舊曲《清商三調》為漢魏以來的傳統音樂，其樂器形制、錄章古辭皆有定制。晉末永嘉之亂，一部分樂器樂工為前趙所獲，後來又在紛擾變亂中迭經前後燕而為北魏所得，但北魏拓跋氏不知採用，皆委棄之。這樣，這部分樂器就在

政權紛替中遺失殆盡，樂工也不知所去。另一部分則因太常樂工避地河西，連同樂器、樂曲一起在河西保存了下來。但在河西期間，受西域音樂的影響，已經開始發生了變異，琵琶、箜篌等西域樂器摻雜了進來。前涼亡後，這些已經變異的中原舊曲進入關中，與關隴文化相融匯，雜以秦聲。後劉裕平關中，又傳入江東。江東本無中原舊曲，東晉時就因無雅樂器及樂工，而省太常並鼓吹令，雖也時有修復雅樂之舉，但一直不完備，以致樂器朽壞，長期無人問津。自關中引入舊樂後才得以流傳，但在流傳過程中，又摻入了江南吳歌和荊楚四聲。隋文帝平陳後，便以此作為華夏正聲。顯然，這早已不是原來的中原古曲了，其間相繼融入了西域音樂、河西音樂、關隴音樂和江南音樂的成分。也就是說，是在中原傳統文化的基礎上，吸取了西域文化、河西文化、關隴文化、江東文化、荊楚文化的諸多因數而成的新的中原文化。中原文化的復興與廣為相容由此可見一斑了。

四、區域文化發展的原因

陳寅恪先生在論及隋唐制度淵源時，多處提到河西、中原、江東三大文化因子。若作進一步考察，這實際上可視為魏晉南北朝時期的三大文化區，即河西、關隴文化區，包括代北在內的中原文化區和包括巴蜀、荊楚、嶺南在內的江南文化區，一個大的文化區內又有若干小的區域文化。三大文化區之間存在著南北之間、東西之間的文化交流，文化區內也同樣存在著交流與融合，形成了這一時期多元發展的文化格局。那麼，導致區域文化多元發展的原因又是什麼呢？

其一，經濟的多元發展。文化的發展總要受到經濟發展的制約，區域文化的發展也與區域經濟的發展有著密切關係。東漢帝國的瓦解，北方長期戰亂分裂，漢族和少數民族向邊遠地區和江南遷移，出現了一批新的經濟開發區。如在遼西，流民多於舊土之人十倍有餘，鮮卑慕容氏設立僑郡、僑縣，虛懷引納流亡士庶，遼河流域得到了開發。在河西，自前涼開始，通過勸課農桑等政策，農業、畜牧業、手工業和商業均有較大發展，刑清國富，商貿繁榮，成為西北經濟發達地區。在四川，諸葛亮經營巴蜀，實行屯田，發展蜀錦，經濟發展很快。在江

南，孫吳、東晉、宋、齊、梁、陳六朝經營，長江中下游地區廣為開發，隨著中原移民大幅度南下，江南的開發又向縱深發展，八閩、荊楚、嶺南的經濟也加快了發展。到南朝末年，江南已是「良疇美柘，畦畎相望，連宇高甍，阡陌如繡」[28]。成為全國經濟最發達的地區。在中原，雖屢經戰亂，但隨著南北對峙局面的形成，經濟也逐漸恢復發展。多個經濟發展區的形成，為區域文化的發展提供了物質條件和保證。

其二，民族與人口的遷徙。魏晉南北朝時期，伴隨著戰爭，出現了大規模的民族與人口遷徙。在河西，中州避亂來者，日月相繼。從前秦徙江漢之民於敦煌的官方遷徙，到永嘉之亂時的流民浪潮，僅五涼時期便有數十萬人進入河西。在江南，自晉末到南朝劉宋間，相繼渡江的中原人口就有約九十萬。少數民族入居中原，其人口數已難以詳考，但同樣使中原人口發生大變化。而且，每一次政權更替，都會伴有人口遷徙，每一次戰爭過後，都會出現人口流動。民族與人口遷徙並不僅僅是一個勞動力問題，而遷移的人口中，有不少是文人學者，因而也使得文化發生遷移。河西文化的昌盛，原因之一就是中州士人紛紛流寓河西。而北魏平涼後，河西學者的東徙，又促進了中原文化的復興。同樣，中原儒學之士的南下，也促進了江東文化的發展。

其三，統治階級崇尚文教。魏晉南北朝時期的割據政權，不論是由漢族還是少數民族建立，不論國祚長短，一般說來，當政權穩定下來後，都要採取崇尚文教的政策。尊崇儒學，開設學校，整理經籍，這些舉措無疑都有助於文化的發展。但由於所統治區域的情況不同，因此崇尚文教的內容也有所不同。如河西地區的五涼統治者大都崇佛重儒，因而儒學發達，佛學繁榮。東晉政權為門閥世族所秉持，因而玄風盛熾，崇尚清談，理論思辨活躍。北朝諸政權為少數民族建立，迫切需要解決政權穩定問題，因此推重儒家治道，質樸求實。從而造就了具有不同特色的區域文化。

其四，特定的地理環境。地理環境並不能決定文化發展的水準，更不能決定

---

28 《陳書·宣帝紀》。

文化的優劣，但地理環境會賦予文化以一定的個性差異。中國幅員遼闊，地理複雜，高山大河將全國劃分成若干環境、氣候、物產均不相同的區域，使這些不同區域的文化表現出不同的特點。蒼茫的塞北草原使代北文化具有豪放雄健之風；秀麗的江南山水使江東文化具有清新飄逸的空靈之氣；地近西域，使河西文化染上了濃郁的異域風姿。顏之推曾說：「南方水土和柔，其音清舉而切詣，失在浮淺，其辭多鄙俗。北方山川深原，其音沉濁而鈍，得其質直，其辭多古語。」[29]顏之推看到了地理環境不同，而音韻文辭不同。同樣，地理環境不同，文化的風格也不同。

上述四個方面的原因，使魏晉南北朝時期區域文化得到了迅速發展，並且各具特色，風姿迥異，展現了當時文化的豐富性和多樣性。

第五節 ·
與西域及域外地區
的文化交流

秦漢以來，中國與西域及域外地區一直保持著密切的經濟文化交往，張騫通西域之後，更是達到高潮。魏晉南北朝時期，並未因國家分裂而中斷這種外向的文化交流。相反，交流的內容更加豐富。

---

29 顏之推：《顏氏家訓·音辭》，上海，上海古籍出版社，1980。

一、與南亞各國的文化交流

南亞各國包括今日之印度、巴基斯坦、孟加拉、尼泊爾等國，古時稱天竺，分中天竺、東天竺、西天竺、南天竺、北天竺，謂之天竺五國。早在西漢張騫出使西域時，就曾在大夏（今阿富汗北部）見到購之印度的四川蜀布和筇竹杖，可知中國與南亞各國的關係源遠流長。佛教傳入中國後，以佛教為內容的文化交流日趨密切。魏晉南北朝時期，不僅印度、西域僧人紛紛來中土傳經弘法，而且大批中土僧人也結伴西行，前往天竺廣求經典，博訪名師。曹魏甘露五年（西元260年），僧人朱士行西行求法，至于闐得《般若》正本。此後，西行者日眾，十六國東晉時達到高潮，或一人獨往，或十數人結伴而行，足跡遍及西域及天竺各國，其中影響最大者，當首推法顯。

法顯，於後秦弘始元年（西元399年）與慧景等人從長安出發，其時法顯已六十餘歲。一路經張掖、敦煌，從鄯善、焉耆越沙漠到于闐，觀看佛誕節慶祝儀式後繼續西行，抵古印度西北的陀曆國。法顯在西北天竺遍游烏萇、犍陀衛、竺剎屍羅、那竭、羅夷、跋那、毗荼等十國後，又進入佛教發源地恆河流域的中天竺。他在此學習梵文梵語，抄寫戒律。然後沿恆河東下，渡海至獅子國（今斯里蘭卡）。搭船歸國途中，遭風船漏，船漂至耶婆提國（今印尼爪哇）停留了五個月，又搭商船向廣州進發，經三月才在青州登陸，此時已是東晉義熙八年（西元412年），在十四年中，法顯遊歷了西域六國、天竺二十一國、獅子國和耶婆提國等二十九國。法顯西行不僅帶回了一批中土所無的佛教經典，而且用文字記錄了西域和南亞各國的交通、地理、歷史、社會習俗等。所著《佛國記》一書，成為研究這些地區和國家的重要文獻，具有很高的學術價值，為國際學術界所重視。

法顯之外，西行求法者中著名的還有：

僧純、曇充，前秦建元中至龜茲，求律於曇慕藍寺。

竺道曼，前秦建元中到達龜茲求師。

慧睿，西行求法，到南天竺。

支法領、法淨，慧遠弟子，受師之命，西行求法，得經而返。

法盛，遇僧人智猛從天竺回，述諸神蹟，遂與師友二十九人結伴西行，前往天竺。

沮渠京聲，西行至于闐，於瞿摩帝大寺遇佛大先，諮問道義，得經而歸。

智嚴、寶雲、慧簡、僧紹、僧景五人，同志西行，隆安四年（西元 400 年）到達張掖，遇見西行求法的法顯一行，遂偕行至敦煌。後智嚴與慧簡從烏夷國折返高昌，抵罽賓（今喀什米爾一帶），從佛大先受佛法三年，請佛陀跋多羅相偕東歸，住於長安。劉宋元嘉年間，智嚴在建康譯出了西行帶回的《普曜經》、《廣博嚴淨經》、《四天王經》等。晚年又攜弟子游天竺，卒於罽賓。寶雲等則與法顯繼續前行，經于闐，度蔥嶺，終至弗樓沙國（今巴基斯坦白沙瓦）。寶雲在此供養佛缽，遍學西域方言，與僧景等東歸。

智猛，後秦弘始六年（404 年）招結同志十五人，從長安出發西行。一路上，或歸或死，到天竺時僅剩五人。先後遊歷罽賓國、奈沙國、迦維羅衛、華氏國及釋迦涅槃、成道之地。宋景平二年（西元 424 年），攜《大泥洹經》、《僧祇律》等歸國，路上又死三人，回到中土時僅智猛與曇纂二人。撰有《遊行外國傳》一書。

法勇，與僧猛等二十五人結伴西行，從劉宋永初元年（西元 420 年）出發，一路歷經艱難，到達中天竺時僅剩五人。後從南天竺沿海路歸國，於廣州登岸。

惠生、宋雲，於北魏神龜元年（西元 518 年）西行求法，到天竺，在烏萇國住兩年，於正光二年（西元 521 年）攜大乘經典一百七十餘部歸國。

西行求法之僧還有曇學、威德、道泰、僧表、慧覽等。這些西行求法者大都具有較高的學術造詣和文化修養，因而能較好地吸取印度文化之精華，在促進佛教傳播的同時，也把中國文化傳向了印度等南亞各國。

除了這種民間的文化交往之外，當時中國與南亞各國的政府間交往也十分頻繁。據《魏書》、《梁書》、《北史》、《南史》等史籍記載，北天竺的犍陀羅國在

北魏時期曾五次派使臣來洛陽；烏萇國（今巴基斯坦北部）六次派使臣來洛陽；尼婆羅國（今尼泊爾）四次派使臣來洛陽；罽賓國六次派使臣來平城和洛陽南天竺國五次遣使北魏。東天竺的榮是國（今孟加拉）、西天竺也都曾派使節來平城、洛陽訪問。中天竺的笈多王朝則和東晉南朝保持著密切往來，曾四次派使臣來到建康。獅子國也曾四次派使臣來建康。這些來華的使臣不僅帶來了南亞各國的特產，如白象、火浣布、各種工藝品等，而且使人們從他們身上瞭解了南亞各國的風土人情、語言文化。同時，這些使臣也把中國的民俗風情、典章文物等帶回國去，從而促進了文化交流。

通過民間與政府這兩條途徑，魏晉南北朝時期的南北政權繼續保持著與印度、尼泊爾、巴基斯坦、斯里蘭卡、孟加拉等南亞各國的友好往來與文化交流。如開鑿於後秦、西秦時期的甘肅天水麥積山早期石窟和開鑿於北魏前期的雲岡曇曜五窟，其造像雄健高大、深目高鼻、眉細眼大、兩耳垂肩、寬肩細腰、衣紋凸起、密褶均衡，明顯地具有印度犍陀羅藝術風格，成為當時中印文化交流的一個實證。又如斯里蘭卡使者於東晉義熙初年送來的玉佛像，陳放在建康瓦棺寺後，與戴安道的手製佛像、顧愷之的維摩詰壁畫像，被世人並稱為「三絕」，成為中斯文化交流的一個見證。

二、與中亞、西亞各國的文化交流

自西漢張騫通西域以來，中國與中亞、西亞各國的往來便十分密切。至於魏晉南北朝，這種友好關係一直維繫未斷。據《三國志》、《晉書》、《魏書》、《北史》等史書記載，大宛在曹魏、西晉、後趙、前秦、北魏時，曾十次派使臣來中國訪問，贈送汗血馬、珊瑚、琉璃等物。貴霜王朝也在曹魏明帝時遣使節來洛陽。吠噠征服貴霜後，繼續保持同中國的聯繫，從北魏文成帝太安二年（西元456 年）到北周明帝二年（西元 558 年）的一百餘年間，先後十五次派使臣來平城、洛陽、長安訪問，五次派使臣訪問建康，與南北政權皆保持著友好關係。中亞最繁華的工商業國家悉萬斤曾十次派使臣訪問北魏。中亞游牧大國康居曾派使

臣訪問曹魏、西晉。位於今黑海、裡海之間的粟特曾九次派使臣訪問北魏、北周。太延五年（西元 439 年），北魏太武帝滅北涼，時姑臧城內有許多粟特商人，後文成帝時，粟特王派使臣前來贖回，北魏政府優禮送歸。此外，中亞的者舌、忸密、吐呼羅、薄知、迷密諸國也都曾派使臣來訪。

西亞諸國也和中國保持著密切的聯繫。從北魏文成帝太安元年（西元 455 年）到西魏恭帝二年（西元 555 年）的一百年間，波斯使者十二次訪問平城、洛陽、長安，三次由海道訪問建康，與南北政權都保持著聯繫。《洛陽伽藍記》記載說洛陽永橋南道東有白象、獅子二坊，白象為北天竺犍陀羅國所送，獅子即波斯王所送。大秦商人秦論於孫吳黃武五年（西元 226 年）經海路來到廣州，成為第一個在中國正史中留下姓名的大秦人。此後，大秦使者曾先後訪問過西晉、前涼、東晉，北魏時，更是三次遣使者來訪。其時洛陽城內就有不少波斯和大秦商人，北魏政府特設四夷館，接待他們。

在中亞、西亞各國使臣來華的同時，中國使者也前往中亞、西亞。西晉武帝曾遣使去大宛，北魏曾多次派使者出訪，其中高徽兩次出使吠噠，黃琬、高明出訪大宛、者舌等國，韓羊皮曾出使波斯。西魏、東晉也曾分別派使臣出訪波斯、大食。

頻繁的使臣往來，推動了中國與中亞、西亞的科技文化交流。魏晉南北朝時，中國的養蠶、織綢技術西傳波斯、大秦，西方藝術和玻璃製造術也東傳中國。

早在先秦時，中國的絲綢即源源西去，但養蠶、繅絲、織綢技術的西傳則要晚得多，直到東漢時才傳到新疆，南北朝時經西域傳到波斯，後又從波斯傳到大秦，為人類文化的發展作出了重要貢獻。

與此同時，中亞、西亞各國的技術和藝術也傳到中國。二十世紀河南出土了一批古玻璃，後經光譜分析，其中有二至四世紀的埃及製品，在洛陽也發現了亞

大山大里亞玻璃珠和埃及玻璃瓶，瓶上有代表雅典娜頭像的聖牌裝飾圖樣[30]。隨著玻璃製品的傳入，製造玻璃的技術也傳到中原。北魏太武帝拓跋燾時，大月氏人在平城採礦燒製玻璃，光色映徹，觀者莫不驚駭，成為現存外國人來華傳授玻璃製造技術的最早記載。中國早在西周時即已能製造玻璃，但與西方玻璃相比，在耐高溫性，溫差變化的適應性方面較差，隨著西方先進玻璃製造技術的傳入，促進了中國玻璃製造技術的提高。

北魏拜占庭網紋玻璃杯

波斯軍隊很早就使用兜鍪鎧甲，魏晉南北朝時傳入中國。曹植在《先帝賜臣鎧表》中就曾稱讚波斯名貴的環鎖鎧，但當時還較少見。到東晉南北朝時則已普遍使用，不僅將士頭戴兜鍪，身披鎧甲，就連戰馬也披上了馬鎧。從麥積山石窟第一二七窟北魏壁畫、大同出土的北魏太和八年（西元 484 年）司馬金龍墓的甲騎具裝俑、江蘇丹陽陳朝大墓的磚刻壁畫中都可以看到這種裝束。

波斯薩珊王朝時的石雕、繪畫藝術以及希臘式石柱也傳入中國。南京和丹陽等地南朝陵墓前的希臘式石柱和有翼雕像即是實證。其中最有名的是南京宋劉裕陵前的石麒麟、梁蕭秀墓前的石獅、丹陽梁蕭衍陵前的石麒麟，這些石獸氣魄雄偉，姿態生動，肋下飛翼或呈浮雲狀，或呈波紋狀，或呈魚鱗狀，形態各異。經過中國匠師的吸收與融化，將波斯薩珊石雕藝術與中國傳統石雕手法結合在一起，使這些石雕更加生動逼真。六朝陵墓前刻有瓜菱形凹紋的石柱，則十分類似希臘愛奧尼亞式石柱，柱頂為中國傳統的承露

北周鎏金銀胡瓶

---

30 沈福偉：《中西文化交流史》，96、97 頁，上海，上海人民出版社，1985。

盤，中西合璧，別具一格。波斯薩珊王朝時期的繪畫多為聯珠紋鳥獸圖樣，風行中亞、西亞的「波斯錦」就織入聯珠對鳥對獸紋圖。從新疆克孜爾千佛洞壁畫中的聯珠立鳥紋圖樣，敦煌莫高窟壁畫中的聯珠飛馬紋、聯珠對雁紋圖案，吐魯番哈拉和卓與阿斯塔那北朝時期墓葬中出土的聯珠對孔雀貴字紋錦、套環對鳥紋錦、套環貴字紋綿中可以看出，波斯薩珊王朝時期的繪畫風格已為中國所吸收。

三、與東亞各國的文化交流

魏晉南北朝時期，中國與今日東亞之日、朝、韓諸國的文化交流亦十分密切。當時，朝鮮半島上有高句麗、百濟、新羅三個國家，皆與中國保持著良好關係，使臣相互往來不絕於路，如西晉立國之初的五、六年中，新羅就曾三次派使臣來洛陽；南朝時，百濟曾十次派使臣訪問建康；而高句麗在東晉十六國南北朝時期所派來華使臣更是多達九十餘次。中國使臣也不斷回訪。形成了頻繁密切的關係，為文化交流創造了良好的條件。

中國與朝鮮半島三國的文化交流包括儒家學說、教育、佛教、音樂舞蹈等許多方面。兩晉時期，中國的傳統文化儒學已在朝鮮半島廣為流傳。高句麗、百濟、新羅都十分重視儒家思想，高句麗模仿中國教育制度，設立太學以教育子弟；梁武帝大同七年（西元 541 年），曾派出講授《詩經》、《禮記》的博士前往百濟教學。《論語》、《史記》、《漢書》、《昭明文選》等儒家經典和史學、文學著作，深受三國文人學士的喜愛。在中國文化的影響下，高句麗、新羅都使用漢字。

佛教自印度傳入中國後，到東晉十六國時經中國傳入朝鮮半島。前秦建元九年（西元 373 年），苻堅派遣使節護送僧人順道攜帶佛經至高句麗弘揚佛法，這是中國佛教傳入朝鮮半島最早的記載。第二年，僧人阿道又奉命前往高句麗傳法。為了禮待中土高僧，高句麗小獸林王特意興建了蕭門寺和伊弗蘭寺兩座寺院，成為朝鮮半島最早的佛教寺院建築。東晉太元九年（西元 384 年），久居中土的胡僧摩羅難陀由東晉前往百濟傳法，百濟枕流王待以上賓之禮，延請入宮說

法。第二年，在漢山建造了百濟第一座寺院，由摩羅難陀剃度十名百濟人出家為僧。自此，百濟僧尼日眾，寺院屢興。高句麗、百濟境內佛教的迅速發展，也影響到新羅。南朝時，新羅佛教已有了相當規模，新羅國王、王妃還一度落髮出家，如同梁武帝捨身寺院一樣。還仿照梁朝制度設置寺典、僧房典等專門機構；仿南朝寺院形式興建了皇龍寺、興隆寺等寺院。隨著佛教的發展，眾多僧人不遠千里前來中國求法。高句麗的名僧義淵、惠灌、智晃、波岩，新羅的僧人明觀、慈藏、義相、惠亮等都曾來華尋訪名師，如道朗到敦煌從曇慶受學三論，後至江南，梁武帝特遣智寂、僧懷等十位僧人向道朗諮受三論大義；又如明觀在陳天嘉六年（西元 565 年）回國時帶走一千七百多卷佛經。這些來華求法的僧人不僅在中國學習佛經，也把中國的其他文化帶回國去，擴大了文化交流。如新羅佛國寺中的石窟庵佛像雕刻，就富於南朝雕刻藝術風格。

朝鮮半島上的三國，皆有喜愛歌舞之風，中國的樂器如琴、瑟、笙、箏等，以及羌胡樂器琵琶、腰鼓等也傳入三國。由於高句麗、新羅皆用漢字，書法藝術也傳入朝鮮半島。而朝鮮的歌舞則傳入中國，南北朝時，高麗樂、百濟樂、新羅樂已流行於中國，隋朝統一後，便分別列入七部樂、九部樂中。同時，高句麗、百濟、新羅三國一邊吸收中國的先進文化，一邊又將中國文化東傳日本，為中日文化交流發揮了橋梁作用。

3. 世紀初，日本本州建立了邪馬台國，曹魏景初二年（西元 238 年），該國卑彌呼女王遣使洛陽朝獻，此後，雙方使臣多有往來。兩晉之際，日本本州建立了大和國，東晉南朝時期，大和國使臣先後十二次來中國訪問，中日之間一直保持著密切往來，文化交流也十分頻繁。

西晉太康五年（西元 284 年），百濟著名的漢學家阿直歧受命擔任大和國皇子的老師，不久歸國。第二年，百濟以儒學博士王仁受應神天皇之請赴日，隨帶十卷《論語》，中國的儒學經典自此開始傳入日本。在儒家思想的影響之下，日本開始以仁、義、禮、智、信作為德治的最高標準。此前，日本尚無文字，使用的是漢語、漢字，從五世紀後期開始，用漢字的音和義書寫日語，逐漸發展為純粹的日語標音文字假名。梁武帝普通三年（西元 522 年），從江南前往日本的製

鞍匠人司馬達等在大和阪田原設立草堂禮佛，達等的女兒司馬島首先出家為尼，稱善信尼；達等的兒子不久也出家為僧，稱德齊。佛教傳入日本至此開始。梁天正元年（西元 552 年），百濟國王遣使將佛像和漢譯佛經送往日本。此後，建寺造像之舉出現，司馬達等的孫子成為製作佛像的第一名臣。通過赴日漢人和百濟王朝的中介作用，佛教在日本逐漸得到流傳，各種和佛教有關的雕塑、繪畫等工藝文物，陸續由中國直接或間接通過朝鮮半島三國傳入日本。

除儒學、佛教的東傳之外，中國先進的生產技術也傳入日本。近年來，在日本各地發現了很多與中國同樣紋飾、質地的銅鏡。其中有從中國直接運去的，也有東渡日本的江南工匠製造的，還有日本仿製的。東晉時期，還有不少製作陶瓷、縫衣的工匠從江南前往日本。在日本關中地區的古墳和伊崎市八本古墳中出土的陶器，以及在這些古墓周圍的陶俑的服飾，都明顯地具有中國南朝時期的風格。在日本墓葬中普遍發現的作為隨葬品的青瓷，無論是胎釉、質地、造型都受到六朝瓷器的影響。劉宋泰始年間，日本雄略天皇遣使來到建康，隨帶一批織工返回日本。由此可見，隨著各種工匠東渡日本，中國的製陶以及紡織、銅鏡鑄造、瓷器燒製等先進技術都已傳到了日本。

隨著中國文化、技術的傳入，對日本民族的生活習俗產生了很大影響。邪馬臺國時，服飾十分簡樸，人死後，「有棺無槨，封土所冢。」[31]隨著中國文化的傳入，人們的穿戴日益講究，男女皆著裙襦，婦女皆束髮於後，與晉朝的「擷子」相同。國王開始戴金銀鏤花裝飾起來的冠，富貴者以錦繡雜彩為帽。死後開始營造墳墓。中國的節日也被採納，博弈、握槊、摴蒱等博戲在日本流傳。

魏晉南北朝時期的中日文化交流，將中國先進的科技文化傳到日本，對日本的政治、經濟乃至生活習俗都產生了深刻的影響，並為唐代兩國之間大規模的文化交流奠定了基礎。

---

31 《三國志·魏志·倭人傳》。

四、與南海諸國的文化交流

南海諸國包括林邑（今越南）、扶南（今柬埔寨）、狼牙修（今馬來半島北部）、丹丹（今馬來西亞吉蘭丹）、盤盤（今泰國南部索叻他尼灣沿岸一帶）、訶羅單（今印尼爪哇島）、金鄰（今泰國西南部）、頓遜（今泰國西南部）、干陀利（今印尼蘇門答臘島的巴領旁）、婆利（今印尼峇里島）等。魏晉南北朝時期，中國與這些國家一直保持著密切的來往，尤其是東晉南朝建都建康，海路交通暢通，與南海諸國的經濟文化交流便更為密切。

使節頻頻往來。魏晉南北朝時，南海諸國的使臣頻頻來訪。林邑國從孫吳時派使臣前來贈吳主金指環，此後於兩晉南朝時先後二十四次派遣使臣來到西晉京城洛陽和東晉南朝京城建康訪問，餽贈金銀器、香、布等，兩晉南朝政府也回贈了很多珍貴禮品。扶南國從孫權赤烏六年（西元 243 年）到南陳後主禎明二年（西元 588 年）的三百四十多年間，曾先後二十二次派遣使臣前來訪問，互贈禮物。梁武帝時，狼牙修國王三次派使臣來建康訪問；南朝劉宋時，婆皇國七次派使臣前來建康；南朝梁、陳時，丹丹國六次派使臣前來建康；槃槃國也曾九次派使臣來建康訪問；干陀利國曾五次派來使臣；婆利國三次派來使臣；訶羅單五次派來使臣。孫權時，也曾派宣化從事朱應和中郎康泰出使南海，先後到達扶南、林邑等國。回國後，分別寫成《扶南異物誌》和《吳時外國傳》，介紹了所到之國的風土人情、文化等。

除政府間的使臣通好外，民間的往來也十分密切。尤其是在東晉之後，隨著佛教的盛行，中國與南海諸國的海上聯繫，成了西域僧人東來和中土僧人西行的重要通道。三國時著名的僧人康僧會就是經海路到交趾（今越南河內），再到建康的。東晉高僧法顯也是從海路回到中國的。東晉僧人於法蘭、於道邃則從海道西行，因途中遇疾而終於象林（今越南順化）。南朝時，崇佛之風遍及江東，經南海往來的中外僧人明顯增多，僅《高僧傳》、《續高僧傳》記載的有名僧人就不下十數人。如智嚴從印度求法回國後來到建康譯經，後又經海路重到天竺求戒。曇無竭到天竺後，經海路回到廣州。天竺僧人求那跋摩應宋文帝之請，從闍婆乘舟來到廣州。中天竺僧人求那跋陀羅，也於劉宋時泛海東來，後譯出《楞伽

經》、《十二頭陀經》等佛經。扶南國僧人僧伽婆羅、曼陀羅、須菩提等人也先後渡海來到中國。

中外僧人東來西行途經南海，使得佛教成為中國與南海諸國文化交流的重要內容。早在東漢末年，著名學者牟融就從蒼梧（今廣西梧州）奉母到交趾居住，並篤志奉佛，著《理惑論》以顯揚佛教。此後，西域高僧支疆梁接在交州譯出《法華三昧經》，由中國沙門竺道馨筆受。南朝末年，烏萇國高僧毗尼多流支又從中國到越南，弘傳佛教。越南自古以來通行漢文佛教經典，正是兩國文化交流的結果。

5. 世紀中葉，居住廣州的印度僧人那伽仙搭乘前來廣州從事貿易的扶南國商船前去扶南。在那裡，他具述中國佛法興盛的情況。於是，扶南國王派遣那伽仙攜帶國書及金縷龍王坐像、白檀像、象牙塔等禮物，於永明二年（西元 484 年）重來中國送給南齊武帝。國書中敘述了扶南國內信奉佛教，以大自在天為守護神的情形。不久，扶南高僧僧伽婆羅也來到建康，學習佛經，受到南齊政府的禮遇。南梁天監二年（西元 503 年），扶南國王又派僧人曼陀羅攜帶許多梵本佛經和珊瑚佛像前來中國。應梁武帝的要求，僧伽婆羅和曼陀羅先後譯出了《文殊師利所說般若波羅蜜經》、《法界體性無分別經》、《寶雲經》等十多部佛經。大同五年（西元 539 年），扶南國使臣又一次來到中國贈送禮物，同時稱扶南國有佛髮。梁武帝遂令張汜等送扶南使臣返國，並遣僧人寶雲往迎佛髮，以及延請在扶南弘傳佛法的印度高僧真諦三藏攜大乘諸經論來梁。大同十二年（西元 546 年），真諦三藏攜帶梵本經論二百四十來到中國，此後的二十多年中，真諦先後譯出經論記傳四十九部、一四二卷，對中國大乘佛教的傳播產生了巨大影響。中國和扶南的佛教關係成為中東文化交流史的重要一頁。

法顯歸國途中曾在耶婆提停留了五個多月，其時，該國盛行婆羅門教。隨後，印度僧人求那跋摩到該國弘法，國王母親等先後歸佛，自此佛教大行。元嘉年間，宋文帝遣使前往迎請求那跋摩，僧人法長、道沖、道俊等一併前往。跋摩到建康後，先後譯出了《優婆塞五戒威儀經》、《菩薩善戒經》等佛經。元嘉十二年（西元 435 年），闍婆國王遣使帶國書和禮物來中國，特意通報了該國已

歸信佛法，佛教頗為興盛的情況。此外，訶羅單國的來訪使臣所攜國書中也洋溢著佛教的語意。這些都不難看出中國和印尼之間很早就有著佛教文化的交流。

除佛教之外，中國傳統的儒家學說和生活習俗也通過文化交流傳到了南海諸國。如林邑國士人大多學習漢文，讀儒家經典，行祭孔之禮。中國的上巳節、盂蘭盆會等節日以及龍舟賽等節日風俗也都為當地百姓所接受繼承。不難看出中國與南海諸國的文化交流所產生的深刻的社會影響。

五、與西域地區的文化交流

魏晉南北朝時期，內地與西域的文化交流除佛教東傳與道教西漸之外，還反映在音樂、繪畫、雕塑、文學、書法等各個領域。

（一）漢族文學、書法在西域的傳播

從吐魯番出土的大量文書中可以看出，當時的官府文書，以及民間買賣田園宅室、牲畜器物等的契約，陪葬衣物疏、借貸契約，帳簿等都用漢文書寫，說明當時漢文已在西域廣為使用。隨著漢文的傳播，傳統的漢族文化典籍也在西域流行，如高昌「有毛詩、論語、孝經、置學官弟子，以相教習」[32]。吐魯番出土文書中有一件《西涼建初四年（西元 408 年）秀才對策文》，其中涉及《春秋》、《詩經》、《老子》等許多文化典籍。如有《春秋》智伯圍晉之事：「《春秋》所以書此者，美襄子之恩可感，譏智伯之無德。」有《詩經》中的《關雎》篇：「夫關雎之鳥，鷙而有別。故喻□□，□有巢，維鳩居之，以喻夫人配得行化。外□□體，婦人陰道，化之所難，故云夫婦正則王化□。文王之教，自邇及遠，是以為化之首。」[33]甚至還涉及三皇五帝、倉頡造字、日月星宿等漢族傳統文化典故與

---

32 《北史・西域傳》。
33 唐長孺主編：《吐魯番出土文書》第一冊，113~119 頁。

傳說。

隨著漢文的流行，書法藝術也傳入西域。《文物》一九八三年第一期上發表了十二件《吐魯番出土文書》，其書寫筆勢大多帶有草隸的特點，有的已顯示出楷書或行書的起筆、落筆趨勢。這一書法特點正好與十六國時期書法開始從隸書向楷書、行書演變，而以草隸為主的發展趨勢相吻合，說明內地書法藝術對西域的影響。

一九六五年在吐魯番英吉沙古城遺址發現了《吳書‧孫權傳》殘紙，經郭沫若先生考定，為西晉遺物[34]，《三國志》成書於西晉，如此之快即在西域傳播，既反映了當時內地與西域文化交流的密切，也說明中原文化已在西域扎下了根。

（二）西域藝術傳入內地

在中原文化傳入西域的同時，西域的音樂、繪畫、雜技、舞蹈等藝術也傳入內地。

《隋書‧音樂志》記載了十六國北朝時期傳入內地的音樂，其中有後涼呂光滅龜茲時所得龜茲樂；有北魏初年傳入中原的疏勒樂；有北周武帝時傳入的康國樂等。一九七七年發掘的酒泉丁家閘五號墓西壁有一幅《燕居行樂圖》壁畫，繪有臥箜篌、琵琶、長笛、腰鼓等多種演奏樂器，既有漢族的，又有西域的，反映了當時漢族在舉行音樂歌舞表演時，已兼用西域樂器。

西域的舞蹈也傳入內地。自後涼呂光從西域帶回龜茲樂舞后，到北齊時，又出現了西國龜茲、齊朝龜茲、土龜茲三部樂舞，樂工頭戴皂絲布頭巾，身著緋絲布袍、錦袖、緋布褲，腳蹬烏皮靴。舞者四人，外設五方獅子，每方十二人，畫衣執紅拂，首加紅抹，謂之獅子郎。整個舞蹈節奏明快，舞姿矯健，動作敏捷，煞是好看。康國舞、天竺舞、疏勒舞等也都在這時傳入內地。由西域傳入中原的

---

34 郭沫若：《新疆出土的晉人寫本<三國志>殘卷》，載《文物》，1972 年第八期。

舞蹈還傳到南方，受到江南人民的喜愛。

傳入內地的還有西域的雜技藝術。魏晉南北朝時期，不少西域的雜技藝人來到內地，表演各種雜技藝術，楊衒之就在《洛陽伽藍記》中描述了當時洛陽城裡的這些演出活動，如長秋寺每逢四月初四，「闢邪獅子導引其前，吞刀吐火，騰驤一面；彩幢上索，詭譎不常，奇伎異服，冠於都市」。景樂寺中更是熱鬧，「奇禽怪獸，舞抃殿庭，飛空幻惑，世所未睹。異端奇術，總萃其中。剥驢投井，植棗種瓜，須臾之間皆得食。士女觀者，目亂睛迷」[35]。可見西域雜技魔術表演節目眾多，深受中原人民的喜愛。

此外，傳入內地的還有西域的繪畫、雕塑等藝術。隨著內地與西域文化交流的頻繁，生活習俗也相互影響。從吐魯番出土文書中可以看到，當時內地的一些民間祀奉習俗同樣也在西域民間流傳；西域的一些生活習俗也影響了內地百姓的衣食住行。

西域傳入內地的藝術經魏晉南北朝各朝的改造，與漢族傳統文化相融合，使得華夏文化更加多姿多彩。隋唐之後，又相繼傳入日本、朝鮮等國，豐富了這些國家人民的文化生活。

綜觀魏晉南北朝時期的中外文化交流，可以看出，當時中國文化居於先進地位，通過文化交流，影響、促進了各國的文化發展，尤其是今日的朝鮮、日本、越南等國，深受中國文化影響。同時，文化交流又總是雙向的，諸如印度的佛學和犍陀羅藝術、波斯的薩珊文化、埃及的玻璃製造術、朝鮮的音樂，等等，也都不同程度地豐富了中國的傳統文化，並為隋唐時期更為廣泛的中外文化交流奠定了堅實基礎。

---

35 楊衒之：《洛陽伽藍記》卷一。

第五章

清源正本，求幽探遠
——魏晉南北朝時期的哲學

貴無 · 崇有 · 獨化

魏晉玄學思想，無疑是最具時代特色的哲學思想。王弼、何晏的「貴無」說構建起唯心主義的本體論；裴頠的「崇有」論則針鋒相對地力倡崇有；向秀、郭象的「獨化」說又以不可知論看待世間一切。同為玄學之士，皆欲求幽探遠，在哲學思想上卻各有所見，展開了激烈的爭論。

一、以無為本，開物成務

玄學又稱「玄遠之學」。玄遠是指超越於自然和社會之上的宇宙本體。王弼、何晏認為作為宇宙永恆本體的「道」，即是「無」，因此「無」是玄學追求的最高哲學境界。《晉書·王衍傳》云：「魏正始中，何晏、王弼等祖述老、莊，立論以天地萬物皆以無為本。無也者，開物成務，無往不存者也。陰陽恃以化生，萬物恃以成形，賢者恃以成德，不肖恃以免身。故無之為用，無爵而貴矣。」王弼、何晏發揮《老子》的哲學思想，以無為天地萬物之本，形成了以無為本的哲學本體論，從而，王弼一派的玄學思想便被稱為「貴無」哲學。

王弼從四個方面闡述了其以無為本的本體論思想。

（一）本與末

王弼曾說，《老子》一書可以用一句話來概括，那就是崇本息末，即考察問題不能只著眼於枝節細末，而應看其本體。世間萬物皆有形、有聲，可以感觸，但這只是現象，猶如樹的枝葉、末梢一樣，並不是事物的本。事物的本並不是物質性，因而是感觸不到的，聽之不可得而聞，視之不可得而彰。這就要求不能為事物的表面現象所迷惑，要透過現象，把握本體。只有把握了本體，才能以簡馭繁，直視事物本質。王弼以方、圓為例說明這一觀點。世上有許多方的、圓的東西，但這些只是末。方的、圓的東西要以方、圓的原理為準則，才能成其為方、圓。這個方、圓的原理即是本。一旦掌握了原理，即本，便能認識天下無限的方的、圓的東西。反之，見一件認識一件，窮年累月也無法認識完天下所有方的、圓的東西。由此上推，天地萬物也有一個總的原理，有一個總的本，這個本便是「無」，有形、有聲、有味的東西只是末而已。

（二）有與無

王弼在其《老子注》中開宗明義便稱：凡有皆始於無，無是天地萬物之本原，其沒有形象，也不能用語言表達。因此，無的性質是絕言超象，唯因如此，才能成為有形有名的世間萬物之本。王弼以音樂為例，進一步說明有與無的這一關係。有聲的音樂，分宮、商、角、徵、羽五個聲調，宮調的音與其他聲調的音不同，不能替代。這種區別與限制決定了一種音調不能成為天下所有音樂存在的依據，其他各種事物也都如此。因此，有形有名，具備一定屬性的具體事物都有性質與範圍的局限，不可能成為萬物存在的根據。可以成為宇宙萬物存在依據的只能是「無」，即「道」。道無形無名，不具有任何具體屬性。無聲才能形成各種聲音，而成為有聲的依據；無形才能構成各種形狀，而成為有形的根據。正因為「無」具有普遍的抽象意義，所以它能成為世間萬物存在的依據，成為萬物的本體。而有則生於無，依憑無而得以成立。

（三）動與靜

王弼也看到了世間萬物是在不斷運動發展變化的，但他認為，變化是相對的，不變才是絕對的。所以動息則靜，靜是絕對的，動只是靜的一種表現形態。王弼在其《周易注》、《老子注》中都闡述了這一思想，天地萬物，雷動風行，運化萬變，然動起於靜，其本仍是寂然至無。也就是說，有是無的體現，動是靜的體現。這樣，王弼便通過動與靜這一對關係的論述，論證了無為本、有為末。王弼對動與靜的闡釋恰好與唯物主義的動靜觀相反，顛倒了動與靜這一對範疇的真正關係。

（四）一與多

王弼認為，世間萬事萬物都可歸於一，因為一是無，是本體的象徵，萬有的根源，由一而派生出萬有。他以《周易》用來占卦的方法證明這一立論。《周易》占卦的方法是取五十根蓍草，先拿出一根放在一邊，然後用其他四十九根演卦。這個不用的「一」，就是道，就是本體「無」。因為是無，所以不具數目，但一切數目都得依靠它。一與四十九的關係，並不是在一之外有四十九存在，而是四十九即是一的用。一代表著本體，代表無，四十九象徵天地萬物，一既是數之始，即萬物差別的出發點，又是物之極，即萬物的本體。正是基於對一與多這對關係的上述認識，王弼在《論語釋疑》中就把「一以貫之」解釋為執一統眾之道，也就是說，以「一」統萬有。

王弼通過本與末、無與有、靜與動、一與多這四對哲學範疇的闡釋，論證了以無為本的本體論哲學思想，試圖總結出萬物得以存在的共性，其思維水準超越了漢代天人感應讖緯神學，構建起更為完整的客觀唯心主義體系。

王弼在提出以無為本的同時，還提出了言不盡意、得意忘象的認識論觀點，成為正始玄學的又一個重要命題。他在《周易略例·明象》中對這一命題作了詳細的闡述：

夫象者，出意者也。言者，明象者也。盡意莫若象，盡象莫若言。言生於象，故可尋言以觀象；象生於意，故可尋象以觀意。意以象盡，象以言著。故言者所以明象，得像而忘意。象者，所以存意，得意而忘象。

這裡所說的像是指卦象，即一類事物的象徵；意則是指玄遠之道，即事物的本體。言能夠表達象，象則能表達意，因此言、象是得意的工具，並非意本身，得到意，就可丟掉作為工具的言、象。相反，如果固守著言、象，就得不到意，言、象本身也失去了意義。所以，只有忘言才可得象，忘象才能得意。同樣，由於言僅僅是得意的工具，可以忘掉，那就說明言不能盡意。

就認識論而言，王弼通過對言、象、意三者關係的層層分析，得出了一般認識論原則，解決了認識對象與認識工具的區別。但同時，王弼也把言、象和意完全對立了起來，這就又陷入了唯心主義。就玄學而言，王弼倡導「言不盡意」，其目的是探尋象外之意。即不注重言、意之間的差別和聯繫，而是重內心體認，通過修本廢言、得意忘言，達到認識宇宙萬物本體的終極目的。

王弼的言不盡意學說，具有十分廣泛的影響。魏晉之後，在藝術創作上反對一覽無餘，要有不盡之意，即是受了言不盡意說的影響。

王弼還對名教與自然的關係進行了闡述。名教與自然的關係是魏晉玄學家們探討的一個重要問題。所謂名教，是指當時的封建制度及倫理道德規範；自然，則是指自然界與社會的規律，即道。魏晉玄學力求打破兩漢以來封建禮教的束縛，主張放任、自由，以符合自然原則。但另一方面，如果完全擯棄封建禮法，則又會使社會秩序混亂。因此，名教與自然便成為一對矛盾，玄學家們對此有不同的闡說。王弼則是第一個把二者作為自然原則與社會原則的統一的哲學問題提了出來，並給以充分論述的哲學家。

王弼認為，名教也和世間萬物一樣，都是無這一本體的產物，因此，名教出於自然，是自然的體現，必須根據自然的原則來對待名教。一個賢明的統治者，應該使名教反映自然。自然無形無為，而成濟萬物。統治者按自然原則行事，行無為，立不言，眾人各安其位，名教就合乎自然的要求了。王弼依據名教出於自

然的認識，又進一步提出了聖人有情說，與何晏的聖人無情說相辯難。

何晏認為聖人與道同體，超然物外，沒有一般人的喜怒哀樂之情。王弼則認為聖人雖是天才，具有極高的智慧和修養，能尋極探幽，體認本體，即無。但聖人亦有自然之性，因而不能無情。只是由於聖人能體認本體，所以雖接觸事物而生哀樂之情，但不會沉溺於情中不能自拔，即應物而無累。王弼的聖人有情說對魏晉名士影響甚大，此後，名士標榜：情之所鍾，正在我輩。重情成為名士風流之標誌。

王弼的「貴無」說探討了宇宙本質，研究各種事物、現象之上的本體，這在形式、內容上都超越了兩漢經學，在中國哲學史上產生了重要影響。但王弼的「貴無」說最終得出的結論卻是精神性的本體——無才是真實的存在，而現實存在的現象則是不真實的，有形的萬物由無形的本體所產生，這就成為客觀唯心主義。

二、自生體有，有遺生虧

與王弼、何晏的「貴無」說相對立，裴頠提出了「崇有」論。裴頠，字逸民，河東聞喜（今山西聞喜）人，出身世家，晉惠帝時官至尚書左僕射。裴頠博學多聞，自少知名，不僅熟讀儒家經典，且精於老、莊之學。時人稱其善談名理，頗有雅緻，可見裴頠是一位儒、玄雙修的名士。

玄學自曹魏正始年間興起，至於西晉，名士不拘禮法，縱酒放達，行為之荒誕，令人啼笑皆非。在這種狀況下，「深患時俗放蕩，不尊儒術，何晏、阮籍素有高名於世，口談浮虛，不遵禮法，尸祿耽寵，仕不事事。至王衍之徒，聲譽太盛，位高勢重，不以物務自嬰，遂相放效，風教陵遲，乃著《崇有》之論，以釋其蔽」[1]。顯然，裴頠著《崇有論》的目的是以儒學糾玄學之流弊，以名教糾自

1　《晉書·裴傳》。

然之失。《崇有論》發表後，王衍等玄學名士紛紛起來攻難，但無人能折。

在《崇有論》中，裴頠首先駁斥了王弼的以無為本。他認為，作為宇宙間最高境界的「道」，其本身乃是萬物的綜合，而不同形象、不同品類的世間萬物，都是實實在在存在著的有，萬物之間也並非各自孤立，而是相互聯繫，並有著一定的規則。因此，並不存在著超越於「有」之上的「無」。萬物的產生和存在，都是自生自長的，「無」不可能生出任何東西。「夫至無者無以能生，故始生者自生也。自生而必體有，則有遺而生虧矣。生以有為己分，則虛無是有之所謂遺者也。」[2]這就是說，「無」不能生萬有，事物最初的開始是事物自己生出來的，自生的本體是有，而不是無。萬物的自生是必然的結果，只有「有」才能哺育萬物，無只是有的一種表現形式。顯然，裴頠的觀點與王弼截然相反。王弼強調的是以無為本，有只是無這個本體的用，事物始於無，又歸於無。而裴頠則認為有才是事物的本體，比無更為根本，無只是有的一種表現而已。

裴頠還認為，王弼等人的「貴無」學說是歪曲了老子思想。老子講靜一守本，講無為，只是為了反對當時的浮華流弊，教人謙讓，是一種道德修養，並非主張以無為本。實際上，裴頠是用儒家的君子之道來解釋老子的靜一守本。因此，裴頠並不否定老子，而是調和儒道思想，這也反映了他的儒玄雙修。

為了證明事物的本體是有，無並不能生有，裴頠以實例進行了論證。他說：心不同於事，做事要用心，但不能由此認為，是不工作的心在做事，所以心是無為的。匠人不同器具，製造器具的是匠人，但不能認為既然製造器具的不是器具，就說匠人是不存在的。決定「有」的是其他的「有」，而不是「無」。做任何事，都不是無為所能辦到的。你想釣到深水中的魚，靜臥不動就得不到；你想獵取高牆上的鳥，拱手靜坐也得不到。

當然，裴頠並不認為「無」毫無意義，他認為，在承認「有」的前提下，在特定的場合，無也有一定的作用。例如，完全絕欲，即禁有是不應該的，但在不

2　同上。

禁有的條件下，可以減少過分的享受，節省奢侈浪費。因為人只有依靠物質才能生存，不能超然於物之外。但又不能過分地崇有，過分崇有便會貪得無厭，為物所累。只有躬其力任，勞而後殮，才是做人之諦。這樣，裴頠就較好地解決了有和無的矛盾統一關係。

裴頠還論證了萬有之間的關係。他認為，世間萬物的類別各異，不同類別的事物有其特點，也有其不足之處。所以，一事物必須依靠他事物的存在而作為自身存在的條件。事物之間的這種互相依存關係是有規律的，有跡象可尋，這就是理，理以萬有作為它的根據。引申到人類社會中，不同的理並存，不相妨害，都有它們存在的根據，便產生了貴賤之別。人們選擇認為適合自己需要的去做，便是生活原則。當裴進行這一引申時，不自覺地受到了歷史和階級的局限，使原本對事物相互依存關係的正確見解在社會領域中變成了謬誤。

綜上可見，裴頠在關於宇宙本原的問題上，提出了無不能生有的正確命題，堅持自生體有，有才是萬物的本體。裴頠的這一崇有思想目的是匡救時弊，因此，他把哲學上的求幽探遠與社會政治緊密聯繫在一起，以有為取代無為，在調和儒、玄的同時，希望能借此以維護封建制度的長遠利益。而裴頠關於有與無的關係、道不能脫離具體事物等論述，則豐富了崇有思想，在中國古代哲學史上留下了重要一頁。

三、玄冥之境，自得獨化

向秀、郭象《莊子注》的問世，是魏晉玄學發展的一個重要標誌，表明自王弼、何晏之後，又形成了一個新的玄學流派，對西晉中朝以至東晉的玄學發展具有重要的影響。使玄學從正始年間與儒、道爭途，發展到儒、墨之跡見鄙，道家之言遂盛，玄風大暢，成為時代之精神。

郭象在向秀所作《莊子注》的基礎上，增改發展而完成的《莊子注》，通過對《莊子》一書的闡釋、發揮，反映了其玄學思想，而核心則是他所提出的「玄

冥」、「獨化」學說，即《莊子序》中所說的「神器獨化於玄冥之境」。郭象所說的「冥」，是指不分彼此、玄同彼我、玄冥是道的存在狀況，萬物皆在這一存在狀態。即「玄冥之境」中獨立地形成、存在，相互沒有聯繫，即「獨化」。根據這一思想，郭象提出了一系列觀點。

（一）自然為正

郭象反對萬物是由有意志的「上帝」所創造的，也反對在世間形形色色的各種事物和現象背後還有一個本體。他認為，天地是萬物的總稱，天地萬物均屬自然，因此，天地以萬物為體，萬物以自然為正，萬物之上沒有造物主，沒有使之然者，萬物都是自然而然所產生的。王弼認為天地萬物皆以無為本，有是從無而來的，無是世間萬有的本體。郭象對此也表示不同意。他認為，老子所有生於無的無，是指無形無象的混沌狀態的氣，並不是空無，並不是指世間各種事物和現象之上還有一個本體的無。王弼所說的無，實際和道一樣，都是一個抽象概念，而郭象所說的無，是指空無所有，空無所有當然不能產生有。所以郭象說，無既無矣，不能生有，從而否定了王弼有生於無的觀點。

無既然不能生有，那麼有就是自生的，所以郭象主張萬物皆是塊然自生，即「獨化」。自生的萬物不需憑藉任何條件，也無任何規律可以遵循，相互之間沒有任何聯繫，甚至自己也不能決定自己。這種突然發生的自生就是自然，自生之萬物合起來，總名就是天地。郭象以物各自生否認了王弼有生於無的主張，否認了無是萬物的本體，也提出了「崇有」。但郭象的「崇有」與裴頠的「崇有」是不一樣的。首先，裴認為萬物都是宇宙的一部分、一個方面，有自己的特點，也有不足，因此，事物的存在需要憑藉一定的條件。而郭象則認為事物皆是獨化，是獨立地存在、變化的，因而不需要任何條件。其次，裴認為一事物的存在必有待於他事物，事物與事物之間是有著相互聯繫的。郭象則認為有不能生有，有也不必待有。任何事物都是與其他事物沒有聯繫，獨立存在的個體，各有各的存在原則，世界就是由無數個各自獨立存在的有所組成的。可見，郭象雖然承認物質現象世界的存在，但否認了物質世界的統一性。因此，不能因為郭象崇有，就認為其哲學思想是唯物主義的。

實際上，郭象的獨化、玄冥與王弼的以無為本並沒有本質的區別。他認為萬物獨化於玄冥之境，而玄冥之境則是無法認識的。萬物自生而不知其所以生，不知其所以然地存在、變化著。如此絕言超象的玄冥之境，與王弼所說的無毫無區別，只是抽掉了無的本體意義，然後將無變成玄冥之境罷了。

（二）無因論

郭象從萬物皆自生、獨化這一論點出發，又提出了否認事物因果聯繫的無因論，並以形、影、淡影為例闡述了這一觀點。他說，世人認為有了形體，才由形體生出影子，影子附近再生出一圈淡淡的陰影，其實這一看法不對。郭象認為，造物者如果是無形的，那麼空無就不可能產生萬物；造物者如果是有形的，那麼，一個有形的東西也不可能產生形狀各異的眾多事物。因此，萬物只能是自造的，形、影、淡影是各自同時發生、獨化的，物體是孤立的存在，影子也是孤立的存在，三者之間並無因果關係。即使看起來三者之間有聯繫，其實卻各不相涉，而是俱生、玄合。顯然，郭象否定了事物之間有相互依存的關係，否定了事物；現象的產生有因果聯繫，並且把這種否認因果關係的說法作為一般原則，這就陷入了形而上學的泥潭。

（三）自足其性論

既然現實世界中存在的事物都是孤立的，沒有任何聯繫，那麼，在郭象看來，事物之間就沒有質的區別，無所謂大小、美醜、好壞了，只需各自「自足其性」就可以了。郭象以泰山和秋毫為例，認為泰山和秋毫沒有大小的區別，都可以說大，也都可以說小，甚至可以說天下沒有比秋毫更大的東西了，因為秋毫的本性是圓滿無缺的。這樣，郭象就把衡量事物的客觀標準給取消了，而代之以主觀本性的滿足程度。據此，郭象認為，任何事物只要本性圓通，就是自得、滿足的。因此，不應該去追求外在的差別，而應該各安其性命，獲得無條件的、絕對的精神自由。郭象還把他的這一觀點用來解釋社會關係，認為人在社會中的地位，就像萬物在自然界的地位一樣，萬物要各足其性，得到自己的滿足，也應該

各安其位，盡自己的本分，即各足其性，這樣就可以得到最大的滿足。郭象的這種安命論觀點，是極為消極、有害的。

（四）不可知論

莊子從人的認識能力、認識對象等角度出發論證了事物的相對性，從而推導出相對主義的不可知論。郭象則以他的玄冥獨化說為依據，提出了不可知論。萬物自己無因而生、無因而滅，變化發展都是塊然自生，沒有必然規律可遵循；事物之間沒有內在的因果聯繫，各自獨立存在，沒有本質差異。這樣的世界自然無從認識，也沒有必要去認識。如果堅持去判斷是非，就會陷入片面的認識之中。因此，莊子的不可知論，還只是以不認真的無所謂態度來對待事物之間的差別，並沒有從本體論上取消這些差別。而郭象的不可知論是從根本上否認事物之間的差別，以取消認識作為認識，比莊子走得更遠。

（五）名教即自然

從王弼、何晏到阮籍、嵇康，儘管他們對名教與自然的看法有所不同，但都認為名教與自然是一對矛盾。注重名教，便會限制人的自由發展；完全放任，不受名教限制，又會導致社會秩序混亂。而郭象則提出了名教即自然。他認為，政治上的聖人雖然過著世俗的生活，但可以有十分清高的精神世界，也就是說，雖然身在廟堂之上，然其心無異於山林之中，這樣的聖人與神人並無兩樣。顯然，郭象是用他的自足其性論在解釋名教與自然的關係。據此，郭象認為，名教與自然並不是兩件事，而只是一體的兩個方面，所以聖人常遊外以弘內，無心以順有。按照名教的原則去生活，自足其性，也就是符合自然的。至此，郭象就調和了名教與自然的矛盾。從正始玄學王弼提出名教出於自然，到竹林玄學嵇康力倡越名教而任自然，再到西晉玄學郭象主張名教即自然，此後，關於名教與自然之爭便告一段落，儒、玄雙修漸成主流。東晉時期，王導、庾亮、謝安等人，既高居廟堂之上，操持政務，又是名士領袖，手執麈尾，談玄說理，神人即聖人得到了現實的證明。

佛、道二教
的宗教哲學

　　魏晉南北朝時期，佛、道二教在弘法納徒的同時，也在不斷地完善其自身的思想體系。佛教在吸收儒、玄思想，尤其是玄學的唯心主義哲學思想基礎上，提出了佛性說、頓悟說等學說，構建起中國化的宗教哲學。道教在進行自身改革的過程中，吸收了佛教的諸多學說，形成了新的宗教哲學體系。從而為隋唐時期佛教與道教更大規模的發展奠定了基礎。

一、《阿含經》的傳譯與小乘佛教思想

　　《阿含經》是小乘佛教經典，它用較為樸素、簡潔的文字介紹了釋迦牟尼早年的說法內容和佛教的基本教義。東漢時最早傳譯的《四十二章經》便是《阿含經》要點的輯錄。此後，東漢末年的安世高，三國時的支謙，西晉的竺法護、法立等都曾譯出了不少《阿含經》的單品經。十六國東晉及南北朝初期，印度、西域僧人紛紛來內地傳教譯經，他們把《長阿含經》、《中阿含經》、《雜阿含經》、《增一阿含經》這「四部阿含」傳了進來，在漢族學僧的協助之下，全部譯成了漢文。其中《長阿含經》於後秦弘始十四年至十五年（西元 412-413 年）在長安譯出，由罽賓沙門佛陀耶舍口誦，河西僧人竺佛念翻譯，道含筆錄，共十二卷，

包括三十部經。《中阿含經》於東晉隆安元年至二年（西元 397-398 年）在建康譯出，由罽賓沙門僧伽羅叉口誦，僧伽提婆翻譯，豫州僧人道慈筆錄，共六十卷、二二二部經。《增一阿含經》於東晉隆安元年（西元 397 年）在建康譯出，由罽賓沙僧伽提婆翻譯，道祖筆錄。《雜阿含經》為法顯西行求法帶回，南朝劉宋初年在建康譯出，由中印度僧人求那跋陀羅口宣梵本，寶雲翻譯，慧觀筆錄，共五十卷、一三六二部經，其最小的經為十幾個字一部。據學者們考證，《阿含經》較為真實地反映了早期佛教的基本教義。

（一）四諦與八正道

四諦即苦諦、集諦、滅諦、道諦。苦諦講現實存在的種種痛苦現象，集諦講造成痛苦的各種原因，滅諦講理想的無苦境界涅槃，道諦講達到涅槃所應遵循的方法和手段。釋迦牟尼認為從四諦中可以得到觀見、決斷、理解、覺悟四種認識，最後達到苦諦已知，集諦已斷，滅諦已證，道諦已修。八正道是指正見、正志、正語、正業、正命、正方便、正念、正定這八種真正使人達到解脫的做法，以此達到無生、老、病、死諸般痛苦的涅槃境界。

（二）十二因緣論

即人生可分為無明、行、識、名色、久處、觸、受、愛、取、有、生、老死十二個環節。這些環節前後之間構成互為因果、互為生滅的條件。十二因緣論的中心內容是無明，各種痛苦皆起於無明，即無知，不理解或不信佛教的也可稱之為無明。要斷滅無明，就應該割棄情欲，歸依佛教，然後生明，使十二因緣不能連續，便能了脫生死，達到涅槃。

（三）五蘊論

即認為世界上的一切事物和現象都是由色、受、想、行、識這五種因素所構成的。其中地、水、火、風四種基本元素構成色，組成無生命的物質，色與其他

精神性的四蘊組合成一切生命體。由於五蘊是變化無常的,因此由它們組合而成的事物也是無常的。變化無常的世界當然就不值得留戀。如一張桌子,根據五蘊論,是由顏色、形狀、手觸摸時的感覺等因素組成的,看起來有一張桌子存在,實際上並不真實,因為存在的不是桌子,而是各種因素。人也是如此,不過是血、肉、骨頭、思想、感情等因素的組合,並不是真實的存在。五蘊論作為早期佛教的哲學基礎,從中推論出了佛教的三法印,即諸行無常、諸法無我、涅槃寂靜。並進一步論證了四諦說,正是因為人們沒有認識五蘊的變化無常,追求貪愛物質或精神的東西,才帶來種種苦惱。因此,捨棄五蘊,即斷除對人生和世界上的一切貪求和慾望,才能擺脫生死輪迴,達到涅槃的境界。

(四)四姓平等說

古代印度社會由婆羅門、剎帝利、吠舍、首陀羅四個種姓組成,婆羅門教宣稱四種姓世世代代不可改變。佛教則認為,四種姓在因果報應、生死輪迴方面是平等的。出生於卑姓的人,如能行善,來世可到天界或轉富貴之家;同樣,出生於貴姓的人,如行惡不改,死後將淪入地獄,或轉生貧賤之家。而且,四姓之人,一旦出家為僧,便具有同等的權利,沒有貴賤之分了。

《阿含經》的這些內容,反映了小乘佛教的思想,主張通過正確的修持途徑和方法,求得個人的解脫。因此,曾長期在社會上流傳,起到了普及佛教知識的作用。道安倡導出家人以「釋」為姓,即根據《增一阿含經》。小乘佛教思想與大乘佛教相比,其差異主要在於,小乘佛教雖然認為事物是不存在的,但同時承認構成事物的微小元素是現實存在的,而大乘佛教則認為一切事物和現象都是虛幻不真實的,物質世界的本質就是虛幻。南北朝以後,大乘佛教盛行,對《阿含經》中的諸多論點進行了修改與發展。

二、般若學說與僧肇的唯心主義體系

般若學說係大乘佛教空宗的理論，東漢末年西域高僧支婁迦讖來到洛陽傳法，即譯出了《道行般若經》十卷。此後，支謙也在孫吳時譯過《般若》一系的經典。但這些《般若》係佛經譯出後，卻並未在當時產生多大影響。直到兩晉時期，般若學說才受到社會注目，無羅叉、竺法護、鳩摩羅什等相繼譯出了《放光般若經》、《光讚般若經》、《摩訶般若波羅蜜經》等一批《般若》經典。道安、慧遠、僧肇等著名高僧都對般若學說作過闡發，力倡般若思想。同時，般若學說又和玄學相融合，比附玄理，使佛理玄學化，以致有的般若學者，被比為何晏、王弼及竹林七賢。

般若學說的主旨是五蘊本無，諸法皆空。小乘佛教認為，五蘊的組合構成了世界一切事物和現象，因此只有捨棄五蘊，才有可能得到解脫。而作為大乘空宗的般若學說，則認為人們所看到的色等五蘊，乃是幻有，並不是真實的存在，因為生、滅皆由因緣，因緣而生，因緣而滅，靠著各種因緣而表現出來的有，當然不是真有，而只能是一種幻有。幻有無性，所以五蘊本無。物質世界既然是虛幻、空無的，那麼，色與幻便沒有差別，色即是幻，幻即是色。不僅色、受、想、行、識這些世間之法為虛幻，即便佛道，涅槃也是如幻如夢，甚至連被大乘有宗視為最神聖的佛性也是空幻的。佛教徒苦心追求的目標是為了證菩提、至佛法，而般若學說卻宣稱諸法皆空，菩薩、佛、法性等皆悉無所有，亦不可得。從客觀物質世界到主觀精神世界，一切皆空，就連「空」也是空的。

在般若思想的傳播過程中，鳩摩羅什的著名弟子僧肇起了重要作用。他在總結魏晉玄學和佛教各流派的基本理論的基礎上，先後撰寫了《不真空論》、《物不遷論》、《般若無知論》和《涅槃無名論》，簡稱《肇論》。這四篇哲學論文作為僧肇思想的代表作，較為完整地建立起了唯心主義的宗教哲學體系。

（一）《不真空論》

不真空，意即世界上的一切事物都只是假象，並不是真實地存在的，不真，

當然都是空的。《不真空論》開宗明義便提出宇宙萬物一切皆為虛幻，沒有實體，這就是般若深遠、神妙的原則。萬物看上去雖然多種多樣，形態各異，但這些差異乃是人們強加給它的，並不是事物真正有差別。般若學說中的本無派為了論證精神性本體的永恆性，強調本體與現象之間的差別，把本體與具體事物對立起來。僧肇批評了這一觀點，他認為，把世分成有和無兩個互不相通的部分，實際上是割裂了有和無的關係，看起來抬高了無的地位，但卻未能解釋物質世界的存在。因此，僧肇認為關鍵是宇宙萬象皆非真象，給物加上一個名，並不意味著物就有了實，物之名也不是因為給了物，就成了真實的。名、實皆空，萬物當然也是空的了。僧肇對般若學說中的即色派也進行了批評，他認為即色派只看到了物質世界不是自己形成的，但未能進一步認識到物質世界根本不具備物質性。僧肇的結論是，萬物的有，只是一種借用的稱號，是一種幻影，雖然不能說幻影是假的，但應明確這是幻影，以免受幻影的欺騙。顯然，僧肇的唯心主義世界觀更為徹底，也更為精緻。

（二）《物不遷論》

《物不遷論》是僧肇對客觀世界變化、生滅、運動等問題的論述。小乘佛教中常以事物變化無常來論證事物的虛幻和空無，僧肇則認為物的變遷只是不真實的表像，實際上，事物「不遷」、常靜。僧肇首先對時間的綿延性進行了否定，認為過去、現在、將來截然分立，不相往來。在現在的時間裡找不到過去的東西，說明過去的事物沒有延續到現在，同樣，現在的事物也不會延續到將來。既然現在的事物與過去的事物截然分立，那麼變遷就不可能了。接著，僧肇又論證了生滅的不可能。他說，過去時間中的生已滅，已滅的就不能再稱之為生；未來時間中的生還沒有到來，又何以為生。而且從事物的因果關係不能成立來看，也能得出同樣結論。如果說因起於過去，果見於現在，那麼由於時間不相綿延，因果不可得，所以事物無變遷。僧肇的結論是動靜如一，動是假像，物不遷是真實，從而成為十足的形而上學的認識論。

（三）《般若無知論》與《涅槃無名論》

僧肇在這兩篇論文中從般若、涅槃兩個方面立論闡釋了佛教宣揚的解脫。《般若無知論》否定了世界的可知性，因為照僧肇的理論，世界萬物都是虛幻的，沒有固定的實體可供作為認識對象，所獲得的認識不過是不相聯貫的片斷的幻影。因此，無能知般若者，也無可知者。《涅槃無名論》主要闡述了有餘涅槃和無餘涅槃的名稱都只是外稱、假名，並不能真的把它們當成涅槃的名稱。實際上是般若學說諸法皆空的延用。

僧肇的佛教思想較為完整地體現了般若空宗學說，對王弼、郭象等人的玄學理論和般若本無、即色、心無各派的觀點進行了批判性總結和發揮，推動了般若學說的發展，標誌著中國佛教的哲學理論達到了一個新的階段。

三、涅槃佛性說與頓悟說

所謂佛性，就是成佛的基因。一個人能否成佛，要視其有無佛性，有佛性者才能成佛，無佛性者不能成佛。小乘佛教認為並非人人皆能成佛，只有應該或可能成佛的人才能成佛，據此，則不是人人皆有佛性。大乘空宗主張諸法皆空，照此邏輯，佛性亦空，也就無需談論佛性了。大乘有宗的無著、世親等提出五種姓說，否認人人皆有佛性。看起來，佛性問題只是一個佛學問題，實際上，它涉及佛教的傳播，即能否有更多的人皈依佛教，成了一個現實問題。因此，佛性問題為許多僧人所關注。晉宋之際的竺道生就是其中最著名者。

竺道生，本姓魏，鉅鹿（今河北平鄉）人。幼出家，師事竺法汰，從師姓，改姓竺。後與慧睿等至長安，投師於鳩摩羅什，與僧肇、道融、僧睿同為羅什門下的高足，被譽為四聖。回到建康後，居於青園寺，受到宋文帝劉義隆的欽敬。晚年歸居廬山。竺道生著有《法身無色論》、《佛無淨土論》、《佛性當有論》等論著，提出了佛性說、頓悟說、佛無淨土說和善不受報說等論點，震動當時，影響後代。

（一）闡提有性論

大乘有宗的五種姓說把眾生分為五類，菩薩種姓有佛性，可以成佛；不定種姓中一部分可以成佛，大部分不能成佛；緣覺種姓和聲聞種姓只能證入二乘涅槃，而不能成佛；闡提種姓是斷絕了一切善根的人，不僅不能成佛，也不能成緣覺、聲聞，只能墮入地獄。五種姓說實質上是封建等級制度在宗教神學領域中的反映。竺道生認為這種觀點未能體現出佛教的圓通廣大，遂提出了一切眾生皆有佛性，皆能成佛，據此推論，一闡提人皆得成佛，將般若實相學與涅槃佛性說合二為一。

竺道生首先把早期佛教的無我和般若學的無我不二發展為佛性即我說。他認為，佛性並不是恆常不變不滅的本體，而是本性、善性，不歸某一個人所獨有，一切眾生先天具有。如果眾生能夠除惑去迷，便能成佛。佛法無邊，佛的光輝洞照一切，眾生皆有佛性，一闡提人也是稟陰陽二氣所生，並不是不可轉變的，一旦於佛正法中心得淨信，便能滅除一切罪過，得以成佛。竺道生的一闡提人皆得成佛之說提出後，引起了佛教界的強烈震動，被視為邪說，遭到反對，被迫離開建康。不久，由曇無讖譯出的《大般涅槃經》四十卷傳到江南，該經中有「闡提悉有佛性」的說法，證明了竺道生的見解是符合大乘教義的正確見解。於是，竺道生恢復了名譽，京城諸僧，內慚自疚，皆追而信服。竺道生成為中國佛教史上上接般若，下開涅槃，宣揚佛性說最有聲望的代表人物。

（二）頓悟說

按照傳統的教義，成佛的修行是循序漸進的，即經過累世修行和積累功德，最後達到大徹大悟，這就是漸悟。不論小乘佛教還是大乘佛教，都認為這個過程要經過十個階位，即十地。儘管十地的名稱不同，又都認為十地需依次悟解，不能飛躍。竺道生與這些傳統說法不同，提出了一個快迅成佛法，即頓悟成佛說。他認為，佛性內在、先天地存在於每個人的本性之中，只要見性，即可成佛。而且，佛教的最高真理是渾然一體不可分割的，只能一次完成悟，一旦冥契，即洞

見全體，根本不可能一部分一部分的漸悟。既然是理不可分，那就只能是頓悟。竺道生為自己的頓悟成佛說找到了邏輯證明和理論依據。竺道生的頓悟說使其成為中國佛教史上頓悟思想的開山鼻祖，對後世佛教產生了重要影響，在唐代以慧能為代表的禪宗出現之前，凡談論頓悟者，幾乎都是祖述竺道生的頓悟之說。

（三）佛無淨土說和善不受報說

隨著佛教的傳播，往生淨土成為眾多佛教徒和善男信女追求的目標，東晉高僧慧遠就在廬山般若雲臺精舍阿彌陀佛像前與眾人建齋立誓，共期往生西方淨土。竺道生提出了不同的主張，他認為佛就是法，佛身就是法身；佛就是理，佛身就是真理的化身。因此，佛是沒有形象的神祕的精神性本體。既然如此，佛只能是無土、無淨土，而不會有極樂世界、西方淨土的存在。竺道生關於佛的概念及淨土問題與佛教經典上的說法有所不同。佛經所稱之佛，是對釋迦牟尼的尊稱，有時也泛指一切覺行圓滿者。佛所居住的世界即稱淨土，與世俗眾生居住的俗世，即穢土相對應。竺道生稱佛無淨土，便與佛經產生了矛盾。為此，竺道生的解釋是，佛本來沒有淨土，菩薩說佛有淨土，是為了教化眾生，當眾生聽說佛有淨土，他們皈信佛教的願望便會更加堅定。顯然，他用更加圓滑的辦法解釋了佛無淨土說。

在佛無淨土說的前提下，竺道生又提出了善不受報說。善惡報應論是佛教用以欺騙信徒的一個重要理論，慧遠就曾作《三報論》、《明報應論》，大談善惡報應。而竺道生認為，佛即是悟解宇宙本體的最高真理，不存在任何功德利益，也不存在行善受報之說。如果行善企求圖報，那就是雜念。因此，只有滅除一切慾望和超脫一切利益，才能徹底覺悟人生的真諦，進入涅槃境界。顯然，竺道生的善不受報說，與慧遠及其他前代佛學家相比，是更為徹底的唯心主義哲學觀。

竺道生的佛教哲學，已擺脫了玄學的色彩，跳出了玄學「無」為主旨的藩籬，使佛學走上了獨立發展的道路。竺道生提出的涅槃佛性說和頓悟成佛說，擴大了佛教的弘揚對象，使中國佛學發展到「心讓」，即內心修養的新階段，把中國傳統文化中強調個人內心修養的精神與佛學調和在一起，因而對中國佛教乃至

儒學的發展都影響深遠。唐代形成的天臺宗、華嚴宗和禪宗，宋明的程朱理學和王陽明的心學，思想核心均與竺道生的佛學理論有關。因而，後代有一些佛學家稱竺道生是中國佛學的第一代表人物。

四、慧遠的法性論與因果報應說

慧遠，本姓賈氏，雁門樓煩（今山西代縣）人，投師道安，四十四歲時離師南下，棲於廬山。慧遠在廬山的三十多年中，講經論道，廣收門徒，交結上層，一時之間，其所住廬山東林寺成了南方佛教傳播的中心，慧遠本人也成為一代佛教領袖。由於慧遠出身世族，博綜六經，兼善《莊》、《老》，有深厚的儒學和玄學功底，因此其常以儒、玄比附佛學，對佛教中國化作用非淺。慧遠著有《沙門不敬王者論》、《明報應論》、《三報論》等佛學論文，從中可以看出，其佛教哲學思想繼承了道安的本無義說，在此基礎上有所發展。

（一）法性本體論

道安的本無義說，重點在於解釋物質世界是第二性的，精神本體才是最真實的，慧遠又前進了一步。他認為佛教所講的本體是永恆不變的，自性清靜、常住不變是一切法的真空實性，就是法性，亦即佛性、涅槃之性。要想得性，即達到佛教最高的精神境界，就必須超出世俗的見解和脫離世俗生活。因此，慧遠所論的法性，實際上已屬於大乘有宗的範疇，與僧肇的大乘般若空觀不一樣了。僧肇認為一切皆空，而慧遠認為法性為常有。同他的法性論相一致，慧遠又提出了法身觀，即法身不但是佛的三身之一，不但是涅槃性體，同時也是最高的精神實體。法身常住不壞，是真有而不是虛無，所以能度眾生。

（二）因果報應說

因果報應，是佛教理論的一塊重要基石，如果抽掉這塊基石，那麼建立於因

果報應之上的生死輪迴、解脫生死等都將無從談起，以致佛教的全部理論都將失去意義，連佛教的存在都會成為不必要。因此，在印度早期佛教中便有業報輪迴之說。但慧遠的因果報應說不是早期佛教輪迴報應的簡單重複，而是經過改造後的新的佛教哲學理論。

佛教宣稱人有前世、現世和來世，人的一切身心活動可分為身業、語業、意業。據此，慧遠提出了現報、生報、後報的三報論，與人的三生、三業相匹配。將報應分成現世造業、現世受報；現世造業，下世受報；現世造業，第三世乃至百世、千世後受報。這樣，慧遠就得以解釋現實社會中的種種不平等現象，即不是沒有報應，而是報應還沒有到來。慧遠還進一步認為報應是自然之理，是直接從造業者自身活動中得到的，並不是外力強加的結果。因此，報應便具有因果必然性，是自然之賞罰。這樣，原本是人為編造的因果報應說便似乎成了客觀規律，完全歪曲了事實。

（三）神不滅論

慧遠從法身常住不變、永不消滅的觀點立論，來證明神不滅。他說，人有衰老病死，形體終會消滅，但精神卻可以永遠存在。猶如一根木柴燒盡了，形滅，但火可以傳到另一根木柴上去，薪盡而火傳，形滅而神在。火木之喻原是兩漢唯物主義者用來論證形毀火滅、形亡神滅的，慧遠借用了過來，進行曲解，顛倒了形神關係。

（四）三教一致論

佛教傳入中國後，作為一種外來宗教，與中國本土的儒、道兩家之間常發生矛盾，甚至引發出激烈的佛道之爭。慧遠認為，佛、儒、道三家雖出處各異，但終期則同，三教其實一致。聖人、帝王卿相、國師、道士等，都只是後天的現象，追其本源，則他們原本都是諸佛的化身。是諸佛如來為了化度眾生而示以不同的形象，一旦他們完成了化度的任務後，便仍然會返本還源，回歸佛位。所

以，釋迦與孔、老，歸致相同，佛、儒、道三家，殊途同歸。

慧遠的佛教理論中還包括淨土思想、般若思想、禪法思想等。在中國佛教史上，慧遠的佛教實踐活動、佛學理論、哲學思想，都占有重要地位。他援引玄學本無說比附佛學之空無說；將重本輕末的玄學本體論與佛教的因果報應、輪迴學說相結合。他將因緣、輪迴、三生、業報等巧妙地拼湊在一起，形成更為徹底的因果報應說。他首倡淨土思想，被後世推為蓮宗初祖。加上慧遠與當時朝廷的密切關係，使他的影響更大。如果從哲學史的角度來看，慧遠佛教哲學的最大特點便是佛學為主，輔以儒學和玄學，而這也正是佛教在中國化過程中的巨大變化。因此，慧遠的佛教哲學理論又是佛教中國化的一個重要標誌，表明佛教唯心主義發展到了一個新的階段。

五、葛洪及其神仙道教理論

葛洪，字稚川，自號抱朴子，丹陽句容（今江蘇句容）人。他出身官宦世家，父死後，家道中落。葛洪曾熟讀儒家經典及諸史百家之言，後師從鄭隱學道。張昌起義爆發後，他應召參加鎮壓起義軍的行動，立下戰功。事平後卸甲北上洛陽，欲廣尋異書，研修仙道。恰逢八王之亂爆發，交通阻斷，流徙漂泊。後應廣州刺史嵇君道之請，留居廣州，晚年入羅浮山（廣東東江北岸）煉丹，終其一生。葛洪從二十餘歲時開始《抱朴子》的寫作，約三十五歲時完成，全書分內、外兩部，《內篇》二十卷專講神仙方藥、養生延年、禳邪卻禍的神仙道教學說；《外篇》五十卷論述人間得失、世事臧否的經因治世之術。其中《內篇》集中反映了葛洪的道教哲學理論。

（一）玄、道、一的神祕主義本體論

葛洪在《抱朴子·內篇》中一開始，便提出了一個「玄」的概念，「玄者，

自然之始祖，而萬殊之大宗也」[3]。這就是說，玄是宇宙的本質，世界上一切事物都產生於玄。而這個「玄」，又是一個極其深遠、高曠，無所不在、無所不有、無所不為、無所不能的東西。它變幻莫測、微妙無比，宇宙的生成、事物的產生，都是玄的作用結果；它先天地而存在，超乎一切事物之上，既神通廣大，又深微奧妙、難以捉摸。顯然，這個「玄」不是某種物質性的實體，而是神祕的精神性實體。作為超越時空、永恆不變的宇宙本體的玄，客觀上並不存在，只能從內心裡虛構出來。所以葛洪認為，「玄」只能從內掌握它，一旦掌握，便妙用無窮。

葛洪認為，玄和道相同。道恍惚迷離於有和無之間，也是宇宙萬物的本源，是一種超乎物質的精神實體。道和玄又與一相通。「道起於一，其貴無偶。」又說，一能成陰生陽，四時寒暑變化都有賴於一的作用，春得一而發生，夏得一而成長，秋得一而收穫，冬得一而貯藏。一，大到上下四方都難以容納，小到比一根毫芒都微小。一就是如此神通廣大，無所不能，所以葛洪歸結為人能知一萬事畢。因此，它特別強調「守一」的重要性。只要能守一，刀刃難以傷身，百害可以趨避，居敗能成，處危獨安，虎狼蛇毒不敢侵害，惡鬼遠遠逃避，兵戎不能犯之，出征、旅行，不需擇選吉日。葛洪把「守一」和宗教迷信如此緊密地結合在一起，正反映了其道教哲學的本質，即哲學成為宗教神學的婢女，為宗教有神論服務，變成了一種精緻的神學。

葛洪以玄、道為宇宙本體的思想，來源於《老子》，關於一的說法，也和《老子》中的有關論述相近，甚至連語言表述都相仿。說明葛洪沿用了《老子》的哲學範疇，同時給這些哲學範疇注入了神仙道教的內容，使《老子》的思想被竄改為神仙道教的理論基礎，構建起了道教的神祕主義本體論。

3　《抱朴子・內篇・暢玄第一》。

（二）仙可學致的仙道思想

信仰道教的目的是為了長生不死和羽化成仙，因此，道教理論便首先要回答人們是否有可能長生、成仙的疑問，葛洪在《抱朴子》中即論述了「仙可學致」的思想。他認為，一個人只能認識有限的東西，而天地之大，包容萬象，不能因為沒有看到過仙人就否認仙人的存在。並引用前人的記載，以如無其事，前賢豈會妄造為由，來證實仙人確實存在。

但僅僅證明神仙存在還不夠，因為人們即使相信有神仙，但認為神仙不能學的話，仍然不會信仰道教。葛洪吸收了魏晉養生家形神互恃的思想，一方面堅持形依賴神而存在的唯心主義觀點；另一方面又認為「形者，神之宅也」[4]。只要能夠內養形神，外袪邪祟，即可使自己長生成仙。至於一些人求仙不得，如秦皇漢武之輩，是由於他們徒有好仙之名，而無修道之實，不懂得修仙煉道的精髓是什麼。因此，葛洪強調學仙求道一是要立志，「志誠堅果，無所不濟，疑則無功」[5]。二是要有明師指點，深得仙道要旨，否則也將事無所成。三是要堅持不懈，學道需要有一個長期積累的過程，不能立望立效，朝學而夕欲其成。只有通過個人的後天努力，才能最終學成仙道。

（三）內修外養的修練之道

葛洪認為，求取長生和成仙的修練之道不外乎內修外養兩個方面，即內修形神，外服金丹，簡言之，就是服丹守一。葛洪根據玄、道、一相通的理論，把守一視為長生成仙最重要的內修方法，「守一存真，乃能通神」[6]。只要守住真一，就能夠消災免禍，益壽延年，得長生之功。內修還包括保精行氣，保精即房中之術，行氣即胎息。葛洪在駁斥單行房中術便能長生的同時，也認為房中術能還精補腦，因而對修練十分重要。至於胎息行氣，更是能使老者變少，因為人在氣

---

4 《抱朴子·內篇·至理》。
5 《抱朴子·內篇·微旨》。
6 《抱朴子·內篇·釋滯》。

中，自天地至於萬物，無不以氣而生。外養最重要的便是服食金丹。葛洪認為，黃金百煉不消，埋於地下百年不朽，金丹燒之越久，變化越妙。因此，若呼引導引，服食草術之藥，可以延年長壽，但不得成仙。只有服食金丹，才能人壽無窮，與天地共久，乘雲駕龍，上下九天，所以服食金丹，乃是升仙之要。甚至提出，若服食金丹而不成仙，則古來無仙矣。可見，葛洪對金丹之術推崇至極。他的這些論述也就成為道教丹鼎派的重要理論依據。

（四）道本儒末

葛洪認為，道家之教，包括了儒、墨、名、法各家之長，又避免了各家之短，因此，道為儒之本，儒為道之末，道高於儒。葛洪的這一觀點，表明他以道家為基點，兼收儒、墨、名、法各家之長，以構建其神仙道教的理論體系。從道、儒關係出發，葛洪又進一步說明了聖人和仙人的關係。他認為，聖人遠不如仙人，人們把聖人當作偶像來崇拜，認為聖人無所不知，無所不能，完全是誤解。實際上，聖人與常人並無差別。葛洪列舉了孔子、周公等人世所不知的大量史實，以破除人們對聖人的迷信和崇拜。同時，他又指責莊子齊生死之說是詭道強達，指責老子五千文不過泛論而已。老子是道家創始人，被道教尊為教主，莊子是道家大師，被道教尊為真人。葛洪的這種態度表明作為宗教的道教，與先秦的道家學說雖有一定的思想繼承，但二者畢竟有所區別，不是一回事。也說明葛洪在創建神仙道教理論的過程中，不僅兼採儒、墨、名、法，對先秦道家也同樣如此，有可以利用之處則取之，不能利用之處則棄之，一切從神仙道教的立場和需求出發，以構建其道教理論。

葛洪的道教理論是十分龐雜的，他在原始道教分化的基礎上，總結了戰國以來神仙家的理論，並兼取儒、墨、名、法各家學說，建立起了自己的神仙道教理論。他的道教理論，融入了儒家的綱常名教，宣揚道教徒應以忠、孝、仁、信等儒家綱常為本，以修德行，否則，即便勤於修練，也難以成仙。他攻擊黃巾起義是招集奸黨，逆君作亂，是奸道、盜賊，應為禮律所禁。他身在山林，卻並未忘情於世俗之事，既要長生成仙，又要佐時治國，為此甚至攻擊道家無為而治的政

治學說迂闊無用，不切實際。可見，葛洪的道教理論與哲學思想，完全適應了封建統治階級的思想，使道教完全成為維護封建統治的工具。正因為如此，葛洪成為道教開創時期官方道教理論的奠基人。

六、南北朝道教哲學的發展與豐富

繼葛洪之後，南北朝時，道教哲學又有了進一步發展和豐富。

北朝的道教哲學是在寇謙之改革天師道的過程中發展起來的。寇謙之，字輔真，上谷昌平（今北京市）人。少好仙道，修張魯之術，服食餌藥，曾入嵩山修道。後託言太上老君授其《雲中音誦新科之誡》二十卷，命其「宣吾《新科》，清整道教，除去三張偽法，租米錢稅，及男女合氣之術。大道清虛，豈有斯事？專以禮度為首，而加之以服食閉練」[7]，從這段材料中可以看出，寇謙之的道教哲學思想主要包括兩個方面。

其一，以禮度為首的儒道雙修觀。寇謙之曾對北魏大臣崔浩說：我當兼修儒教，輔助皇帝。希望崔浩能為他撰列王者政典，並論述要旨。崔浩不僅著書二十餘篇，從上古到秦、漢，而且通宵達旦，為寇謙之講說古今興亡之跡。正是由於寇謙之重視以儒家佐國治民的思想來改造民間道教，以禮度勸化百姓，因而改革後的天師道立即獲得了北魏統治者的青睞。太武帝拓跋燾欣然接受，遣使者奉玉帛犧牢，祭嵩岳，崇奉天師，顯揚新法，宣布天下。還在京師平城建天師道場，集道士一百二十人，每日祈禱六次。改元太平真君，並親至道壇，受符籙。備法駕，旗幟盡青，以從道家之色。又在平城建造靜輪宮，以寇謙之為國師，凡軍國大事，必先徵詢意見而後決定。此後，北魏的每個皇帝即位時，都親到道場，接受道士的受符籙儀式。道教與封建政治緊緊地聯繫在了一起。

其二，煉食丹藥與齋醮禮拜相結合的修行觀。寇謙之在《雲中音誦新科之

---

7 《魏書·釋老志》。

誠》中抨擊五斗米道任意取人金銀財帛，錯亂道法，濫行房中之術，妄佩符契，詐作仙經圖書，亂食丹藥，甚至利用道教組織發動起義等流弊。按儒家的禮法制度完善道教戒律和齋醮禮儀，建立起了一套較為完整的道教科戒儀式規範。同時，寇謙之又吸引佛教教義充實道教理論，提出只有立壇宇朝夕禮拜神靈，功德僅於上世，並能修身煉藥，學長生之術，才能達到正果，成為長生之人。顯然，寇謙之的修行觀包括了兩個方面，而且認為齋功禮拜更為重要，因為服食藥物只能除病健身，房中之術更是難以證效，只有努力修齋，奉守道誡，建功香火，感悟真仙下降接引，口授訣要，才能飛昇成仙。由此可見，寇謙之的道教哲學思想更偏重奉守道誡、齋醮禮拜等宗教實踐活動，而視服食丹藥為輔助作用。

綜上表明，寇謙之的道教哲學是在吸取儒、佛思想的基礎上形成的道、儒、佛合一的產物。雖然缺少理論的系統性，但由於適應了封建統治者的需要，因而與葛洪一樣，使改革後的天師道成為官方道教。

南朝的道教哲學則主要是通過陸修靜與陶弘景的努力而得到進一步發展與豐富。

陸修靜，字元德，吳興東遷（今浙江吳興）人。他出身江南名門。少宗儒學，博通經籍，後出家，隱於雲夢山修道。陸修靜好方外遊，四處尋訪仙蹤，巫峽、峨眉、九嶷、羅浮等名山大川都留下過他的足跡，五十五歲時南遊至廬山，慕其勝境，遂隱居於廬山修道，聲名遠播。太始三年（西元 467 年），陸修靜奉宋明帝之詔到京師建康，宋明帝於北郊築崇虛館以禮之。陸修靜在崇虛館居住了十年之久，在此期間，他整理道教經典，廣制齋醮儀範，使道教的教法完善，影響擴大。陸修靜一生著述甚多，其道教哲學思想主要反映在三個方面。

（一）發展了道教創世神學

東晉以後，隨著道教發展的需要，新造的道經大量出現，這些道經編造出一個道教的創世神學譜系。陸修靜在整理道教典籍的過程中，吸取了天師道宣稱的大道出玄、元、始三氣，化生天、地、人三方的宇宙生成論和漢代流傳的天、

地、人三皇的古史傳說，構建了三洞三清尊神，配以三組道經，即洞真部《上清經》，玉清境洞真教主天寶君所出；洞玄部《靈寶經》，上清境洞玄教主靈寶君所出；洞神部《三皇經》，太清境洞神教主神寶君所出。從而使道教的創世神學譜系有了一個統一的依據。

（二）勸善度人的修練觀

道教原本提倡愛身養生，追求長生成仙。陸修靜則強調修仙不能單憑個人養生，而且還需要行善積德，捨身濟物，以濟世度人。這樣，通過積功累德，死後便可以升入仙境，或者來世成為仙人。為了說明勸善度人的重要性，陸修靜大量吸取了佛教關於三世輪迴、因果報應之說，完善了道教的禍福報應思想。

（三）強調齋醮在道教修練中的重要作用

陸修靜認為，齋戒醮儀為立德之根本，尋真之門戶，學道求仙之人，必須由此修練，才能上可升仙得道。中可安國寧家，延年益壽，保享福祿；下可救厄拔難，消災免禍。通過禮拜、誦經、思神等齋醮儀式，洗心淨行，檢束身、口、心三業，便能取得效果。陸修靜還把齋戒儀式與道教靜思期真、安神和氣的傳統修練方式結合起來，認為只有這樣，才能乘動以反靜，御有以歸虛，能靜能虛，與道合一。從而使道教的齋醮儀範在理論上更加充實、成熟。

陸修靜之後，陶弘景又進一步豐富了道教哲學。陶弘景，字通明，丹陽秣陵（今江蘇南京）人。他出身江東世家，自幼研習儒家經典，以才學聞名江東。因仕途坷坎，中年出家修道。陶弘景博學多才，能文能武，經學、兵法、數術、天文曆法、地理方物、醫藥養生、金丹冶煉等，都有涉獵，一生著述多達七八十種，被譽為道門學者。梁武帝禮聘不出，但朝廷大事輒就諮詢，時人謂之「山中宰相」。作為南朝道教改革的集大成者，陶弘景對道教哲學的豐富與發展也貢獻頗多。

陶弘景認為，「道」是宇宙萬物的起源，在其所著《真誥》中講到，「道」

首先產生元氣，元氣生成之後，產生太極，有了太極，然後產生天地。因此，「道」是元氣、太極、天地等一系列東西生成的根源。顯然，這個所謂的「道」，只能是一個類似於絕對觀念的精神實體。表明了陶弘景的宇宙本體論完全是唯心主義的。

在修仙方法上，陶弘景繼承和總結了東晉以來上清派道教思神內視、導引行氣等內修養生之術，強調通過少思寡慾、遊心虛靜、息慮無為來調節情緒，以寧心養神。同時通過飲食有節、起居有度，避免勞苦過度和放縱淫樂，加上呼吸行氣、導引按摩等鍛鍊，以健身煉形。陶弘景認為，養神、煉形雙修並重，便能延年益壽，長生不死，登到仙班。

陶弘景在道教哲學上的另一大貢獻是構建了道教的神仙信仰體系。舉凡宗教，都信仰和崇奉超現實世界的神靈，道教也不例外，其造神運動從道教形成之日便開始了，到晉末南朝，出現了為數眾多的神靈，道君、天尊、天神地祇、五方帝君、星官、五嶽山川鬼神，甚至連先秦諸子百家學者、秦漢魏晉以來著名的神仙方士，西王母、東王公等神話傳說人物，乃至歷代帝王將相，都被網羅到道教的萬神殿中，新舊雜陳，互無統屬，紛亂無序。陶弘景對這種狀況進行了整理，撰寫了《真靈位業圖》一書，按照從天上到地下的順序，將所有的神靈排列成七個階層，每一階層都有一位主神排在中間，其餘諸神靈分列左、右。第一階是元始天尊為中位主神的玉清境三元宮二十九位天帝道君；第二階是以萬道之主玉宸道君為首的一〇四名上清境諸神；第三階是以金闕帝君為中位主神的八十四名上清太極金闕諸神；第四階是以道教始祖太上老君，即老子為中位主神的一七四名太清境諸神；第五階是九宮尚書張奉為首的三十六名天曹仙官；第六階是以定錄真君為首的一七三名地仙；第七階是以酆都大帝為首的八十八名陰曹地獄鬼官。這樣，經過陶弘景的整理，近七百名各類神靈構成了一個等級有序、統屬分明、龐大完整的道教神仙譜系。高居玉清境之上的元始天尊正式被定為道教的最高神，使道教從多神教向一神教的發展前進了一大步。同時，這一神仙座次的排定，也使超現實的鬼神世界與現實的封建社會等級秩序相吻合，成為封建等級制度在虛幻世界中的反映。反過來，又以宗教神學證明了現實社會中尊卑貴賤的合理性。就此點而言，陶弘景對道教哲學確實貢獻甚大。

空前活躍
的唯物論思想

　　在玄學及佛、道神學等唯心主義思潮盛行的同時，唯物論思想並未卻步不前。相反，與自然科學發展同步，在魏晉南北朝時期的哲學論壇上，唯物論思想以戰鬥者的姿態，在宇宙的物質性、人與自然的關係、形神關係等不同層面與唯心主義和宗教神學展開了激烈的論爭，為中國古代唯物論思想的發展做出了重要貢獻。

一、楊泉的《物理論》

　　楊泉，字德淵，三國時吳國人，因史書無傳，其家庭身世與生平均難以查考。楊泉終生未入仕途，西晉平吳後，會稽相朱則曾上書晉武帝，力薦楊泉，晉武帝嘉其為人和學識，拜為郎中，但楊泉辭不赴任。楊泉一生著述頗豐，惜多已亡佚，《物理論》十六卷是他的代表作，集中反映了他的唯物主義思想。

　　魏晉南北朝時期的唯心論思想在宇宙本體論上，堅持認為在現實世界、具體萬物之上還有一個更為根本的本體，這個本體無法接觸，不能感知，甚至難以以一般的認識方法去認識它，只能以神祕主義的直觀去體會它，但它卻是萬有之

本，王弼、何晏等所說的「無」就是這樣一個本體。楊泉對此進行了尖銳的批判，認為宇宙是實有，提出了元氣自然的本體論。

楊泉用「元氣」來解釋宇宙和自然界的各種物體及現象。他認為，整個浩瀚無垠的宇宙都是由元氣構成的，天上的星星等天體就是由元氣的精華部分構成的。不僅宇宙天體充溢著元氣，地上的萬物也是由元氣所構成。由於氣有清濁之分，陰陽之別，所以就構成了不同的事物。氣之清者上升，構成天體；氣之濁者下沉，構成地面上的萬物。越是重濁的東西，它所凝固的氣就越多，石頭比土重，就因為土中含的氣比較疏鬆。而氣分陰陽，則導致了天體和萬物的運動變化，即自然本身陰陽兩氣的對立和相互作用促使事物發生各種不同的運動變化。由於萬物都是由氣構成的，所以這種運動變化不是由於外力的推動，而是事物內部產生的。楊泉還用元氣來闡釋人體，認為人含氣而生，生命只是氣的一種表現，氣聚而生，氣散則死，人死而靈魂滅，與薪盡火滅是同樣的道理。這樣，楊泉就把人同自然界的物質性統一了起來，人也是物質的，是自然的產物，並不是神的創造物。形亡神滅，並不存在著脫離肉體而存在的靈魂。

楊泉的元氣說，是總結了蓋天、渾天、宣夜這三派天文學流派的觀點提出來的。在中國古代哲學史上，自先秦便已提出了元氣論，經過歷代唯物論思想家的發展，到楊泉時，利用自己豐富的天文學知識，作出更為科學、抽象的解釋，形成了樸素唯物論的自然觀。

唯心主義哲學家在強調以無為本的同時，由於陷入了神祕主義的本體論，所以在認識論上往往主張無知、無為的不可知論，要人們消極被動地接受神、上天的擺佈。楊泉在肯定自然規律客觀存在的前提下，則強調人應該用勤勞、智慧去改造自然。他認為，蜜蜂作巢、蜘蛛織網，可謂巧妙，但皆出自動物的本能。人與動物的最大差別，就是還有思想。如工匠在製作器物之前，思想上就已有了一個草圖，然後再通過雙手製造出來。因此，既要法天之常，尊重客觀規律；又要合乎利用，通過主觀能動性的發揮，利用自然，改造自然。楊泉的這一思想無疑是符合辯證法的。

二、嵇康與阮籍的唯物自然觀

竹林七賢的代表人物嵇康和阮籍的思想是比較複雜的，就對宇宙本原的認識來看，他們的自然觀是具有樸素唯物論傾向的。

嵇康認為，世界的本原是元氣，天地萬物都是稟受元氣而生。元氣中包含著陰陽兩個方面，這兩個方面的變化推動了萬物的發生，不論是人，還是世間萬物，都是由天地間的陰陽二氣相互作用孕育而成的。顯然，嵇康的這一觀點與王弼、何晏的以無為本說完全對立，而是繼承了東漢王充的自然元氣觀。

阮籍也否定在自然界之外還有一個精神性的主宰，他繼承了老子的樸素唯物論天道觀，認為萬物皆出於自然，天地萬物都是自然存在和發生的，就連人的形體與精神也是自然的產物。自然界有其客觀規律，即「道」，人們應該學習自然，瞭解自然，保自然之性，養自然之神。

但嵇康與阮籍的唯物論思想又是不徹底的。如嵇康在形神關係上主張形神並重，提倡修心養神，通過愛憎不棲於情，憂喜不留於意，泊然無感，以及服用養生藥物，從而延年益壽。很明顯，嵇康的養生觀儘管有合理的地方，但他並未能真正說清楚形神關係，相反地表現出二元論的傾向，過分地強調了精神對於形體的作用，認為只要養生得法，便可與仙人比壽，而沒有看到精神依賴形體而存在，形體是精神的物質基礎。又如嵇康對心和物的認識，在《聲無哀樂論》中，他提出音樂發出的聲調是客觀存在，聲音與感情是不同的事物，感情出自人的內心，完全是主觀的。嵇康把客觀的聲音與主觀的感情區分開來，認為客觀事物獨立於主觀意識而存在，這無疑是唯物論的觀點。但他認為主觀感情不以客觀事物為基礎，不受客觀事物的刺激，割裂了主觀與客觀、意識與存在的關係，這就又是唯心論了。阮籍也同樣如此，他在承認天地萬物生於自然的同時，又認為天地萬物是沒有矛盾、和諧一體的，否認事物之間的差別與矛盾，陷入了唯心論的相對主義之中。

阮籍與嵇康在哲學思想的兩面性，或者說唯物主義思想的不徹底性反映了他們的矛盾心理，既不滿意司馬氏集團的統治，不滿意充斥著弄權與欺詐的社會現

實，又想維護封建倫理規範和地主階級的長遠利益，從而出現了在哲學理論上唯物論思想的不徹底性。

三、皇甫謐的樸素唯物論思想

皇甫謐，字士安，號玄晏，安定朝那（今甘肅平涼）人。出身世族，其父時，家道衰落。皇甫謐自幼過繼給叔父，徙居新安（今河南靈寶），四十歲時才回到故居。皇甫謐對仕途十分厭惡，景元初，司馬昭進相位，徵召皇甫謐等三十七人為官，皇甫謐托疾不出，並作《釋勸論》，長長二千餘字，向勸其應命的鄉鄰親友剖白了自己不願為官的志向。晉武帝即位後，又多次下詔要他出仕，皇甫謐又作《草莽臣疏》，再次申述自己執志箕山，不願入仕。因此，皇甫謐終生未入仕途，而以布衣學者結束了自己的一生。皇甫謐專心於學術研究，博綜典籍百家之言，時人稱為「書淫」。他一生唯以著書為務，著述之豐，被後人譽為晉人之最。皇甫謐的研究領域很寬，涉及史學、文學、醫學、曆法等許多方面，且都有成果問世。他的唯物主義哲學思想主要體現在四個方面。

（一）樸素唯物論的氣一元論

皇甫謐繼承了先秦以來氣一元論的唯物論觀點，認為氣是構成世界萬物的根源。他說，天賦於生生之機，氣賦於物質基礎，兩相結合，萬物才有化生之機。由於所受元氣不同，便形成多種多樣的自然界萬物，產生了事物之間的差異。體現在四時上，有春氣、夏氣、秋氣、冬氣之分；體現在自然現象上，有風氣、雷氣、穀氣、雨氣之別；體現在氣的質地上，有清氣、濁氣之分。正是這個氣，成為天地萬物的本原。皇甫謐認為，不僅自然界是由氣構成的，人作為自然界的一部分，也是稟氣而成。兩性之精氣相結合後，產生新的生命。

（二）樸素的辯證法思想

皇甫謐在堅持自然界是物質的，萬物有共同的物質本原的同時，還提出氣分陰陽，一切事物都是在陰陽二氣的矛盾運動中發展變化的，從而出現事物的盛衰榮枯。在《針灸甲乙經》中，皇甫謐以陰陽這兩個概念揭示事物相互依存、制約、轉化的關係，指出陰陽相互依存，失去一方，另一方也就不存在了；陰陽又相互轉化，寒極生熱，熱極生寒；陰陽之間相互制約，清陽之氣下降為雨，要經過地之陰氣的凝聚作用，濁陰之氣上升為雲，也要經陽氣的蒸發作用，任何一方的變化，都要受到對方的制約。顯然，皇甫謐已經看到了事物之間對立統一的變化規律，而這正是樸素辯證法的基本要素。以陰陽變化來揭示事物的發展變化，並非自皇甫謐始，先秦學者早就有所闡發。但皇甫謐作為一個既是思想家，又是醫學家的學者，用大量人體例證來說明陰陽變化，就使得這一思想更為直觀、充實，從而也就更具有科學說服力。

（三）精歇形散的無神論思想

皇甫謐從人也是稟氣而生這一論點出發，進一步提出，兩性精氣結合而產生新生命，新生命隨著形體的完備，也相應地產生喜、怒、悲、憂、恐等各種情感，產生記憶、思慮、認識等思維活動。因此，人的精神完全是隨著物質器官的形成而出現的，離不開物質基礎。一旦人死後，形體消亡，精神失去了依憑，當然也就不存在了。精歇神散，離開了肉體，就無所謂精神。皇甫謐還特別闡述了夢的產生，正確地指出了各種夢幻的出現並不是因為精神能脫離肉體而獨立活動。只是或因某些外界因素的刺激，或是某些情緒變化沒有消除，或是由於生理器官有病等原因，才使人睡臥不安而做夢。至於各人所做之夢不一樣，則是由於所受刺激的因素不一樣，或者有病的器官不一樣。如肝臟有病者，就常在夢中發怒，與人爭吵；睡前吃得過飽的人，則會夢到自己給別人送食物，所以做夢並不奇怪。精通醫學的皇甫謐充分運用其醫學知識，科學地分析了夢的產生原因，豐富了中國古代的無神論思想。

（四）進步的社會史觀

皇甫謐認為，歷史是人們自己創造的，朝代更替、國家興衰，都是人的活動的結果。同時，人們創造歷史必須遵循一定的規律，違背了客觀規律，只能碰得頭破血流，身敗名裂，不論是治國還是治家，不論是治大還是治小，都是如此。皇甫謐還認為，社會歷史是在不斷發展和進步的，從遠古時期的三皇五帝、夏禹、商湯、周文王直到秦漢魏晉，朝代的更替正表明了社會的進步，完全不必厚古薄今。如果說，重人事的觀點是皇甫謐之前的許多思想家都已提及的，那麼，強調人們創造歷史必須遵循社會發展規律，強調一代勝於一代則是皇甫謐在歷史觀上高於其先人之處。

當然，皇甫謐也和封建社會中的許多唯物論者一樣，他的唯物論思想還停留在樸素的、自發的階段，還是不徹底的。例如，他在提出元氣自然論的同時，有時又會加進一個非物質性的「德」，出現了二元論傾向；他雖然看到了事物的發展變化，但並沒有能從根本上揭示事物發展變化的內在動因，致使他的唯物主義觀點和辯證法思想都不夠徹底。尤其是在社會領域中，他一方面強調人在歷史進程中的作用，另一方面又提出天命的觀點，認為歷代王朝的興衰盛亡都是天之曆數，人世間的事總可以從上天顯示的種種祥瑞災異中得到預兆，似乎是天的意志決定人世的變化，從而給人們創造歷史的活動抹上了一層濃郁的神學色彩，掉進了唯心史觀的泥潭。皇甫謐這種矛盾的社會史觀，有其深刻的根源，作為一名醫生，他懂得治病絕不能靠上天顯靈，必須尊重事實，對症下藥，因此他重人事，強調遵循客觀規律。作為一名儒學大師，他又深受東漢以來讖緯學說的影響，試圖從祥瑞災異中找到世間變化的預兆。因此，皇甫謐的社會史觀與自然觀相比，唯心主義的成分更多一些、更明顯一些。

四、歐陽建的《言盡意論》與鮑敬言的《無君論》

歐陽建，字堅石，渤海（今河北南皮縣東）人。撰有《言盡意論》，對名實、言意關係進行了探討，反映了他的唯物主義傾向。

魏晉玄學貴無學派的創始人王弼在《周易略例》中提出了得意忘象說，認為就言、象、意三者關係而言，意是第一性的，言、象只是把握意的工具，不能代表意，因而一旦把握了意之後，言、象便可拋棄。王弼的這個觀點割裂了語言和思想的關係，否認了言、象在認識中的作用。歐陽建對此提出了不同看法。首先，他認為客觀事物是不以人們對它們的稱謂和語言為轉移的。沒有名稱，客觀事物照樣存在，並不會因為人們對它的稱謂和語言而有所改變。而且，總是先有其形，後有其名，人們是根據事物的客觀形象賦予名稱的。其次，儘管事物是客觀存在的，並不因人們的語言而改變原有面目。但在認識過程中，言對於物是不可缺少的。因為語言是交流思想的工具和手段，不通過語言，便無法表達人們對客觀事物及其規律的認識。名稱也是如此，如果沒有名稱，人們就無法分辨形態各異的世間萬物，無法對客觀存在的事物進行比較、鑑別。歐陽建還進一步闡述了名與實的關係，事物是客觀存在，並不因名稱而改變，名之於物，無所影響，從這個意義上講，名與物是對立的。但另一方面，名可以辨物，如果不通過名稱來辨認各種事物，人們就無法分別萬物，無法交流對事物的認識。因此，名與物又是統一的。儘管「實」不須憑藉「名」而存在，但欲辨其實，則須據其名。這就像形和影的關係一樣，形存影附，二者無法分離。再次，歐陽建認為語言並不是一成不變的，隨著事物的發展變化，人們的認識不斷深化，語言也不斷豐富發展，這就是名逐物而遷，言因理而變。既然名和物是密切聯繫而不可分的，那麼，言就能夠盡意，得意而不能忘言。

歐陽建的言盡意論，對言與意、名與實的關係進行了正確的闡述。事物是客觀存在的，因此實是第一性的，名是第二性的，名反映了客觀事物，二者相互統一，只要名符合實，便可通過名達到以辨其實。顯然，歐陽建的這一認識符合唯物主義關於存在是第一性的，意識是第二性的，意識是客觀存在的反映這一基本觀點，表明歐陽建的哲學思想是唯物主義的。但是，歐陽建以形影關係來比喻言意關係、名實關係是不確切的。人們在用語言表達對客觀事物的認識時，不可能像形影那樣，而是會出現詞不達意、言不盡意或者言外之意等情況。也就是說，言和名與實之間，因受各種因素的制約，並不能完全相符。正是因為有這種認識的局限性，所以才需要不斷深化對客觀事物及其規律的認識。

鮑敬言，兩晉時人，史書無傳，其家世生平及活動都無從查考。在葛洪的《抱朴子‧詰鮑篇》以鮑敬言的言論作為攻擊的對象，從而保留了鮑敬言的無君論思想。從其內容來看，鮑敬言在《無君論》中反映的唯物主義思想主要表現在三個方面。

　　其一，以元氣一元論的自然觀反對神祕主義的天命論。鮑敬言認為，世界是由陰陽二氣所構成的，天地、萬物、人類皆統一於元氣，並不存在尊卑、貴賤之別。天是沒有意志、無事無為的自然界，不可能為人類選擇或安排一個君主。因此，君主並不是奉天承運托育萬民的人類自然現象，而是強權的產物，是強者用暴力掠奪而來的。君主是強暴與掠奪、奴役與壓迫的化身；君權也並非天授，而是強者制服弱者的工具。這樣，鮑敬言就把對封建統治的批判建立在唯物論自然觀的基礎之上，而不是僅僅從道義出發進行的批判。

　　其二，以無君思想反對儒家的神權政治理論。兩漢以來，儒家學說利用讖緯、鬼神迷信傳說等作依據，論證君權出於天命神授，構建起了一套神權政治理論，為封建統治的存在提供理論依據，把不合理的封建統治說成是合理的。鮑敬言對此進行了駁斥，他以上古社會為例，指出那時並無君主，沒有尊卑貴賤，沒有戰爭掠奪，沒有剝削欺騙。人們日出而作，日落而息，自由自在，壽考而終，一切都那樣和諧，充滿自然情趣。因此，無君社會遠比有君社會更加美好。鮑敬言看到了封建君主統治的罪惡，但他找不到，也不可能找到一條通往理想的道路，便只能通過對上古社會的歌頌來表達自己的願望。這就使他在抨擊封建君主的同時，把自己的無君思想變成了一種空想，甚至是一種違背歷史進程的倒退思想。

　　其三，揭露並批判了君主統治的罪惡。鮑敬言認為，君主及其官僚機構，是以壓迫弱者為生的。他們為了爭權奪利，發動戰爭，使無辜的平民百姓血流曠野，無故喪生；使昔日繁華熱鬧的城邑，變成一片廢墟；使舊時五穀繁茂的農村，變得荒無人煙。為了滿足自己的私慾享樂，他們又大肆搜刮平民百姓，使得百姓食不充口、衣不蔽體。為了防止人民造反，君主又增加軍隊，修築城池，嚴刑苛法，使人民負擔更加沉重。因此，鮑敬言認為，君主不僅是導致百姓饑餓、

貧困的根源，而且是導致一切災禍的根源，君主和百姓之間的矛盾不可調和。要消除這種不合理的社會現實，寄託在一個好的君主是不現實的。與其有一個崇尚儉樸、不願戰爭的君主，倒不如根本取消君主，建立一個無君社會，這才是從根本上消除了導致災禍的根源。鮑敬言的這一思想實際上反映了當時處於社會底層的勞動大眾的願望和想法。對於封建君主制度的這些批判和抨擊，無疑具有積極的進步意義。

由於歷史的局限，鮑敬言的無君論思想具有濃厚的原始性和落後性。他並沒有真正找到人民群眾受剝削奴役的根源。君主制度本身是歷史發展的產物，導致人民受剝削的根本原因是私有制，而不是君主制度。鮑敬言把理想寄託在原始社會上，甚至主張取消一切進步的文化生活，就更反映了其落後性。也正因為其理論上的這些弱點，才使得成為葛洪攻擊無君論的主要素材。同時，也說明鮑敬言尚未能認識社會發展規律，他的無君論思想只是農民階級的美好願望而已。

五、魯褒的《錢神論》與賈思勰的人定勝天思想

魯褒，字元道，南陽（今河南南陽）人。他好學多聞，一生未曾入仕。晉惠帝元康之後，綱紀大壞，魯褒痛感其時貪鄙之風盛行，著《錢神論》以嘲諷世風。後世學者，一般都將《錢神論》作為一篇經濟思想方面的論文來加以研究，瞭解當時社會的商品貨幣經濟發展水準。其實，《錢神論》作為一篇憤世嫉時之作，以諷刺詼諧的筆法，對傳統的天命觀、鬼神迷信思想也進行了嘲諷和否定，反映了魯褒的反神學思想。

魯褒認為，社會之所以貪鄙之風盛行，是因為「錢」在社會生活中顯示出其決定一切的作用。有了錢，可以雖無官位但受人尊重，雖無勢力而炙手可熱；有了錢，可以變危為安，死而後活；有了錢，便能轉禍為福，轉敗為成。總之，人的性命長短，福祿貴賤，皆取決於錢的多少，真可謂有錢能役使鬼，而況人乎！《錢神論》無情地揭露了當時社會唯錢是問的醜惡現象，所謂的清談名士、儒家學說，在錢面前都黯然失色。使人們看到有錢即富貴，完全與天無關。這樣，魯

褒實質上就以死生無命、富貴在錢的命題取代了死生有命、富貴在天的神學宿命論。不僅推翻了傳統的天命論觀點，也剝去了封建統治天命神授的虛偽外衣，這就是《錢神論》的積極意義所在。

當時，《錢神論》作為一篇疾刺之作，只是停留在社會現象的抨擊下，並沒有深入地去解剖產生這些現象的根源，也沒有從哲學的高度去揭示君權神授論、天命論的實質。因此，《錢神論》的積極意義僅僅停留在批判上，並未能繼續前進一步。

賈思勰，北朝著名農學家，其所著《齊民要術》，是中國現存最早、最完整的農業科學著作。關於《齊民要術》的具體內容，本書第十二章中將詳細論述。這裡僅就《齊民要術》中所反映的賈思勰的唯物主義自然觀和人定勝天的思想做些分析。

賈思勰認為，人要衣食足而富有，就不能相信富貴在天，不能靠天，而要靠自己的努力。他說，四肢不勤，頭腦不用，而欲得到富有是從未有所聞的，不用力耕田，倉裡便不會堆滿糧食，等待上天的恩賜只會失望。他舉例說，夏桀擁有天下，而國用不足，湯僅有方圓七十二里，卻日用有餘，並不是上天特意給湯下稻麥，而是夏桀奢侈浪費，不事生產；商湯勤於農桑之故。因此能否富足，不干天意，全在人為。據此，他又進一步提出了人能勝天的可貴思想。人們可以改造鹽鹼地，使之成為良田，獲得好收成；人們可以通過勤奮的勞動，戰勝貧困，改變面貌。賈思勰作為一個農業科學家，偏重於從人力的角度來看待脫貧致富，而沒有認識到在封建社會中，導致貧富差異的原因並不在於人的勤奮與否，百姓大眾終日辛勞，仍然處在貧困饑餓之中，這是賈思勰的局限性。但拋開此點不論，賈思勰不信天命，強調人可以通過自己的努力改變命運卻是十分可取的，具有反天命論的樸素唯物主義傾向。

在人與自然的關係上，賈思勰認為，發揮人力的同時，也要應自然，遵循自然規律。他說，天時有春、夏、秋、冬的變化，土地有肥、瘠、溫、寒的差別，各種作物也都有它們自身的生長規律，如禾苗在春天生長，如果硬要使它在冬天生長，只能一無所獲。因此，人們只能順應自然，遵循客觀規律而用力耕作，才

能盡地之利，使穀物蕃植，獲得豐收。賈思勰在這裡實際上已涉及了人的主觀能動性和客觀規律的關係，雖然他還未能完整地揭示這種關係，但已經包含了一些基本的科學認識，而這種認識無疑也是符合唯物主義觀點的。

魏晉南北朝時期唯物論思想的活躍，從不同角度、不同層面批駁了唯心主義和宗教神學的天命觀、宿命論、不可知論等錯誤的觀念；闡釋了宇宙構成的物質性、存在是第一性的，君權神授的荒誕無稽等正確認識，豐富、發展了中國古代的樸素唯物論與辯證法思想。當然，由於時代和階級的局限，這些唯物論思想往往表現得不那麼徹底，有時，只是表現為具有唯物論的傾向而已。

最後，需要說明，在魏晉南北朝時期的唯物論思想中，無神論思想是一個十分重要的組成部分。以范縝為代表的無神論者在與宗教有神論進行的激烈鬥爭中表現出來的大無畏勇氣和認識深度、理論水準，在中國古代哲學史留下了重要的篇章，由於本書第三章中已有專節論述，因此在這裡不再贅言。

第六章

佛·道·巫

佛教的漢化
及其異端的產生

佛教自傳入中土之始，實際上就已開始了其漢化的歷程。但直到兩晉南北朝時期，佛教才得以廣為弘播，因而佛教的漢化也主要發生在這一時期。或將佛理玄學化，或吸收儒家綱常學說，或援道入佛，通過各種途徑和方式，與中國傳統文化交融，並以此對佛教進行改造，使之更適合中國人的胃口。逮至唐代，終於發展成與印度佛教全然不同的中國化的佛教，至此，佛教的漢化也就基本完成了。當然，佛教漢化的歷程並不是一帆風順的。其間，有過佛道之爭，互相攻訐；有過統治階級的排佛，以強硬的手段對佛教進行鎮壓；也有利用佛教教義，舉行起義，成為佛教之異端。諸如此類的事件，實質上都反映了佛教的漢化歷程是一個曲折的過程。

一、三國時期佛教在漢地的扎根

佛教傳入中國之初，人們視其為神仙方術之一種，與黃老共祠。因此，在漢代，真正懂得佛教的中國人並不多。加之譯出的佛經數量很少，質樸無文，因而佛教並未在社會上產生太大的影響，流傳也不廣泛。這種狀況直到時世艱難的漢末魏晉時期才得以改變。三國時，洛陽和建業已分別成為北方和南方的佛教傳播

中心。

漢末，安息人安世高和月支國人支讖等人即已來洛陽譯經。魏齊王曹芳嘉平年間，中天竺僧人曇柯迦羅來到魏都洛陽。其時，北方雖已有佛教傳布，但十分混亂。出家為僧，只是剃除鬚髮，身披袈裟，並不受戒，也無戒律約束；舉行齋懺時，也仍漢代祠祀一樣，混同流俗。曇柯迦羅到洛陽後，在白馬寺譯出《僧祇戒心律》，供僧人朝夕誦讀，並據此以檢點僧人生活行跡。同時，他又延請梵僧，集眾僧受戒，建立了傳授比丘戒的「羯磨」之法。僧傳稱：中夏戒律，始自於此。從此，中國才有了出家受戒的制度，曇柯迦羅也成為在中國建立授戒制度的創始人。此後，康僧鎧、曇無諦等僧人也先後在洛陽白馬寺譯經弘法。

南方的佛教比北方更為盛行。孫權時，僧人支謙來到江南。支謙本大月支人，其祖父時歸化漢室。支謙兼通胡、漢語言，博覽經籍，通曉各種藝術，是位博學多才之人。孫權拜其為博士，輔導太子。支謙因其時佛經多為梵語，遂從黃武元年（西元 222 年）開始譯經，經過三十餘年的努力，先後譯出《大明度無極經》、《阿彌陀經》、《維摩詰經》、《大般泥洹經》等大小乘經典三十六部、四十八卷[1]，並制《贊菩薩連句梵唄》三契，使歌頌佛德時伴以抑揚頓挫之聲，或佐以管弦鐘鼓之樂。支謙是三國時期譯經最多的人，由於他反對譯文尚質的偏向，主張與時尚調和，以便更好地暢達經意，為人接受。因此支謙翻譯的佛經辭旨文雅，文約而義顯，深受後世佛教徒讚賞。

支謙之後，又一位在江南弘傳佛教的知名人物是康僧會。康僧會，其先為康居人，世居天竺，後隨其父經商移居交阯。十餘歲時，雙親並亡，不久出家。康僧會不僅深明三藏，而且博覽典籍，天文圖緯，多有涉獵。於赤烏十年（西元247 年）來到建業，孫權為其建建初寺，成為當時江南著名的寺院。康僧會在建業居住了三十三年，先後譯出了《小品般若經》、《六度集經》等佛經；又注《安般守意經》、《法鏡》、《道樹》三經；並制《泥洹梵唄》。康僧會譯經數量遠不

1　關於支謙譯經之數，各家說法不一。梁僧祐《出三藏記集》卷二稱其譯經 36 部、48 卷。慧皎《高僧傳》則云有 49 部。據呂澂先生考證，應為 29 部。

及支謙，但他卻是中國佛教史上第一位兼具佛、儒、道思想的譯師。在他的譯文裡，可以看到孝慈、仁德等儒家的語言和思想；可以看到自本無生、無名等道家的語言和思想；他還直接將儒家的仁、義、禮、智、信的五常和佛教不殺、盜、淫、妄、酒的五戒糅合成五教。如果說，在支謙那裡，佛教的漢化表現為以適合中國人習慣時尚的文字來翻譯佛經，那麼，康僧會則是以中國傳統文化來註釋佛經，使佛教的漢化邁出了一大步。

隨著佛教的傳播，三國時期還出現了中國佛教史上第一位西行求法者——朱士行。朱士行，潁川（今河南禹縣）人。出家後，因講《小品般若》感到經文艱澀難通，遂發誓西行求取正本。於甘露五年（西元 260 年）從雍州出發，西渡流沙，到達于闐，求得《大品般若》梵本九十章六十餘萬言，遣弟子送回洛陽。朱士行的西行求經，表明佛教傳入中國後，經兩三百年的蹇促際遇，已漸為中國人所領悟，不辭艱辛，欲求真本。此後，更多的僧人為探求佛理而踏上了西行之路。也表明佛教傳入中國後，經兩三百年的困頓，終於在中土站穩了腳跟，此後，便以空前的速度在中土傳播擴散。

二、兩晉時期佛教的發展

兩晉時期，佛教進入了一個迅速發展的時期，譯經數量大增，從西晉武帝泰始元年（西元 265 年）到東晉安帝義熙末年（西元 419 年）的一百五十多年中，翻譯的佛經達二百五十餘部，約一千三百卷，佛教各個不同體系的經典，在這一時期幾乎都有譯出，出現了竺法護、僧伽提婆、鳩摩羅什、曇無讖等一批譯經大家。與此同時，一批從事於佛教理論研究的「義學沙門」也相應出現，他們注釋、演繹、闡發佛經。《般若》學說與魏晉玄學相互輝映，使佛教在漢魏初傳時期有限漢化的基礎上加快了漢化的步伐。

竺法護，其先月支人，世居敦煌，其一生致力於譯經事業，先後在敦煌、長安等地譯出佛經一五五部、三一一卷，占兩晉譯經總部數的五分之三強，譯經總卷數的將近四分之一，成為中國佛教史上在當時譯經數量最多的著名譯師。竺法

護所譯佛教的門類十分廣泛，包括般若經類、華嚴經類、大集經類、法華經類、大乘律類、本生經類等，種類繁多，幾乎將當時西域流行的佛教要籍全都翻譯了過來，從而為大乘佛教在中土的廣泛傳播提供了條件。

鳩摩羅什，生於龜茲，父為印度人，母為龜茲人。羅什初學小乘，後改宗大乘。前秦建元十八年（西元 382 年），呂光破龜茲後，強迫羅什娶龜茲王之女為妻，後又劫持羅什回涼州。羅什在涼州期間，學習漢語，並通過前來受學的僧肇，瞭解了內地的佛教情況。後秦弘始三年（西元 401 年），姚興派人迎其到長安，待以國師之禮，翻譯佛經。在此後的十多年中，羅什譯出了佛經三十五部、二九四卷，成為晉代譯經數量僅次於竺法護的著名譯師，而其譯經之盛況，則遠遠超過竺法護。如在譯《大品般若》時，僧肇、曇順等八百餘人助譯；譯《思益經》時，參加翻譯的僧人二千餘人；譯《維摩經》時，義學沙門一千二百餘人參加；譯《大智度論》時，五百餘人共集譯場。可見羅什譯經之規模宏大。而且由於羅什兼通梵漢語文，又有一大批義學名流參與譯經，因此所譯佛經之品質遠遠超過前人。在中國佛教史上，把羅什之前的譯經稱為舊譯，羅什所譯稱為新譯。羅什也成為中國佛教史上的四大譯師（羅什、真諦、玄奘、不空）之一。羅什所譯佛經大多是大乘佛經，因而影響尤為巨大。在他之前，儘管從漢代起就已有了《般若》經類的翻譯，但由於受譯者水準及時代限制，並未能將《般若》空宗的學說正確無誤的表達出來，直到羅什譯出《大品》，尤其是《四論》（《大智度論》、《中論》、《十二門論》、《百論》）後，才從根本上改變了這種狀況，使人們對般若「性空」學說有了較為準確的理解。羅什所譯佛經也成為大乘各教派的主要依據，如《中論》、《百論》、《十二門論》成為三論宗的主要經典；《成實論》成為成實學派的主要依據；《法華經》成為天臺宗的主要經典；《阿彌陀經》成為淨土宗的主要經典。羅什門人僧肇、僧睿、道融、道生等也都成為中國佛教史上的著名人物。

道安，俗姓衛，常山扶柳（今河北冀縣）人，出身世家，天資聰慧。因父母早亡，十二歲出家，由於形貌醜陋，不為其師所重，被役使於田間耕作，數年後才被其所識。後至鄴城（今河北臨漳），深得佛圖澄賞識，收為弟子，從此，道安開始嶄露頭角。此後，道安輾轉活動於山西、河北、襄陽、長安等地，注經弘

法，制定僧規，探究般若真諦，推動了晉代般若學的興起。道安對佛教發展的貢獻主要有三：一是譯註和整理佛經。據僧傳記載，道安著有各種經注二十種、二十二卷，涉及大小乘、經、律、論三藏，可見其對佛教的研究面十分寬廣。為了使翻譯的經典能保持本真和通俗，他組織中土僧人譯經，並邀請西域高僧僧伽提婆、曇摩難提、僧伽跋澄等協助翻譯，先後翻譯和注釋了大量的般若部經典。道安還將所見佛經編成《綜理眾經目錄》，成為中國第一部佛教目錄學專著。二是制定僧尼戒規。道安為保持和維護佛教的嚴肅性與純潔性，制定了僧團講經說法、衣食住行等宗教儀規，成為中國佛教史上創立「清規」的第一人。他還劃一僧人姓氏，將僧尼依師為姓統一規定為釋，自此，漢族僧尼迄今仍以釋為姓，未作改變。三是以其淵博的學識和寬闊的胸懷，對佛教禪學和般若學兼容並蓄，融會貫通，並創立般若本無宗。兩晉佛教漢化進程加快的突出表現便是般若學的興起，而道安數十年致力於般若學的研究，對般若思想的中國化作出了重要貢獻。

兩晉時期，佛教經典的大量譯出，對佛教理論的深入研究，尤其是般若學的勃然興起，使得這一時期的佛教已經完全擺脫了漢代佛教對神仙方術的依附，而走上了具有中國特色的獨立發展道路。佛寺林立，僧尼眾多，據法琳《辨正論》中的記載，西晉兩京，有寺院一百八十所，僧尼三七〇〇餘人；東晉一〇四年中，有寺一七六八所，僧尼二四〇〇〇餘人。十六國時期北方的佛寺和佛徒數量雖無法詳考，但從當時各割據政權競相崇佛的情況來看，佛教的傳播當更為廣泛，後秦境內「沙門坐禪者恆有千數，州郡化之，事佛者十室而九矣」[2]！便是一證。

晉代佛教的迅速發展及其漢化步伐的加快，究其原因，主要有三：其一是社會動盪，成為佛教滋長的肥沃土壤。西晉統一為時不久，便爆發了長達十六年的八王之亂，此後接踵而來的是流民起義，「五胡亂華」，晉室東遷。整個中原地區兵連禍接，白骨蔽野，百姓流離失所，饑餓肆行，加之疾疫流行，天災人禍，甚至出現了人相食的慘況。在這樣的社會現實面前，佛教成為麻痺人民思想的一

2　《晉書・姚興載記》。

劑良藥，人們試圖從來世、天國尋求精神慰藉和超脫。因而，佛教的信徒驟然劇增，上至王公貴族、下至平民百姓，都歸信佛教，佛教獲得了迅速發展的社會基礎。其二是封建統治者的重視與倡導。在北方，十六國統治者多為少數民族，他們對佛教原本就少有牴觸心理，不僅自己信佛，而且對佛教尊崇至上。如後趙石勒尊佛圖澄為「大和上」，不僅廣為建立佛寺，而且連軍國大事都詢問佛圖澄的意見而後行。其子石虎更是下詔准許漢人出家，並規定凡出家為僧者即免去租稅徭役及兵役，致使後趙境內百姓紛紛削髮遁入佛門，以逃脫沉重的封建剝削。後秦姚興待鳩摩羅什以國師之禮，為之設立譯經場，規模之大，前所未有。北涼沮渠蒙遜尊曇無讖為聖人，在姑臧建立譯場，請其譯經，且每有國事難決之時，便諮於曇無讖。一時間，北涼境內開窟造像之風盛行。東晉諸帝亦是如此，篤信佛教，如晉明帝為太子時，常手畫如來之容，口誦三昧之旨。封建統治階級對佛教的支援與倡導，為佛教的傳播提供了政治上的保證，道安曾說：不依國主，法事難行。有了統治者的支持，佛法便得以暢通無阻，廣為流布了。其三是魏晉玄學為佛教的傳播提供了思想條件。魏晉玄學的興起，以其玄虛神祕的唯心主義思想體系，與佛教相互補充、相互吸納。兩晉玄風盛熾，玄學之士談玄說理，佛學也融入清談品題，使更多的知識分子接受了佛教。佛教也藉助玄談推行佛法，出現了一批善談老莊的名僧，他們主動與名士交遊，互相酬答，使佛學玄理化。在這一過程中，不僅使佛教在知識階層中廣為弘傳，而且為佛教的漢化提供了思想支援。從一定意義上說，兩晉佛、玄合流，佛玄交融，是使得佛教自覺開始漢化的一個顯著標誌。

三、南朝佛教理論的發展及其國教化

　　兩晉時期佛教的廣為傳播與漢化步伐的加快，為佛教的發展奠定了基礎。到南朝時，一方面，伴隨著佛教理論的發展，佛教流派開始形成；另一方面，佛教的迅速發展，到蕭梁時取得了近乎國教的地位。以上成為南朝佛教的兩大顯著特點。

佛教發展到南朝，已經與玄學分野而走上了獨立發展的道路。但魏晉玄學清談之風，仍然對佛教產生難以抹去的影響，導致了南朝佛教以義理之學發達而有別於北朝佛教。由於南朝佛教重義理，因而這一時期佛教理論得到了進一步發展，出現了不同的佛教學派。

（一）《三論》學說的復興

《三論》（《中論》、《十二門論》、《百論》）自鳩摩羅什譯出後，經羅什師徒的弘傳，在東晉中後期曾十分盛行。但自羅什及其門下相繼去世後，《三論》學說漸趨沉寂。到蕭梁時，攝山棲霞寺住持僧朗致力弘傳《三論》，梁武帝深為器重，遣僧詮等十人受業於僧朗，專習《三論》。僧朗之後，其弟子僧詮以《中論》為般若學主要內容，被稱為《三論》之新說。此後，僧詮弟子法朗在陳時繼續弘傳《四論》學說（即《三論》加《大智度論》），以不住、無得、無著的般若思想駁斥成實學派，形成了「彈他」與「顯自」並重的獨特學風。由僧朗、僧詮、法朗師徒三代的努力，《三論》學說終於重新復興，再度弘傳，到隋代，法朗弟子吉藏便正式創立了三論宗。

（二）「佛性」論的盛行

自竺道生弘揚涅槃佛性說和倡導一闡提人皆得成佛說之後，《涅槃經》的研習便盛行一時。宋文帝元嘉初年，曇無讖於涼州譯出的大本《涅槃》傳到南方。南朝僧人慧觀、慧嚴和文士謝靈運等，參照法顯與佛馱跋陀羅所譯的六卷本《大般泥洹經》，將曇無讖譯的四十卷本《涅槃經》改成三十六卷的南本《涅槃經》。這樣，較為完整的佛性論思想在南方得以廣泛地傳播，以致《涅槃》佛性論一時間成為南方佛教界的「顯學」。隨著《涅槃經》的盛行，佛性之說也眾說紛紜，據吉藏所說，南朝講佛性者，竟達十一家之多。

（三）成實學派的興起

成實學派以古印度訶梨跋摩所著《成實論》而得名，鳩摩羅什將其譯出，經其弟子曇影、僧睿等人的弘揚，被廣為傳布。南朝時，已發展為影響最大的學派之一。《成實論》雖屬小乘佛教，但因其反對法有而只講法空，加之具有思精、言巧的特點，因而被視作是由小乘通往大乘般若學的津梁。蕭梁時，智藏、僧旻、法雲等僧人開講《成實論》，並分別進行註疏，形成了盛極一時的成實學派。尤其是法雲，依據《法華經》闡發《成實論》，表明中國佛教在南朝中期已出現了大小乘融合為一的動向。因此，南朝弘傳的大乘佛教已與印度大乘佛教的旨趣拉開了距離，成為有中國特色的佛教了。

（四）天臺宗的初創

天臺宗為陳時僧人智所創。智，俗姓陳，字德安，祖籍潁川（今河南許昌），出身官宦之家，十八歲削髮為僧。太建七年（西元 575 年），智率弟子二十餘人入天臺山（今浙江天臺縣城北）結草廬而居，開始創立天臺宗。天臺宗以《法華經》為根本，以《大智度論》為旨趣，以《涅槃經》為輔翼，以《般若經》為觀法。主張三諦圓融，只要一念心起，便能達到即空、即假、即中；以五時、八教為判教標準；宣揚三智一心和一心三觀之說。天臺宗的建立，標誌著中國佛學開始走上了獨立發展的道路，逮至隋唐，便出現了更多的佛教宗派。

（五）《攝論》的弘傳

梁朝時，中國佛教史上四大譯師之一的印度僧人真諦從扶南（今柬埔寨）來到建康，受到梁武帝的禮敬。後因遭侯景之亂，乃顛沛流離於東南各地，晚歲留居廣州。據僧傳記載，真諦所譯經、論、記傳等共六十四部、二七八卷。真諦的譯經雖然範圍甚廣，但最重要的是唯識一系的《攝論》，使無塵唯識的《攝論》要旨得以在江南弘傳。此後，其弟子僧宗、慧愷、法泰等都宣講《攝論》，法泰的弟子靜嵩還在北方弘傳《攝論》。

（六）三教同源與真神佛性說

在南朝佛教理論的發展過程中，梁武帝以「菩薩皇帝」的身分參與其間，提出了一個更富中國特色的佛教理論，即三教同源和真神佛性之說。梁武帝從維護封建統治的需要出發，提出佛、道、儒雖旨趣各不相同，但各有妙用而不可偏廢。三教之中，佛教至上，儒、道皆源於佛教，孔子、老子是為如來弟子，從而建立了一個以佛教為主體，儒、道為輔翼的佛學理論。真神佛性之說的主要論點是：真神即人的善性，佛性雖眾生具有，但要通過修心以保持神明，行善以恢復心神清靜，才能除去無明和諸般煩惱，求得佛果。同時，般若學主張客觀萬有為空是因，涅槃學主張佛性常住是果，二者不分主次優劣，而相互聯繫、補充。梁武帝的三教同源說是儒、佛、道三家矛盾鬥爭的產物，是其調和三教矛盾，共同為封建統治服務的需要。真神佛性說則是對佛教內部不同學派間的矛盾的調和，也把佛教的佛性與儒家的善性糅合在一起。因此，梁武帝的佛教理論本身是十分膚淺的，並未能形成較為系統的唯心主義思想體系。其意義主要在於政治上對儒、佛、道三教之間的關係作了總結，建立一個三教並重、三教相容的官方宗教神學體系，作為維繫封建統治的精神支柱。

南朝佛教在理論發展的同時，其傳播面也越來越廣，社會地位越來越高。南朝宋、齊、梁、陳的封建統治者中，佞佛者不在少數。宋文帝劉義隆延請僧人慧觀、法瑤、慧琳等參與朝政，坦然明言，若全國百姓都能崇信佛教，則自己便能坐致太平了。其子宋明帝劉彧對佛教亦頗感興趣，施錢動以萬計，對僧人殷勤備至。齊高帝蕭道成即位後，對僧人頗致敬意，建寺造像。其子武帝蕭賾在彌留之際的遺詔中，竟還不忘對子孫殷殷告誡，要他們盡心禮拜供養諸佛。武帝次子竟陵王蕭子良雖位至司徒，信佞佛之態更甚於其父、祖。常盛情邀請名僧到府中講經論法，親手抄寫佛經，組織僧人信徒與無神論者范縝辯論。梁武帝的佞佛更是達到極點，他四處興建佛寺，所費無度；訂立僧制，帶頭吃素；四次捨身佛寺，受佛戒；對寺院、僧人大行佈施，往往一次即費錢千萬以上；還大辦法會，親自講經。佛教發展到梁時，終於取得了國教的地位。此後，梁武帝諸子也都效法乃父，熱衷佛教。陳朝諸帝，亦多佞佛。武帝陳霸先，步梁武帝後塵，也捨身佛

寺，辦法會，講佛經。文帝陳茜、宣帝陳頊不僅辦法會，而寫懺文，聲言願一切眾生都能歸信佛門。陳後主陳叔寶寵幸貴妃張麗華，沉溺於酒色之中，卻也傚法其前輩，曾在太極殿兩次設大法會，還捨身於弘法寺為奴，結果由百官出錢將他贖回。

封建統治者的佞佛，必然引起上行下效，公卿百官亦尊奉佛事，以致南朝境內寺塔林立，僧尼日眾。據法琳在《辨正論》中的記載，劉宋時，有寺院一九一三所，僧尼三六〇〇〇餘人，到蕭梁時，已發展到寺院二八四六所，僧尼八二七〇〇餘人[3]，僅京城建康一地就有寺院七百多所。隨著佛教寺院的增加，寺院經濟也迅速膨脹，不少寺院占有土地，放高利貸，剝削聚斂加上帝王權貴的大量施捨，形成了雄厚的經濟力量，給社會與百姓造成了日益嚴重的危害。

四、北朝佛教的發展

北朝魏、齊、周三朝諸帝，除北魏太武帝與北周武帝曾行滅佛之舉外，其餘諸帝，多為信佛者。北魏拓跋珪在入主中原的過程中，備究南夏佛法之事，頗覽佛經，禮敬沙門，曾派專使送銀缽等禮品給隱居於泰山的沙門僧朗。天興元年（西元 398 年），拓跋珪下詔弘揚佛法，並開始建寺造塔。其子明元帝拓跋嗣繼位後，承父之志，於京邑四方建造寺院，令僧人助其敷導民俗。在拓跋珪父子的扶助下，佛教開始在北魏境內傳播開來，應詔赴京師的趙郡僧人法果被封為道人統，統攝僧徒，建立起了管理僧尼事務的專門機構。

北魏神龜元年銘金翅交腳菩薩像

3　《南史・郭祖深傳》所載郭祖深上梁武帝疏中云有僧尼十餘萬人。

文成帝拓跋濬繼位後，立即頒發了復佛法詔，在太武帝拓跋燾滅佛不過數年之後，佛教便又重新獲得了發展，沙門統曇曜在京城西武州塞雲岡開鑿石窟，鐫建佛像，著名的雲岡石窟，至此開始興建。文成帝還詔令設立僧祇戶和佛圖戶，使寺院經濟得以發展，形成了一個僧侶地主集團。孝文帝亦篤信佛教，曾親為出家者剃髮，讓朝廷大員與僧人討論佛教義理。遷都洛陽後，更是交往名僧，探討佛理，為禪師佛陀修建嵩山少林寺。宣武帝元恪登位後，仍悉心維護佛教，在洛陽城內大興寺院建設，還在洛陽郊外龍門開鑿石窟。其時，洛陽城內寺塔林立，每逢佛誕節日，梵樂動天，香菸繞城，熱鬧程度竟使西域僧人驚嘆是到了「佛國」。到北魏末年，全國已有寺院三萬餘所，僧尼二百萬，足可見北魏佛教之盛。

北齊諸帝，佞佛不減於北魏。北齊文宣帝高洋大起寺塔，剃度僧尼，竟將國家財政的三分之一供寺院所用，高洋佞佛，竟不惜如此慷國家之慨。孝昭帝高演和武成帝高湛雖然僅僅只做了二、三年皇帝，但對佛教卻情有獨鍾，誦讀佛經，日以繼夜，剃度僧尼，數以千計。北周除武帝滅佛外，其餘皆為好佛者。閔帝宇文覺在位不到一年，卻廣集海內名僧，大開菩提之路。周宣帝宇文贇在位不到二年，竟詔令造佛像一萬餘座，抄寫《般若經》三千餘部。北周、北齊雖皆為短命王朝，然佞佛之舉卻甚囂塵上。

北朝統治者與南朝一樣，崇信佛教，為佛教的發展創造了有利條件。但北朝佛教的發展道路卻不同於南朝佛教，以重實踐、崇尚修行為特點。

隆緒元年王阿善造像（北魏）

（一）《地論》的弘傳

北天竺僧人菩提流支於北魏宣武帝永平初來到洛陽，主持譯事，譯出佛經

三十多部，其中《十地經論》十二卷在當時影響甚大，在北方開創了《地論》學派。《地論》是佛教唯識系經典，以三界唯心為命題，其所講佛性與《涅槃》大致相同。在《地論》的弘傳中，逐漸分成了南北兩派。北派主張佛性始有，東魏時因著道寵的弘揚，盛行鄴下。南派主張佛性本有，經慧光、法上、道憑等人的傳授，到唐初智儼時創立了華嚴宗。盛行於北朝的《地論》學說，與同屬唯識系的南朝《攝論》命運相似，主要活躍於南北朝時期，至於唐代，《攝論》歸宗於唯識，《地論》歸宗於華嚴。

麥積山第 147 號窟主佛坐像

（二）《毗曇》的弘傳

《毗曇》是小乘有部論典的總稱，魏晉以來，不斷有人譯出。南北朝時，在南方盛行《成實》的同時，北方尚好《毗曇》，其中以被時人稱之為「《毗曇》孔子」的慧嵩為北方最著名的弘傳《毗曇》的學者。慧嵩是高昌國人，少小出家，聰悟敏捷，尤精《雜阿毗曇心論》，後由高昌王將其「獻」給北魏。到魏地後，慧嵩又從《毗曇》名家智遊受學，學問日深，成為《毗曇》名家，聲動江表、河南，至於隋唐而不衰。直到玄奘重譯《俱舍》之後，《毗曇》學的傳承才告結束。

（三）禪學的弘傳

孝文帝時，印度僧人佛陀禪師來到北魏，受到朝廷禮遇，後隨孝文帝南遷洛陽，居於嵩山少林寺修習禪法。佛陀禪師弟子數百，經道房、僧稠，禪學盛行於魏末北齊。比佛陀稍遲一些，南天竺僧人菩提達摩也從南朝來到北方，入嵩山面壁修禪。北魏末，慧可到嵩山少林寺拜達摩為師，以自斷左臂表示求道之至誠，後成為達摩繼承人。慧可繼承發展了達摩的禪學思想，認為求佛應重在坐禪而不

在於語言，應以忘言忘念為宗，將豁然自覺，捨妄歸真和身佛無別為義理。北齊時，慧可傳法於弟子僧璨，再經道信、弘忍，到神秀、慧能時，便創立了中國佛教史上最有影響的宗派之一禪宗。

（四）靜土思想的弘傳

自東晉道安、慧遠倡導淨土信仰以來，北朝時，五臺山高僧曇鸞力倡淨土信仰，並結合北朝佛教重在實踐修行的精神，發展了淨土法門的修持方法。淨土法門的修習方法有二，一是觀想唸佛，二是稱名唸佛。曇鸞重視稱名唸佛，臨終前令弟子齊聲高唱阿彌陀佛。還援道證佛，證明稱名唸佛的效力。這就為淨土信仰脫離坐禪而轉向口念提供了依據。到唐代，淨土宗正式創立，便專以稱名唸佛為業了。由於淨土信仰沒有什麼深奧的哲理，簡便的修持方法能為眾多的信徒所接受，因而便得到了廣泛的發展。

北朝佛教的發展與南朝相比，更注重實踐修行，禪學、淨土信仰盛行。到唐代，隨著南北統一和不同學派的繼續發展，便相繼建立起具有各自教義、師承的中國佛教宗派。

五、北朝二武滅佛

與南朝佛教相比，北朝佛教的發展道路更為曲折，北魏太武帝和北周武帝的二度滅佛，即反映了北朝佛教發展的曲折性。

北魏太延四年（西元 438 年）三月，太武帝拓跋燾以沙門眾多為由，詔令五十歲以下的僧人一概還俗為民。太平真君五年（西元 444 年）正月，拓跋燾又頒發詔令，稱「沙門之徒，假西戎虛誕，生致妖孽，非所以壹齊政化，布淳德於天下也」。規定自王公以下至於庶人，凡私養沙門、師巫者，限於二月十五日前

遣送官府，逾期不出，師巫、沙門處死，主人門誅[4]。兩年後，拓跋燾因鎮壓蓋吳起義來到長安，其隨從牧馬到一寺院，發現寺內藏有弓、矢、矛、盾等兵器，遂報告拓跋燾。拓跋燾疑與蓋吳通謀，命有司將該寺僧人全部處死。在查抄寺中財產時，發現數以萬計的財物和釀酒器具、與貴室女私行淫亂的密室等不法證據。拓跋燾忿恨沙門非法，接受崔浩的建議，詔令各州，「諸有佛圖形像及胡經，盡皆擊破焚燒，沙門無少長悉坑之」[5]。實施更為嚴厲的滅佛行動。

北周武帝宇文邕即位後，多次召集群臣及僧人道士討論三教優劣，欲以儒教為先，佛教為後，道教最上，然激烈的佛道之爭使定論始終難以實現。周武帝遂於建德三年（西元 574 年）五月詔令禁斷佛、道二教，經像悉毀，並令沙門、道士還俗。北周滅齊後，周武帝在鄴城新殿多次召請僧人，講說尊儒罷佛。僧人慧遠以阿鼻地獄相威脅，周武帝表示寧下地獄，也要罷佛。遂在北齊境內推行滅佛法詔令。焚燒經典，拆毀佛塔佛像，北方境內千萬餘所寺院皆充為民宅，三百萬僧尼皆還俗為民，還歸編戶。

這就是北朝二武滅佛的大致經過。導致二武滅佛的原因很多，有政治的、經濟的，也有宗教的。在本書第三章中曾就二武滅佛的宗教原因進行了分析，這裡僅就二武滅佛的政治和經濟原因再作些論述。

拓跋燾即位之初，亦遵其祖、父之業，常引高德僧人，與共談論。佛誕節日，還親御門樓，以致禮敬。然拓跋燾在位之時，正是北魏日益強盛，力圖統一中原之際。史書稱其富於春秋，銳志武功，雖敬重沙門，卻未存覽經典，深求緣報之意，正反映了這一事實。在統一北方的連年征戰中，亟需大量人力、物力。然僧侶不從征役，使兵源不足；寺院擁有大量土地、財富，又不納賦稅，使國稅源堵塞，財力枯竭；個別僧人誇誕大言，蠱惑人心，超越封建政治軌道。這樣，當佛教的發展與拓跋燾的統治利益發生衝突時，他就必然要採取行動對佛教實行打擊。拓跋燾的兩次滅佛，都與上述因素有關。而其第二次滅佛更為堅決，也正

4　《魏書·世祖紀》。
5　《魏書·釋老志》。

是由於寺院私藏武器，證據確鑿。可以明確斷言，倘若不是佛教的發展妨礙了拓跋燾統一中原的雄心，妨礙了封建政治的正常運行，他是絕不會滅佛的。胡三省在《資治通鑑》所載「魏主詔罷沙門年五十以下者」後注曰：「以其強壯，罷使為民，以從征役。」[6]就可謂看到了問題的實質所在。

拓跋燾去世後，佛教便又重新獲得了發展。封建統治階級為扶持佛教，靡費大量財力、物力興修寺塔，殫土木之功，窮造型之巧，繡柱金鋪，駭人心目。隨著僧祇戶、佛圖戶的設立，寺院經濟惡性膨脹，寺院用各種手段侵占公私土地，或依仗權勢，強行霸占；或以宗教為幌子，巧取豪奪。到北魏末年，洛陽城內寺奪民居，三分且一。非但京城如此，天下州鎮亦然，寺院兼併土地之激烈，比之世俗大地主毫無遜色。寺院還蔭庇勞力，出現了「所在編民，相與入道，假慕沙門，實避調役」[7]的狀況。儘管統治者多次頒布詔令限制度僧人數，但並無實際效果。至於統治階級的巨額賞賜、信徒的無償施捨，更是成為寺院從事經濟活動的資本。佛教濫觴如此，自然給封建統治帶來種種不利因素。在這種狀況下，也必然再一次發生反佛行動。

宇文氏取代西魏，建立北周後，偏居關中一隅之地，地狹民貧，人口不足千萬，和北齊相比，國力大相懸殊。為達到消滅強齊、統一北方的目的，北周統治者採取了一系列富國強兵的措施。如推行均田制，遏止土地兼併；建立計賬和戶籍制度，保證政府收入；將府兵徵募對象擴大到所有均田戶，開拓兵源；釋放奴婢、雜戶，增加編戶人口；推崇儒學，穩定思想，等等。然在一千萬人口中，僧尼竟有百餘萬，且蔭庇勞力，廣占土地，從而使得北周的經濟、政治措施收效甚微。因此，當還俗僧人衛元嵩提出求兵於僧眾之間、取地於塔廟之下的建議時，周武帝自然十分樂意接受。加之僧人力倡佛教為上，與周武帝推崇漢族傳統文化的意見相悖，便引發了北朝歷史上的第二次滅佛。

由此可見，北朝二武滅佛事件的出現，除了宗教上的佛道之爭之外，還有政

---

6 《通鑑》卷一二三「文帝元嘉十五年三月」條。
7 《魏書‧釋老志》。

治、經濟等因素在發生作用，而且，後者所起作用更大。當然，也應該看到，封建統治者的滅佛並不是要從根本上否定佛教，而僅僅只是一種以強硬干預面目出現的對佛教發展的控制。一旦佛教發展速度減緩，重新納入了封建統治能夠實施有效控制範圍之內時，便又重新抬出佛教，用來助王政之禁律，益仁智之善性，作為封建統治的精神工具之一。所以，二武滅佛之後，佛教並未消失，相反，每一次滅佛之後，接踵而來的便是規模更大的發展。

北朝的二武滅佛表明，當佛教的發展對封建統治有利時，便會得到支持、扶植；一旦脫離或偏離封建政治軌道時，便會受到限制、打擊。一句話，教權必須服從皇權，宗教必須為封建統治服務。佛教就是在這種環境中曲折地發展，這成為佛教在中國傳播的一個顯著特點，也成為推動佛教漢化的客觀原因之一。

六、彌勒教派成為異端和淨土信仰的嬗變

魏晉之際，隨著佛教在中國的傳播，淨土信仰也開始在中土逐漸興起。淨土信仰分為彌勒淨土信仰和阿彌陀淨土信仰兩種。

彌勒淨土信仰信奉的是彌勒佛。據佛經所云，彌勒是補處菩薩，意即佛的候補者，釋迦牟尼的接班人，將來要繼釋迦牟尼到人間成佛，所以又稱「未來佛」。彌勒住在兜率天上，即欲界六天的第三天，分內外兩院。外院屬欲界之天，內院是佛國淨土。兜率天中一天等於人間四百年，一年等於人間十四萬四千年。兜率天的壽命為四千歲，四千年後，彌勒降生人間成佛時，信奉者可隨同下生到人間的佛國淨土。那時，塵世會出現一幅十分美好的景象，土地豐腴，人民昌盛，夜雨香花，晝則清和，不用耕作，稻米自生，且無穀殼，極為香美。樹上生衣，極細柔軟，人們只要取而穿之。人壽極長，沒有病痛折磨，都能活到八萬四千歲。

阿彌陀淨土信仰信奉的是阿彌陀佛。佛經云：在十萬億佛土之外的西方，有一個極樂世界，阿彌陀佛即居住於此。在這個世界中生活的人們，沒有煩惱和諸

般痛苦，享受的都是快樂。善男信女只要執持阿彌陀佛名號，一心不亂，臨終時，阿彌陀佛便會出現在面前，接引往生西方淨土極樂世界。

從佛經對彌勒淨土和阿彌陀淨土的敘述中可以看出，兩種淨土信仰都竭力向人們描繪出一幅美妙的佛國圖畫，在那裡可以擺脫塵世的種種煩惱、痛苦和災難，享受極其快樂的生活。但細心分辨，也可以看出彌勒淨土和阿彌陀淨土之間所存在的差異。首先，彌勒淨土宣揚的兜率天地處世間，是在三界之內、六道之中。儘管是在此方世界的「天上」，但畢竟沒有脫離此方世界。阿彌陀淨土宣揚的西方極樂世界則在遠離人間十萬億佛土之外的地方，離現實世界更加遙遠。其次，彌勒淨土宣揚的是彌勒降生人間，救民於水火，在塵世建立一個美妙的「佛國淨土」。阿彌陀淨土宣揚的則是由阿彌陀佛接引信徒去往遠離塵世的西方極樂世界，永遠脫離塵世。這種差異為日後彌勒教派成為異端和阿彌陀淨土信仰的盛行奠定了宗教理論上的根源。

當淨土信仰在中土傳播之初，首先興起的是彌勒淨土信仰。高僧道安就曾和弟子法遇等在彌勒像前立誓，願生兜率。其間雖不乏信仰阿彌陀淨土者，如慧遠便曾在廬山般若臺精舍阿彌陀佛像前集徒結社唸佛，建齋立誓，共期往生西方淨土。但阿彌陀淨土信仰者遠不及信仰彌勒淨土者人數多。到北魏中期，彌勒淨土在北方地區已廣為傳播，從當時的造像類別上即可得到反映。當時所刻佛像，以釋迦、彌勒為最多。這從一個側面說明淨土信仰比其他佛教理論更能吸引信徒。而在淨土信仰中，彌勒淨土又尤具誘惑力。但到北魏中期以後，情形開始發生了變化。

北魏自文成帝復興佛法後，佛教勢力發展很快，尤其是宣武帝元恪之後，由於階級矛盾尖銳，社會危機日漸加深，更給佛教的發展提供了合適的土壤。不少農民因不堪沉重的封建剝削，被迫投身佛門，削髮為僧，以致出現了「民多絕戶而為沙門」[8]的現象。導致了北方地區僧尼人數的急遽增加。孝文帝太和元年（西元 477 年），北方共有寺院六四七八所，僧尼七七〇〇〇餘人；到宣武帝延昌年

8　《魏書·李瑒傳》。

間，寺院已達一三七二七所，北魏末，更是增加到寺院三萬餘所，僧尼二百萬人。短短五十多年中，寺院增加近四倍，僧尼增加二十五倍。正如史書所言：「自中國之有佛法，未之有也。」[9]

這些投身佛門的破產農民，原本希望能從佛教中找到寄託。然而，他們雖然披上了僧衣，從宗教意義上講，已由世俗之人變成了方外之人，但受剝削壓迫的地位卻沒有改變，只不過是從受世俗封建主的奴役變成受僧侶地主的奴役罷了。被驅役於田間，終日耕作。幻想的破滅迫使他們走上以暴力求取自身解放的道路，彌勒淨土信仰則成為他們發動起義的旗號和組織起義的工具，以彌勒降生鼓動起義。延昌四年（西元 515 年），冀州沙門法慶領導的大乘起義爆發。法慶自號「大乘」，以李歸伯為十住菩薩、平魔軍司、定漢王，宣稱「新佛出世，除去舊魔」。一面屠滅寺舍，斬戮僧尼，焚燒經像，矛頭直指佛教僧侶大地主；一面攻城掠地，搗毀官府，鎮壓貪官污吏，沉重地打擊了北魏統治，不到一月，隊伍就發展到五萬餘人。彌勒淨土經典中有一部《彌勒成佛伏魔經》，顯然，大乘起義的口號出自於此，「新佛」就是指從兜率天宮下降的彌勒。正光五年（西元 524 年），汾州山胡又發動起義，穿白衣，持白傘白幡，假稱帝號。崇尚白色，服白衣冠是彌勒信徒的標誌，汾州山胡信奉佛教由來已久。可見，這些起義、暴動皆與彌勒信仰有關。這樣，彌勒教派就逐漸成為異端。

上述事態的發展，必然導致封建統治者對彌勒淨土信仰的態度發生變化，對彌勒教派起事的鎮壓又使信徒人數大量減少。這樣，彌勒淨土信仰便逐步走向衰落。而淨土信仰要在中國繼續生存發展，就必須進行改造。恰好，阿彌陀淨土的信仰者中出了一位高僧曇鸞，對阿彌陀淨土做了新的闡釋，使之更具中國特色。

首先，曇鸞提出了二道二力說，使阿彌陀淨土具有更大的吸引力。曇鸞認為，其他佛教學派倡導的成佛理論都需憑藉信仰者的自身之力。而要在污濁之世無佛之時，僅僅依靠自身的修持而證得聖果，就猶如陸路步行，十分艱苦，是為難行道。阿彌陀淨土以信佛之因緣，願生淨土，就可以憑藉佛的本願力即他力，

---

9 《魏書·釋老志》。

入大乘正定聚。自力加上他力，就有如水路乘舟而行，方便省力，是為易行道。因此，阿彌陀淨土信仰是一條通往極樂世界的捷徑。

其次，曇鸞吸取了北方天師道改革的經驗，簡化了阿彌陀淨土信仰的修持方法。神瑞二年（西元 415 年），道士寇謙之自稱奉太上老君之命清整道教，對北方天師道進行改革。寇謙之的道教改革有一個鮮明的特點，即在修取功德的方法上，一掃以往的繁文縟節，力求簡便，信徒只要在家中立一壇，朝夕禮拜，就可以得到上等功德，既不必去深山煉丹服食，也不需出家修行，同樣可以羽化成仙。曇鸞從中受到啟示，把道教的咒辭消災除病之說作為理論依據，將口唸從禪定中分離出來，使阿彌陀淨土信仰的修持方法從歷來偏重觀想唸佛而改為重視稱名唸佛。

經過曇鸞的改造，阿彌陀淨土信仰比彌勒淨土信仰有了更大的誘惑力。遠離塵世的西方極樂世界是如此美妙，前往這塊「淨土」的道路又很易行，還有簡單到只要口誦佛名就可證得聖果的修持方法。這一切，對於飽受社會動亂之苦的下層勞動人民來說，是何等的吸引人。更重要的是，阿彌陀淨土信仰只講接引信徒往生西方淨土，絕無彌勒降生救民於水火，在人間建立「兜率淨土」的說法，自然就不會被下層勞動人民利用來作為反抗封建統治的工具。況且，對於統治階級來說，無須苦行，只要誦唸阿彌陀佛，死後也能進入西方極樂世界，再享榮華富貴，也適合他們的需要。這樣，阿彌陀淨土信仰便逐漸取代了彌勒淨土信仰。

當然，從彌勒淨土信仰到阿彌陀淨土信仰的嬗變是一個較長時期的過程，經道綽、善導等人的弘傳，直到唐代中期才最終完成。日本學者塚本善隆在其著作中對龍門石窟造像進行了統計：北魏時期，造像中釋迦牟尼四十六尊，彌勒四十四尊，阿彌陀佛卻只有八尊。唐代則發生了巨大變化，從西元六二〇年到七一〇年，造像中釋迦牟尼及優填王十八尊，彌勒十二尊，而阿彌陀佛像則達一百二十尊。可見，到唐代中期，阿彌陀淨土信仰已成淨土信仰的主流。逮至宋代，佛教各宗，最後幾乎都要歸心於阿彌陀淨土。而彌勒淨土信仰則逐漸與波斯傳來的摩尼教相結合，流傳於民間，完全成了異端，被封建統治者所嚴厲禁止。

如元末白蓮教首領韓山童就以「天下當大亂，彌勒佛下生河南江淮間」[10]來鼓動群眾起義。

從淨土信仰的嬗變中可以看出，之所以發生這種變化，並不是這兩種淨土信仰相互間有什麼矛盾和鬥爭，而是封建統治者在兩者之間所做選擇的結果。彌勒淨土信仰不僅描繪了兜率天宮的美妙景象，而且描繪了彌勒降生後在塵世出現的美妙景象，結果為農民起義所利用，成為反抗封建統治的思想武器，變為佛教異端的彌勒教派必然受到封建統治者的鎮壓和禁止，彌勒淨土信仰也被拋棄。而阿彌陀淨土信仰經過曇鸞、道綽等人的改造，更加中國化，既能為中國百姓所接受，也不會對封建統治政權構成威脅，自然就被統治者所選中，在中土被廣為弘揚。因此，從彌勒淨土信仰到阿彌陀淨土信仰的嬗變，也從一個側面反映了佛教在中國傳播的曲折過程。

第二節·

道教的
改革與發展

東漢中後期從民間蓬勃興起的原始道教，最終演化為農民起義的工具，引起了統治階級對原始道教組織的嚴厲鎮壓和禁絕。這樣，道教若要繼續生存下去，就必須進行改革，以適應封建統治階級的需要，才能求得生存和發展。魏晉南北朝時期，道教經歷了一個從改革到發展成熟的過程，完成了從原始道教到官方道

---

10 《明史·韓林兒傳》。

教的轉化，為以後一千多年中道教的進一步發展奠定了基礎。

一、魏晉之際道教的傳播

漢末農民起義利用民間道教作為發動和組織群眾的工具，這一歷史事實給了後代封建統治者以深刻的教訓。因此，曹丕代漢稱帝的第二年（西元 221 年），便下詔修孔廟，封孔子後裔為侯，推崇儒學。次年又頒發敕文，指出老子只是古之賢人，位居孔子之下，告誡地方官提防民間奉老子為神。黃初五年（西元 224 年），又正式下詔禁止一切有違儒家禮教祀典的民間祭禮活動。魏明帝青龍元年（西元 233 年），又再次重申了這一規定。西晉建立後，統治者繼續沿襲曹魏對民間宗教活動的禁令，並派大臣巡視四方，檢查各地的執行情況。原始道教原本就是流行於民間的宗教組織，而且以驅鬼治病、消災祈福為主要內容，魏晉統治者對民間宗教活動的嚴厲禁止無疑是對原始道教的打擊。但是，僅僅依靠行政命令是無法徹底使宗教滅跡的。原始道教的諸多派別仍在各地傳播。

（一）五斗米道組織的分化

建安二十年（西元 215 年），曹操統領大軍攻入漢中，張魯率其家族部眾投降，五斗米道的上層人物進入曹魏政權，大批信徒則北遷到關隴、洛陽、鄴城等地。脫離了故地的五斗米道隨著時間的推移，產生了分化。上層人物不斷向官方靠攏，更加強調儒家忠孝仁義的封建倫理綱常規範，以維護封建統治者的利益。散布在各地的五斗米道則各自為政，不遵舊法，出現了組織渙散、號令不一的狀況。這樣，原本是東漢後期發展最成熟的民間道教組織五斗米道，儘管在魏晉之際活動區域隨著信徒的遷徙而擴大到北方地區，但由於封建政權對民間宗教活動的限制和五斗米道自身的分化，使得難以發展，陷入了相對停滯的狀況。

（二）巴蜀天師道團

巴蜀地區原是五斗米道的發源地，張魯降曹，五斗米道北遷後，民間道團的活動並未停止。三國時，由於諸葛亮治蜀嚴謹，這些民間道團一直未能公開露面，直到蜀漢滅亡後，才開始公開活動。犍為（今四川彭山）人陳瑞領導的天師道團就是其中最為著名者。據《華陽國志》記載：陳瑞自號「天師」，設祭酒、傳舍，與五斗米道相似，但其所用祭品、禁忌、服色等則已有所變化。經過數年的發展，已有信徒數千，連郡守等地方官吏也參與其活動，說明其規模、勢力都已相當可觀。咸寧三年（西元 277 年）春，益州刺史王濬對陳瑞及其天師道團進行了鎮壓，誅陳瑞及祭酒袁旌等，焚燬傳舍，參與活動的巴郡太守唐定等地方官吏一律免職。但巴蜀地區天師道的活動卻並未因此而銷聲匿跡，僅隔了二十多年，便又在成漢政權的建立中發揮了重要作用。

西晉末年，人首領李特率流民數萬家到益、梁二州就食，於太安元年（西元 302 年）聚集流民發動起義。李特及其率領的人，都信奉五斗米道，「漢末張魯居漢中，以鬼道教百姓，人敬信」[11]。起義隊伍中的另一重要人物，被成漢政權尊為「四時八節天地太師」的范長生，則更是一個道教領袖，據唐長孺先生考證，范長生及其先世均為天師道信徒，從范長生的名號中可以看出含有天師道習慣用語的特徵，他居住的青城山也是天師道聖地之一，而且從范長生在蜀中的勢力可以看出他是一個擁有眾多信徒的天師道首領[12]。可見，實際上是天師道組織說明建立了成漢割據政權。因此，成漢建國後，尊范長生為國師，范長生死後，又以其子范賁為丞相，天師道在成漢政權中取得了近乎國教的地位。

但是，不論是陳瑞的巴蜀天師道團，還是范氏天師道，基本上都沿襲了五斗米道以「以鬼道教民」的民間道教水準，對道教的教義、教儀規範、組織形式等並沒有做出新的發展。

---

11 常璩：《華陽國志·李特雄期壽勢志》。
12 唐長孺：《范長生與巴氏據蜀的關係》，《魏晉南北朝史論叢續編》，北京，三聯書店，1978。

（三）帛家道

帛家道是三國時期新出現的一個道教流派，據葛洪《神仙傳》記載，三國孫權時人董奉以行氣服術法授遼東（今遼寧義縣）人帛和，後帛和又至西城山師事仙人王方平，在石室中面壁三年，見古人所刻《太清中經神丹方》、《三皇天文大字》、《五嶽真形圖》等道書，而創立帛家道。西晉時，帛家道流傳於北方，後傳入南方，為江東士族所信奉，如沛國劉氏、丹陽葛氏、許氏、周氏、晉陵華氏等都曾信奉過帛家道。帛家道以《三皇經》、《太平經》等道書相傳承，其道術主要有煉丹服氣、禱祀俗神、召劾厭勝等。東晉南朝之後，隨著道教的改革完善，原先信奉帛家道的江東士族大都改歸上清派，帛家道漸趨衰落。

（四）李家道

李家道是三國時期由蜀人李寬傳入江東的民間道教流派，其原先流傳於巴蜀地區，三國後期，流傳到江東，以禱祝、符水治病等道術吸引信徒。據葛洪在《抱朴子》一書中說，李家道在江東發展很快，李寬弟子轉相教授，遍布江東，眾以千計。李家道不僅流行於巴蜀江東，而且在中原地區也有活動。兩晉之際，中州道士李脫、李弘就曾到江東傳教，以符水治病，散布讖言，結果被王敦所殺。

從上述幾個道派的情況可以看出，魏晉之際，道教的活動主要是在民間，以下層群眾為對象，通過符水治病，驅妖捉鬼、祈福禳禍等來吸引信徒。因此，這一時期的道教活動中，巫術、圖讖、星相等民間迷信仍占有很大的成分。也就是說，仍然保持著漢末原始道教的特徵。這種濃厚的原始道教色彩，使得魏晉之際的封建統治者對道教的傳播保持著高度的警惕之心，不時地頒布詔令，予以限制。因而使得魏晉之際的道教發展面臨重重障礙。一些道教信徒也看到了這種狀況，認識到為了自身的發展，就必須對道教進行改革，使道教在受到下層群眾信仰的同時，也獲得上層封建統治階級的認可與支持。道教的這一改革從兩晉之際開始，到南北朝前期才得以完成。

二、葛洪與官方道教理論的初步建立

　　葛洪，字稚川，自號抱朴子，丹陽句容（今江蘇句容）人。他出身官宦世家，十三歲時因父亡而家道中落。葛洪曾通覽《論語》、《詩經》等儒家經典及諸史百家之言近萬卷，但未能成為純儒，轉而師從鄭隱學道，得煉丹秘術。晉惠帝泰安年間，張昌起義爆發，他應召參加鎮壓張昌別部石冰的軍事行動，立功，授伏波將軍。事平後，葛洪釋甲北上洛陽，欲廣尋異書，研習仙道。然八王之亂爆發，道路阻斷，被迫輾轉流徙。後因廣州刺史嵇君道之邀，赴廣州。嵇君道不久遇害，於是返歸故里。晉室南渡，為安托江東士族，追功敘賞，葛洪因昔時伐石冰有功，受封為關內侯。後聽說交阯產丹砂，遂求為勾漏縣令。到廣州時，為刺史鄧岳所挽留，乃入羅浮山煉丹，終其一生。

　　葛洪一生著述頗豐，除《抱朴子》外，還著有《金匱藥方》、《肘後備急方》、《神仙傳》、《隱逸傳》以及碑頌詩賦等。其中《抱朴子》內篇二十卷，總結了戰國以來神仙家的理論，論述了神仙鬼怪、養生延年、禳邪卻禍、方術丹藥等；外篇五十卷論述政事得失、治道臧否，闡述了他的社會政治觀。由於本書第五章中對葛洪的道教哲學思想已有論述，因此，這裡主要就葛洪對神仙道教的改革做一分析。

　　原始道教在向官方道教的轉化過程中，分化成丹鼎派和符籙派。一批上層社會的知識分子出儒入道，將神仙思想和黃老之學相結合，並雜糅各類神仙方術，形成了以煉丹服藥達到長生久視、羽化登仙的丹鼎派道教，葛洪的《抱朴子·內篇》就是集丹鼎派仙道學說之大成。

　　其一，葛洪在對道教符籙、祈禳等方術進行批判的基礎上，提出了還丹金液是「仙道之極」。因為「金丹之為物，燒之愈久，變化愈妙。黃金入火百煉不消，埋之畢天不朽，服此二物，煉人身體，故能令人不老不死」。因此，如果「服此而不仙，則古來無仙」[13]。宣揚服食金丹可以成仙。葛洪的金丹服食思想

---

13 《抱朴子·內篇·金丹》。

是基於古代醫學假外物以自固的觀念而來的。古代中醫理論認為，人服藥治病，實質上是攝取藥物的性質，如豆之赤者，食之能生血。葛洪便以此推論，服金者壽如金，服玉者壽如玉。由於天然金銀十分貴重，得之不易，所以葛洪又以自然物類可變、變化無窮為依據，論述了由鉛、汞、礦物丹砂等煉製金銀。由於煉出的金銀集中了各種藥物的精華，所以質地更好。

其二，葛洪具體論述了煉丹的方法。他認為，煉丹必須在名山之中、無人之處進行，結伴不能超過三人。煉丹前，先齋戒百日，沐浴黃香，不近穢汙，不與俗人往來，也不讓那些不通道的人知道自己在煉丹。葛洪認為，之所以選擇名山，是因為這些山中住有正神，或已得道成地仙的人，他們能幫助煉成金丹。而那些無名小山中多是木石之精，千年之怪，皆屬邪物，不為人作福，反生禍害。之所以選擇無人之處，是因為如有俗士愚人經過看到，則諸神要責怪煉丹者不遵守經戒，致令惡人出詆謗之言，從而不再幫助煉丹者，丹藥也就難以合成了。入山時，需遵守入山之道，否則要遇禍害。入山之道包括選擇「山開月」，即三月或九月；選擇月中的吉日佳時；入山前先齋戒沐浴，不近污穢；出門時帶升山符，並作周身關邪道術等。入山之後，選好合丹地點，遵守有關的禁忌條律，便可以作屋、築壇、安鼎、置爐，配合藥料，生火煉丹了。金丹煉成後，要先取金百斤行大祭，其中祭天二十斤、日月五斤、北斗八斤、太乙八斤、井神五斤、灶神五斤、河伯十二斤、社神五斤、門戶閭鬼神清君各五斤，共八十八斤。其餘十二斤，用上好皮囊裝好，擇良日於都市中最熱鬧之時，棄於人多處，逕直離去不復顧。然後，就可以隨意享用金丹了。如果不先以金祀神，則將受到諸神責怪，只能咎由自取了。

其三，介紹了金丹的製作配方。葛洪在《抱朴子》一書中還具體介紹了製作金丹的藥物配方。如「黃帝九鼎神丹經」中「丹華」的配方是：先取水銀十斤、鉛二十斤，置於鐵器中，以猛火燒，即成玄黃。然後用雄黃水、礬石水、戎鹽、鹵鹽、礬石、牡蠣、赤石脂、滑石、胡粉各數十斤，配成六一泥，置於火上燒三十六日，即成。再以玄膏製成丹丸，置於猛火之上，須臾即成黃金。或者加上二百四十銖合水銀百斤燒之，也成黃金。《抱朴子》中還記載了煉製服食雄黃的方法等。

葛洪通過對仙可學致的論證，充實了道教理論。他對學仙修道可以不廢世間俗務的論述，使統治階級能夠吸納道教，從而為道教的官方化打下了基礎。通過對各種神仙方的收集、整理，使道教更為成熟。在此基礎上，葛洪對學仙修道的具體途徑、煉丹服食的禮儀、規則、操作方法、配製成分都作了具體的闡述，使得丹鼎道派形成了一套較為完整的宗教儀軌，成為成熟了的官方道教流派。但是，由於丹鼎道派是以還丹金液為核心，注重個人修練成仙的神仙道教學說，其修行方式和途徑很難在下層群眾中普及。因此，在封建政治生活中很難發揮功能。這就決定了道教還有待進行新的改革，使之既能為封建統治者所認可，也能為下層群眾所信仰，東晉南北朝的道教改革即是沿著這一方向進行的。

三、東晉道教的復興與發展

西晉末年以後，道教發展的主要地區隨著晉室南渡而轉到了南方，原始道教的分化又使得諸如五斗米道之類民間道派也開始與神仙道教合流，以迎合門閥士族的需要，向上層社會傳播和發展。從而使得東晉時期出現了道教復興的局面。

東晉道教的復興與發展表現在兩個方面。

一是道教風靡於上層社會，官僚士人紛紛加入通道者的隊伍。道教在滿足門閥士族的精神需求方面，有其獨到之處。尤其是神仙道教，通過閒散避世，名山採藥，服食金丹，怡神養性，清虛自守。這種生活方式恰好與門閥士人的生活情趣相吻合。他們可以無拘無束地出入於名山之間，尋仙訪道；可以海闊天空地玄想虛無縹緲的神山仙境，如此自由自在的生活，是何等快活。因此，名士們不僅談玄說理，神仙養生也成為清談品題之一。如嵇康就常修養性服食之事，彈琴吟詠，自足於懷。曾因入山採藥遇道士孫登，而從遊三年。東晉時，這種雅好服食，追隨道士養生避世的風習遍及上層社會，成為貴族官僚、玄學之一的風尚。

其時，南方的僑姓士族如琅邪王氏、高平郗氏、潁川庾氏、陳郡殷氏、陽夏謝氏、泰山羊氏、譙國桓氏、汝南周氏、晉室司馬氏、長樂馮氏等都有通道之

一。其中琅邪王氏王羲之一門，是東晉著名的文化士族，史稱王羲之雅好服食養性，其交遊者中，有以清談著稱的謝安、許詢等名士，有名僧支遁，有奉佛者孫綽等，他們彼此引為同道，追求一種隱遁山林、服食養性、清談優遊的生活。尤其是王羲之去官後，與道士許邁共修服食，採藥石不遠千里，遍遊浙東、浙中諸郡，泛滄海，窮名山，以致感嘆：「我卒當樂死。」[14]他為道士寫《道德經》、《黃庭經》以換取白鵝的故事，更成為書林佳話。王羲之諸子獻之、凝之、徽之等也都奉道甚篤。與王羲之家世代通婚的高平郗氏，則是東晉又一著名的奉道世家。

吳姓士族亦多有奉道，丹陽葛氏、陶氏、許氏，晉陵華氏，吳郡顧、陸、朱、張以及孫吳後人中信天師道者不乏其人，還出現了一批著名的道士，如出自丹陽許氏的許邁、出自吳郡陸氏的陸修靜等。

東晉帝室與道教的關係亦很密切。晉哀帝司馬丕因服食長生之藥過量而中毒；簡文帝司馬昱曾師事五斗米道支派清水道道師王濮陽；道士許邁、許謐、許翽、楊羲等人都和晉室過從甚密。孝武帝司馬曜及其弟司馬道子也都佞佛通道，司馬道子親暱女道，史書載之。

可見，從皇帝、宗室權貴、高門士族都信奉道教。而統治階級中的人士大量湧入道教信奉者的隊伍，又必然帶來他們的需要和觀念，推動道教的改革步伐，使之更迅速地上升為正統的官方道教，以更好地為統治階級服務。

二是大批道教新經典的製作和傳播。漢魏之世，雖有大批道書，但相當一批是黃老道家的著述，真正稱得上是道教經典的，僅有《太平經》、《周易參同契》等不多的幾種。加之道士們視道經為秘笈，不肯輕易示人，導致道經亡佚現象嚴重。這種狀況顯然難以適應道教發展的需要。佛教經典缺少，可以通過西行求取，翻譯引進。道教則只能依靠自己的努力來進行製作。東晉以來，出現了大量新製作的道經，其中最主要的有三組。

---

14 《晉書·王羲之傳》。

（一）《洞神三皇經》

漢魏之時廣泛流傳著三皇五帝的傳說，帛家道據此而造作了《三皇文》和《五嶽真形圖》，東晉南朝的道士們在此基礎上增益改變而形成《洞神三皇經》。其主要內容是有關沐浴齋戒、存思守一、服食草木藥丸等長生成仙之術。

（二）《靈寶經》

東漢袁康所作《越絕書》中曾記載了一個關於大禹治水，遇神人授予《靈寶玉符》以制伏蛟龍水豹的故事。魏晉之際的道士們據此而編製了《靈寶玉符經》。東晉後期，葛洪族孫葛巢甫加以附會引申，造作了一批《靈寶》類經典，編造出一個上自元始天尊，下至葛玄後代的傳經譜系。《靈寶玉符經》的主要內容是道教的養生求仙之術，包括存思服氣、服食草木藥方、以符籙辟邪消災、屍解成仙等。東晉之後新製作的《靈寶》類經典中以《元始五老赤書玉篇真文天書經》最為重要，其內容主要是求仙招神、度災禳福的方術，實際上是道教的五篇符籙文字。南朝時，受佛教影響，又造作了一批《靈寶》類新經。

（三）《上清經》

東晉中期，道士許謐、楊羲等假託真神下臨，造作了上清眾經。《上清經》繼承、發展了古代神仙家的養身方術，如服食金丹、餐吸雲霞、導引行炁、召神伏魔等。便特別注重存思守一、誦經唸咒之術，認為只要堅持在心中思神念真，與諸真精神交感，再輔以誦經、唸咒、服氣、叩齒等術，便能使外神降臨體內，達到祛邪治病、固體長生，甚至可以招來仙官接引，飛昇上清，成為仙神。《上清經》問世後，到東晉末已在江南廣為傳布，並由此而開創了一個新道教派別——茅山上清派。

東晉時期大批道教新經典的製作，既是道教發展的客觀需要，反過來，又大大豐富和發展了道教的教義和方術，加速了民間道教向官方道教的轉化。

四、道教內部改造與反改造的鬥爭

自葛洪開始的對原始道教的改造，到東晉大批統治階級人士湧入道教隊伍，在這一向官方道教轉化的過程中，原始道教發生了明顯的分化，一部分繼續在民間活動的道團組織或道教派別力圖保持原有的教義、組織形式和活動方式，這樣，就在道教內部引發了一場改造與反改造的鬥爭。

王莽篡漢，建立新朝時，曾有術士造作「劉氏復興，李氏為輔」的讖言，作為劉秀光復漢室的符命。西晉末年以來的民間道教組織，將這一讖言加以改造，使之與老子歷代降世為帝王之師、救國救民的神話相聯繫，以反對道教向統治階級上層的靠攏，東晉初年，道士李脫及其弟子李弘即以此讖言散布民間，並通過符水禁咒為人治病而吸引了一大批信徒，建立起道團組織。李脫及李弘的這種做法顯然與當初張角組織太平道的做法如出一轍。因此，也就必然要遭到統治階級的鎮壓。但在東晉時期，以李脫、李弘之名而在民間活動的事例仍不斷發生，甚至發動起義。而東晉隆安年間爆發的孫恩盧循起義，則更是反映了道教內部改革與反改革鬥爭之激烈。

孫恩，字靈秀，琅邪（今山東臨沂）人。孫恩家族世代信奉五斗米道，其叔父曾師事錢塘杜子恭。杜子恭曾假託張魯授命而建立道團，以符水治病濟世的方術招攬信徒。在杜子恭道團中，設有祭酒統民制度、道民交納五斗米的義務等。也就是說，較多地保留了早期五斗米道的特點。杜子恭死後，孫泰繼任為掌教者，他一面在下層民眾中佈道，繼續擴大隊伍；一面也向上層社會發展勢力，鄱陽太守桓放之、驃騎將軍周勰等相繼成為其信徒，晉安帝隆安二年（西元 398 年），王恭、桓玄等發動叛亂，進攻宗室會稽王世子司馬元顯。孫泰因與元顯交密，也捲入了這場東晉統治集團的內訌，結果被殺。孫恩遂利用道教起兵為其叔父復仇，爆發一場歷時十三年的大規模起義。

孫恩自稱征東將軍，號其黨曰長生人，宣稱「誅殺異己」，旬日間便眾達數十萬。起義軍攻城掠地，鎮壓東晉官吏，影響波及整個東晉統治地區。孫恩死後，其妹夫盧循繼續率眾戰鬥，直到西元四一一年才最後失敗。孫恩、盧循起義

是繼漢末黃巾起義之後又一次利用民間道教組織發動的大規模平民起義，沉重地打擊了東晉腐朽的門閥統治，導致了東晉王朝的覆滅。

值得注意的是，孫恩、盧循起義對道教發展產生了十分重要的影響。起義軍提出「誅殺異己」的口號，這個「異己」並非指不通道者，而是指那些上層社會中的道教信徒。起義軍曾殺掉了不少信奉五斗米道的官僚士族，如師事張氏五斗米道的王凝之一家，黃門郎謝沖、吳興太守謝邈一門，中書郎孔道、太子洗馬孔福等。由此恰好反映了民間道教與官方道教之間的激烈鬥爭，反映了道教發展過程中改造與反改造的激烈鬥爭。與此同時，參加起義的下層道民或戰死陣前，或被迫自殺，其數以十萬計，一些起義者甚至整個家族同歸於盡。五斗米道受此重創，再也無力重新崛起，客觀上使南朝的道教改革減少了反對力量。在起義過程中，也暴露了民間道教的落後性，如野蠻搶掠，尚武嗜殺，狂熱迷信等，孫恩失敗時，與部下數百人投水自盡，謂之先登仙堂，宗教的愚昧落後在民間道教中表現得尤為突出。這種狀況使得一些道教信徒更加認識到改革民間道教的重要性和迫切性，加快了道教改革的步伐。

孫恩、盧循起義，沉重地打擊了封建統治階級，在中國歷史上留下了輝煌的一頁。作為一場反對官方道教的鬥爭，則標誌著民間道教的失利，標誌著反改造派的失利，為南朝的道教改革準備了條件，在中國道教史上留下了深遠的影響。

五、陸修靜、陶弘景與南朝道教改革

在南朝的道教改革中，影響最大的便是陸修靜和陶弘景，經過他們的努力，道教從形式到內容都變得更加充實，並以嶄新的面目出現在人們面前。

陸修靜作為南朝道教的一代宗師，他融合天師道與神仙道教，經過清理整頓，終於使早期民間道教完成了向官方道教的轉變。首先，陸修靜對道教組織進行了整頓改造。早期五斗米道的組織主要模仿封建國家地方管理組織，其基本特徵是「立治置治」。即由兼具道師和官吏雙重身分的道官祭酒承擔管理道民的職

責，實行政教合一的統治。並相應地建立有三會制度、宅錄制度、繳納命信制度等一套管理制度，來維持道師對道民的統攝。如規定道民在三會之日必須到本師治所去參加宗教活動，聽道師宣布科禁，考校功過。隨著民間道教在向官方道教轉化過程中出現的分化，原先的這套制度名存實亡，一些道徒越過本師，另投他師；一些道民不赴師治參加活動，不交租米命信；一些道官自署治職，自壞科禁。說明早期民間道教的那套組織形式已經不能適應道教發展的需要了。與此同時，源於神仙道教的道館開始出現，成為出家道士集體生活、進行宗教活動的場所。在道館中，道士之間雖也有等級區分，但相互之間是宗教關係；道民也無須再交納租米，道館除了能得帝室官府和信徒的賞賜、施捨外，還有自己的地產房舍。陸修靜在廬山建造的簡寂館，有眾多門徒修行，已具後世道觀的規模。宋明帝為陸修靜在京城建造的崇虛館，更是最早的政府為道士修建的道館。道館代替民間道教早期的道治、靜室，並不僅僅是名稱的改變，而是從形式到內容都使得道教組織發生了變化，成為與佛教寺院相類似的宗教組織。隋唐以後，道館改稱觀，大者稱為宮，宮觀制度一直沿襲到近代。

其次，對道教經典進行了整理。東晉中後期，大批道教新經典的製作，豐富了道教的教義，但同時也出現了濫造現象。使得這些新經典之間互無統屬，甚至相互矛盾的混亂狀況，不利於道教的發展。為此，陸修靜廣泛收集各種道經，經過三十多年的努力，考證源流，辨別真偽，分門別類，完成了道教經典的整理工作。將道書分成三洞（洞真、洞玄、洞神）、四輔（太玄、太平、太清、正一），其中三洞經典是道教的主經，分為十二類。三洞四輔十二類不僅僅是道書的分類，也是道經品級高低的區分標準和道士的階級次序排列。修持不同經法的道士有不同稱號，修行得道的品位也有所不同。上清經最高，正一法籙最低，因此修上清者能成「聖」，而修太清則僅能成仙。學道者必須由低到高，依次逐級修持經法，不得超越。陸修靜首創的三洞四輔十二類體系，經過南北朝諸多道士的不斷補充完善，成為中國道教史中道經整理的標準，此後，歷代整理道書，編修《道藏》，均根據這一體系。

最後，建立完善道教齋醮儀軌。早期民間道教雖已有一些道誡，但很不完善，陸修靜在吸取佛教戒律的基礎上，根據道教的特點，制定了一套更為完整成

熟的道教儀軌，即九等齋十二法的齋醮體系。這一套齋法，與他對道經的分類相
一致，上清齋法為高品，天師道的舊齋法為下品，並對施行齋法時的具體儀式作
了詳細說明。道士在日常修行，或為人祈福禳災、治病救度、超拔亡靈時都要遵
守齋法規定的程序。為了強調齋法的重要性，陸修靜一方面身體力行，親率道士
進行齋法實踐；另一方面，對齋儀的重要性進行理論解釋，把齋法作為求道之
本。從而使得道教齋法不僅有了系統的儀式規範，而且在理論上也日漸成熟。

南朝時期，道教在從早期民間道教走向更加完備成熟的官方道教的過程中，
陸修靜的上述努力起了一個積極的推動作用。當然，新的官方道教的創立，有一
個過程，非陸修靜一人之力，其前有葛洪等人的開路，其後有陶弘景等人的繼
續。

南朝道教改革的另一著名人物是陶弘景。陶弘景為陸修靜的再傳弟子，作為
南朝道教改革的集大成者，為道教上清派的形成做出了巨大貢獻。他自永明年間
服膺道教後，廣泛搜尋道經，對上清經法進行整理、弘揚，先後撰寫了《真
誥》、《登真隱訣》等重要著作。

東晉後期，楊羲、許謐等人造作上清經，在江東廣泛流傳，到南朝中期，也
出現了散失或謬傳。陶弘景對上清經典及修行秘訣進行增刪改寫，註解詮次，編
寫《真誥》一書。全書共七篇，詳細記載了東晉以來《上清經》的問世、源流、
流布及楊羲、許謐等人的家世生平，修道行學、解說方術的要訣，仙山洞府及真
仙位業、鬼神之職等。書中提到了大量道教歷史人物、神話故事、仙宮鬼府、具
體的修行方術，實際上是一部有關早期道教上清派教義和歷史的集大成著作。
《登真隱訣》則是一部與《真誥》相輔相成的道書，書中抄撮了《上清經》中的
各種方術秘訣，論述並總結了東晉以來道教上清派思神內視及導引、按摩等內修
養生之術。陶弘景還在其所著的《養性延命錄》中，對上清派養生求仙的一些主
要方法，如養神、煉形等進行了論述。對煉丹術、草木藥物等，陶弘景也都進行
了研究，撰寫了一批著作。養生、煉丹、服藥都是道教追求長生不死、羽化升仙
的主要方法。陶弘景撰寫的一大批著作，分別對這些修道之法進行了總結、發
展，從而為道教上清派的最後形成奠定了理論基礎。

同時，陶弘景還以茅山為基地，經過數十年的苦心經營，把茅山建成道教上清派的中心。他與弟子們一起披荊斬棘，開山闢路，在茅山和金嶺上建立了華陽上、中、下三館，招聚信徒，講道授法。還修塘墾田，作為道館的經濟來源。在陶弘景及其弟子的努力下，茅山成為上清道派的基地，上清派以茅山為中心，傳播於江南各地。更重要的是，上清道派的形成，標誌著自葛洪開始的江南士族道徒以神仙道教改革原始道教，創立官方正統道教的完成。也就是說，隨著上清派的形成，道教改革也告一段落，新的官方道教完全取代了舊的民間道教。陶弘景作為南朝道教改革的集大成者和上清道派的實際創建者，也在道教史占有了重要的地位。

六、北朝道教改革與發展

　　在南朝道教改革的同時，北朝道教也開始了革舊創新。這一改革首先從寇謙之清整北方舊天師道開始。

　　自曹操時五斗米道從漢中遷往北方後，隨著張魯的去世，失去了統一號令，組織渙散，科戒廢弛。有的道官祭酒招收不良子弟，授以職治符籙；有的道官祭酒任意取人金銀財帛，甚至威逼恐嚇道民交納；有的道士濫行方術，詐傳仙經圖書；而下層道民則利用道教組織，假託李弘之名發動起義。五斗米道的這種種流弊，顯然使道教面臨著危機，如果不進行整頓改革，就將被統治階級所拋棄。正是在這種狀況下，北方士族道教徒的代表寇謙之偽託天神降授新經，開始了對北方舊天師道的改革。

　　北魏神瑞二年（西元 415 年），寇謙之假託太上老君降臨授其《雲中音誦新科之誡》，宣布革除舊五斗米道中不合「大道清虛」之旨的三張偽法，租米錢稅及男女合氣之術，清整道教，代之以「專以禮度為首，而加之以服食閉練」的新道法[15]。新道法的主要內容是：

15　《魏書·釋老志》。

（一）以儒家的綱常禮法為準則，清理道教組織

如以儒家唯賢是用的原則取代祭酒世襲制度，廢除了祭酒道官私署治職符契的做法和五斗米道的二十四治稱號。又規定道民不得任意改投道官，道官也不能隨意招收道民，而須先考驗三年才能成為弟子。還宣布廢除五斗米道的租米錢稅制度之事。

（二）強調以齋功為養生求仙之本

新道法反對濫傳房中術和服食仙方，認為服食藥物只能除病健身，得到長壽而已。要想成仙，只有奉守道誡，齋功禮拜，感通仙官下降接引，口授訣要，才能飛昇成仙。

（三）簡化道教的修練方式

信徒只要在家中設一道壇，努力修齋，朝夕禮拜，就能得到上等功德。既無須入深山採藥煉丹服食，也不必用各種方術煉形。

（四）規定了道教禮儀程序

新道法規定了奉道授戒禮儀、求願收福禮儀、禳災除病禮儀、懺過解罪禮儀、三會禮儀等一系列齋醮儀軌。並對具體的禮儀程序做了詳盡的規定，如廚具的規格、膳食品種、齋潔、焚香、奏樂、禮拜等。完整地建立起一套科戒儀式。

北魏泰常八年（西元 423 年），寇謙之再次假託上師李譜文降臨，授予他《錄圖真經》，對舊天師道的神仙體系進行了改革，使原本具有原始多神教特點的神仙信仰變成由最高神「無極至尊」統率的諸神系列。

改革後的天師道很快地博得了北魏統治者的青睞，太武帝拓跋燾詔令在京城東南建立天師道場，並親至道壇，受符籙，備法駕，旗幟皆青，以從道家之色，

還改元為太平真君。此後，北魏歷朝皇帝即位，都遵太武之制，到道壇受符籙。寇謙之的改革使北方地區的道教從原始民間宗教變成官方的正統宗教，實現了道教與封建政權的結合。

寇謙之改革後的新天師道在北魏太武帝時達到了鼎盛，但自太武帝及寇謙之相繼去世之後，儘管仍維持著官方道教的地位，但在北方地區的影響卻日漸式微，代之而起的是以關中地區為中心的樓觀道派。

相傳西周函谷關關令尹喜曾在終南山北麓結草為樓，觀星望氣，故名樓觀。在老子過函谷關時，尹喜近之於此，請問道教，老子遂授以《道德經》五千言。後與老子共赴西域，化胡成佛。周穆王時在此修葺樓觀屋宇，為尹喜建廟立祠。其後秦漢魏晉歷代帝王皆修繕樓觀，招納四方逸士，因而形成了樓觀道派。其時，樓觀道乃魏晉之際的道士梁堪所初創，後經王嘉、孫徹、馬儉等數代弟子傳承，終於形成了一個神仙道教團體。北魏崇拜道教，樓觀道派也受到統治階級的重視。到孝文帝遷洛陽時，已經在關隴一帶廣為傳播，成為繼寇謙之新天師道後北方地區的又一個著名道教流派。

北魏中期，樓觀道派中的一些著名道人，對樓觀道的教義、教團組織等進行了改革和發展，與封建統治者頻頻交往，教門日盛。北魏分裂後，統治關中一帶的西魏、北周政權都極力扶持樓觀道派。尤其是北周武帝，不僅尊禮道士，賞賜錢物，修建宮觀，而且承襲北魏傳統，親臨道觀，接受樓觀道士傳授的《靈寶玉符真文》、《洞真智慧大戒》等道教經戒符籙。使樓觀道也從民間道教轉化為官方道教。

樓觀道作為北朝後期新興的道派，在經典、教義、方術、戒規等各方面都受到當時北方新天師道與南方上清派道教的雙重影響。

在修持經典方面，樓觀道派受南方道教影響很深，傳承修持的主要是南方的三洞諸經，尤其是茅山派所奉持的上清大洞經法。在向帝王傳授符籙時，繼承了北方新天師道的授符形式，但內容卻變成了來自南方的《靈寶玉符真文》和《洞真智慧大戒》。

在修行方術上，北方新天師道強調以齋醮禮拜為主，輔之以服食閉練；南方上清派則偏重思神誦經、服氣咽液等內修養生之術，及個人身心的修養和積善功德。樓觀道派則兼采眾家，思神誦經、服食丹藥、符籙齋醮，乃至於早期方士的遁甲占候、召神役鬼，皆兼而行之，雜採並重。

在道團組織方面，樓觀道派也頗受南方道教之影響。北方新天師道設道壇，彷彿教寺院稱「崇虛寺」；南方道教在晉宋之際開始出現道館，到齊梁時已遍布江南。樓觀道派亦設道館，稱之為觀，成為典型的宮觀道觀。隋唐之後，南方道館也改稱為觀。

在教規戒律方面，樓觀道派大量吸取了佛教戒律，規定出家的道士必須遵守戒殺、盜、淫、妄語、酒，五戒的內容與佛教完全相同，但對五戒的解釋卻是以漢代黃老之學的陰陽五行為依據，雜糅了佛、道之說。

由於受到南北道教的雙重影響，因而使得樓觀道派在經典、教義、方術等諸多方面出現了融合南北道教的特徵。而這種南北改革後的新道教的融合，既是當時社會漸趨走向統一在宗教領域中的折射，也從一個側面反映了其時的文化交流與融合。

第三節 ·
各種民間信仰與巫術

魏晉南北朝是一個宗教興盛的時期，寺院道宇遍布州鎮，僧尼道人溢於三輔。但是，宗教的興盛沒有也不可能成為每一個人的信仰，讖緯迷信、民間信

仰、各種巫術仍然在社會上流布，並得到相當一部分人的認同。

一、魏晉南北朝時期的讖緯符命

讖緯作為漢代儒學的一個重要組成部分，在西漢末年哀平之際成為一種社會思潮，到東漢時盛極一時，與經學平起平坐，幾占統治地位。因此，確切地說，讖緯作為漢代統治階級宣揚的神學世界觀，並不屬於民間信仰。但在魏晉南北朝時期，一方面隨著玄學的興起和佛、道二教的發展，讖緯符命已從東漢時期占據思想領域統治地位的寶座上跌落下來，變成了宗教神學的配角；另一方面隨著讖緯地位的下降，已更多地在民間流傳。所以，我們把讖緯符命放在本節中做些闡述。

讖緯是漢代方士依傍經術而造作出來的宗教性預言，劉秀利用讖緯起事，建立了東漢王朝。此後，帝王膺命便常常利用讖緯符命作為篡奪政權、改朝換代的根據和手段。曹魏代漢時，就曾造作出「代漢者當塗高」[16]的讖語，「當塗高」即古代宮殿的兩觀，稱作「象魏」，象徵著曹魏當代漢而興。還造作出「漢以魏，魏以征」，「代漢者曹公子」，「鬼在山，禾女連，王天下」[17]等讖語，以此證明曹魏代漢稱帝乃上天之命。博士蘇林、董巴就以這些讖語為證據，數次進言曹丕稱帝，以應天命。劉備稱帝之時，史官也引用《洛書甄耀度》、《洛書室予命》、《孝經命訣》等緯書，以說明劉備為炎劉後繼者，理當稱帝。司馬氏取代曹魏，以白龍三見為符瑞，來證明晉當代魏。劉裕奪取東晉天下，太史令駱達上書陳說天文符瑞數十條，以證明晉宋禪替理所當然，以致東晉恭帝司馬德文在禪位璽書中被迫無奈地說道：「圖讖禎瑞，皎然斯在。」[18]蕭道成欲代宋稱帝，與百官商議廢立之事，然無人響應，於是便援引圖讖，稱「象緯昭徹，布新之符已

---

16 《後漢書·袁術傳》。
17 《三國志·魏志·文帝紀》裴注引《獻帝傳》。
18 《宋書·武帝紀》。

顯；圖讖彪煥，受終之義既彰」[19]。從中找到了宋齊禪替的根據和藉口。蕭衍伐齊，太史令蔣道秀書陳天文符讖六十四條；沈約以「行中水，作天子」[20]的讖語勸蕭衍稱帝；陶弘景也援引圖讖，勸蕭衍建梁代齊。陳霸先在奪取蕭梁政權前，也看到了讖緯在改朝換代中的特殊作用，不僅援引圖讖，而且親自學習讖緯。由此可見，魏晉南北朝時期，儘管讖緯不斷地受到官方明令禁絕，但統治者一旦需要，還會利用讖緯符命來證明自己是應天受命，把讖緯作為工具，從中找出改朝換代、建立政權的合理證明。

在統治階級利用讖緯證明自己應天受命的同時，農民階級也巧妙地利用讖緯，作為組織發動農民起義的工具，以其人之道，還治其人之身。西晉惠帝太安二年（西元 303 年），張昌就利用「劉氏復興，李氏為輔」的讖言發動起義，以山都縣吏丘沈冒充聖人，易姓名為劉尼，詐稱漢後，奉為天子；張昌自己改名為李辰，為相國，服色悉依漢朝故事。據史書記載，後趙、東晉、後秦、北魏、劉宋、南齊時，都有利用讖言作為發動和組織起義的口號，以反抗封建統治，其次數多達數十起。封建統治階級利用讖緯神學來愚弄人民群眾，農民起義也造作讖言，利用神權來作為反抗封建壓迫和剝削的工具。

流傳於社會的讖緯符命，在政治生活中顯示出來的重要影響，也引起了佛、道二教的注意，在弘傳道法的過程中，援引讖緯符命。三國時來到江南的西域僧人康僧會便通曉讖緯，當吳主孫皓問他什麼是善惡報應時，即以讖緯符瑞來說明佛教的善惡報應是真實可信的。後趙時，佛圖澄勸諫石勒行王政、布仁德時用的也是讖緯符瑞。劉宋時，僧含勸顏峻謹慎處事的話中更是表明他深信讖緯而不疑。道教同讖緯的關係更為密切。產生於道教之前的讖緯中吸取了不少中國古代的神仙方術，而讖緯中的一些內容又被後來的道教所吸取。在原始道教的經典《太平經》中就曾講到要「洞通天地之圖讖文」[21]。葛洪力倡丹鼎道派，宣傳通過服食丹藥，可以羽化成仙，而其根據，則不少援自讖緯。南朝道教改革的集大

---

19 《南史·齊本紀》。
20 《梁書·沈約傳》。
21 王明：《太平經合校》，261 頁，北京，中華書局，1979。

成者陶弘景更是精通圖讖，援引圖讖勸蕭衍建梁代齊，仿照緯書命名《真誥》七篇。道教還用扶乩的方式造作了不少讖語和道經，出於東晉時的《太上洞淵神咒經》中就有不少稱為「道言」的讖語。魏晉以後，讖語流入道書，以致造作讖語已成為道教的一項宗教活動。

魏晉南北朝時期，雖然讖緯仍以不同的形式在社會上流布，但已從東漢的盛極一時而走向衰頹，造成這種狀況的原因主要有三。

其一，統治者的禁絕讖緯。統治者以圖讖作為改朝換代的工具，然一經正位後，為防止他人也以讖緯行篡國之事，便禁止讖緯。晉武帝司馬炎即位不久，便頒布了禁星氣讖緯之學的詔令。前秦苻堅嚴禁圖讖之學，尚書郎王佩讀讖，苻堅殺之，前秦境內學讖者遂絕。後趙石季龍禁令不得私學星讖。南朝政權禪替，都以讖緯為據，然劉宋、蕭梁都頒布詔令，禁止私藏讖緯。北魏拓跋氏對讖緯的禁令更為嚴厲，拓跋燾太平真君五年（西元 444 年）的詔令規定：「私養師巫，藏挾讖記、陰陽、圖緯、方技之書」，均應送交官府，逾期不出，處以死刑[22]。孝文帝太和九年（西元 485 年）也頒布詔令，嚴厲指責讖緯之學「既非經國之典，徒為妖邪所憑。自今圖讖、秘緯及名為《孔子閉房記》者，盡皆焚之，留者以大辟論」[23]。統治階級對讖緯的禁絕、焚燬，使得讖緯之書大量喪失，讖緯之學也受到控制，難以盛行。

其二，玄學對讖緯的衝擊。魏晉之際興起的玄學，以對宇宙本體的探討超越了兩漢經學。玄學之士注重探求義理，他們以辨名析理的方法，互相論難，擴展和發展了一系列的哲學範疇。儘管魏晉玄學是一種唯心主義哲學，但已遠非粗俗陋薄的讖緯符命可以相比。這樣，當玄風日盛之時，人們就不再專注於讖緯，並對讖緯的荒謬進行批判。

其三，佛、道二教對讖緯的衝擊。魏晉南北朝時期，佛、道二教的發展也衝擊了讖緯神學的天人感應觀念。尤其是佛教的廣為傳播，逐漸在人們的社會生活

---

22 《魏書‧世祖紀》。
23 《魏書‧高祖紀》。

和精神生活中佔據了重要位置。雖然佛、道二教也曾吸取了一些讖言，但自成體系的神學理論卻與讖緯不能同日而道。統治階級從宗教中找到了更為有利的工具，於是，在崇信佛、道二教的同時，嚴厲禁斷讖緯符命。梁武帝蕭衍崇佛，把佛教置於近乎國教的地位；北魏太武帝拓跋燾崇道，道教幾成國教；孝文帝兼重佛、道。他們對宗教的取捨有所偏重，但對讖緯卻態度一致，頒布詔令，嚴行禁斷。

統治階級對讖緯的禁斷，玄學興起與佛、道二教廣為傳播對讖緯的衝擊，再加上魏晉南北朝時期戰亂頻頻，兵火相接，讖緯之書大量散佚。從而使得讖緯之學走向衰落，僅僅作為民俗神道而在民間流傳。

二、魏晉時期的民間信仰

魏晉南北朝時期，除了廣為流播的佛、道二教之外，社會上還存在著形形色色的民間信仰。這些民間信仰的內容主要包括四個方面。

其一，鬼神信仰。鬼神信仰的起源可追溯到原始社會的自然崇拜，當人們對自然界的各種奇異現象難以作出科學解釋時，便會以鬼神來進行解釋和幻想。魏晉時期的人們也仍然執著地以鬼神來解釋自然界、社會中發生的那些神祕恐怖和難以捉摸的現象。劉宋武帝時，周朗曾上書陳述了當時人們迷信鬼神的情況：「凡鬼道惑眾，妖巫破俗，觸木而言怪者不可數，寓采而稱神者非可算。」[24]可見當時民間鬼神迷信之盛行。人們通過各種形式，祭祀鬼神，希望能求得鬼神的寬宥。因為鬼神不僅可以具有人的外形，而且也具有與人一樣的意志、思想、情感，同時，又以它的變幻之術使人難以企及。在魏晉的志怪小說中有許多人鬼交往之事，儘管也有人縛鬼、刺鬼的勝利，但絕大部分是以人的失敗而告終。在民間鬼神信仰中，特別值得一提的是，表現人間受冤而死、陰間成鬼復仇的人鬼冤報觀念，反映了人民群眾對統治階級的不滿與反抗。

---

24 《宋書·周朗傳》。

其二，歷史人物崇拜。在民間信仰中，往往把一些歷史人物也作為崇拜的對象。如在東晉南朝，由於江南水鄉河流縱橫，人們的生活與水的關係密切，因此民間便為大禹立廟供祀，企求他保佑水上作業平安。伍子胥更是被視為江神和潮神，在江東多處地方有其廟宇，享受歲時之祭，甚至連原本是紀念屈原的端午節競渡活動，在江東地區也成了追懷伍子胥的紀念活動。

其三，神仙信仰。民間信仰中還有一個重要內容便是神仙信仰，人與神仙相遇，人與神仙結為婚姻之類的傳說在民間信仰中比比皆是。如劉晨、阮肇入天臺山，遇二仙女，共同生活了半年，回到家鄉，已過七世。又如虞洪進山採茗遭遇仙人，等等。這些民間信仰中的神仙，往往洋溢著人性的特點，不乏人的情欲，富有生活氣息，與宗教信仰中的神仙相比，更為世俗化，更接近下層群眾。

其四，精怪崇拜。在民間信仰中，自然界的萬物都有靈性，都會幻化為種種精怪，舉凡山、石、草、木、花、鳥、禽、獸等都會幻化作怪，或變成妙齡少女，或變作英俊男子，或變成皓首宿儒，或化為年邁老嫗，變幻莫測，難以捉摸。魏晉時期的志怪小說中有大量這類精怪作祟的故事，正反映了當時人們的精怪崇拜。與鬼神崇拜不同，這些作祟的精怪最終往往顯露原形，以人戰勝這些衣冠禽獸而告終。

魏晉時期的民間信仰除上述內容之外，還包括相信法術無邊、怪異充斥人間等。使得魏晉南北朝時期的民間信仰與前代相比，內容更加豐富、龐雜，而造成這種現象的原因主要有三：

一是佛道二教的廣為傳播。佛教渲染世界布滿鬼神，羅剎、夜叉、閻羅王、如來佛、菩薩、天王、羅漢、伽藍神等遍布天上地下；道教宣揚山無大小，皆有神靈，山大則神大，山小則神小。宗教宣揚的鬼神世界為民間信仰提供了許多新的鬼神內容，使得民間信仰中談論的鬼神種類更加龐雜。佛道二教的經典中有許多採自民間的靈異之事，如三國時康僧會譯出的《舊雜譬喻經》中的梵志吐壺、鸚鵡滅火等故事隨著佛教的傳播，也在民間廣為流傳。道教經典中的肉體飛昇，深山遇仙等也流傳民間。這些宗教故事的流傳使得民間信仰的內容更加豐富多彩。更重要的是，隨著佛道二教的廣泛傳播，相信靈魂不死、神鬼存在已成為民

間極普遍的社會心理意識，在這樣的氛圍中，民間信仰自然會不斷發展，難以泯除。

二是魏晉士人的尚好談論。魏晉時期，玄風熾暢，清談成為社會時尚，尚好談論的士子們在辨理析名之餘，也常常談論各種傳說異聞、神鬼故事，從而為民間信仰提供了更多的內容。而且士人們在談論的同時，還往往用文字記錄下來，魏晉時期志怪之書數量之多，令人瞠目，現存及有名可考者尚有近百種，其著名者如《玄中記》、《神異記》、《搜神記》、《神仙傳》、《拾遺記》、《幽明錄》、《冥祥記》、《續齊諧記》等都在社會上廣泛流傳。這些志怪之書的內容普收天下古今神鬼怪異之事，成為民間信仰傳播的最好讀本。魏晉士人以民間信仰為談資，而士人們的談論與著述又擴大了民間信仰的傳播層面與空間，兩者相輔相成，使民間信仰獲得新的充實與發展。

三是人與神鬼關係的變化。在魏晉時期的民間信仰中，人們對鬼神的崇拜已開始擺脫單純的敬畏心理，從對鬼神虔誠的敬仰逐漸轉化為用祭祀來換取鬼神的福佑，因此，人們相信鬼神，但並不專注於某一鬼神，而是廣泛地祭祀各種鬼神，民間信仰中對土地神的祭祀就是如此。當時人們信仰的土地神有的統管一片地區，有的僅保佑一戶人家，《搜神記》中記載的吳縣張誠家的土地神就是這樣一位神祇。由於祭祀鬼神的廣泛性，鬼神與人之間便產生了利益交換，即不是無償地以無邊法力來濟助芸芸眾生，而要求人們先行祭祀之禮，然後再降福於人。如鐘山土地神要人們為其立祠、行祀，才肯佑護當地百姓免遭蟲災。人與鬼神的關係變得更加實用了。

三、魏晉時期的方士與方術

漢末魏晉之際，與民間道教組織同時存在並活動頻繁的還有眾多的方術之士，他們或潛伏民間，隱居山林，煉丹服藥，修神煉形，幻想成為長生不死的神仙。或奔走權貴之門，穿行街衢鬧市，詐稱已是享年數百歲，以方術干人聽聞，誘人信從。雖然人們也將他們稱為道士，但實際上與民間道教組織有著明顯區

別。從活動形式看，這些人大多是個體活動，不像民間道教那樣有一套較為嚴格的制度，他們也不參加齋祀廚會之類的群眾性祭祀活動。從活動內容看，他們並不信奉某一神仙或道書，其所行道術中既有符籙禁咒，也有服餌養生，在一些流俗道士的方術中，還有占卜扶乩、圖讖星氣，甚至御女房中、食糞飲小便等極其粗鄙淺陋的巫術。可以說，是方術與巫術的混雜。如三國時的甘始、左慈、郤儉，俱稱已有三百歲，來到魏國時，曹魏官吏競相師從，學習辟穀餌茯苓、行氣導引和房中之術，以致市場上茯苓價格暴漲數倍，甚至連宦官閹豎都想學習房中之術。東吳的孫權也迷信這些遊蕩民間的道士，他聽長老說秦始皇遣方士徐福攜童男女數千人入海求蓬萊神山及仙藥，止於亶洲而不還，便遣將軍衛溫率甲士浮海求夷洲及亶洲。呂蒙病重時，孫權命道士於夜晚祭星為呂蒙延命。還曾遣使徵召會稽方士介象到武昌，立宅供帳，遺黃金千鎰，從之學隱形術。孫權的兒子孫登、孫休，也一如其父，信從這些遊方道士。

魏晉之際，民間道教組織多有利用道教發動起義之事，引起統治者的重視，並加以嚴格限制。這些方士的個體活動，雖然並無組織，但由於其以方術惑人，往往能聚集一大批信從者在其周圍，因而統治階級對他們的活動也十分注意。曹魏時，就採取「聚而禁之」的政策，將他們召至魏國，以控制其活動，以防在民間擴散影響，聚眾起事。但各種奇異的道術、巫術仍在民間流傳，而難以禁斷。

四、北朝鮮卑的原始民間信仰

魏晉南北朝時期的民間信仰，除漢族的信仰之外，還有各少數民族的民間信仰，從而使得這一時期的民間信仰更為多姿多彩。其中建立了北魏王朝的鮮卑拓跋部所保留的鮮卑族民間信仰，更是對當時的政治生活與思想意識產生了重要的影響。

北魏拓跋部所保留的鮮卑民間信仰，其內容和形式主要有：

（一）對天的崇拜

對天的崇拜是許多民族原始信仰所共有的內容，鮮卑族也不例外。在拓跋鮮卑中流傳著天女生拓跋力微，並將力微送至人間的傳說，正反映了鮮卑民族原始信仰中對天的崇拜。由於他們把天作為始祖看待，因此，對天的祭祀便成為最神聖、最重要的祭典。每逢舉行祭天儀式時，各部大人都要前來，拓跋力微時的一次祭天活動中，白部大人未來參加，力微竟征而殺之，其他各部皆無異議。可見，在鮮卑民族中，不參加祭天便是大逆不道的觀念十分明確。北魏建立後，仍然保留著這一習俗，拓跋燾在太延元年（西元 435 年）遣使前往石室祖廟祭祖時，主祭的對象就是天。正由於鮮卑族對天的崇拜，因而祭天活動往往成為一場規模宏大的盛典，北魏天賜二年（西元 405 年）的祭天活動便是如此：

> 祭之日，帝御大駕，百官及賓國諸部大人畢從至郊所。帝立青門內近南壇西，內朝臣皆位於帝北，外朝臣及大人咸位於青門之外，後率六宮從黑門入，列於青門內近北，並西面。廩犧令掌牲，陳於壇前。女巫執鼓，立於陛之東，西面。選帝之十族子弟七人執酒，在巫南，西面北上。女巫升壇，搖鼓。帝拜，後肅拜，百官內外盡拜。祀訖，復拜。拜訖，乃殺牲。執酒七人西向，以酒灑天神主，復拜，如此者七。禮畢而返。自是之後，歲一祭。[25]

從這次祭天活動可以看出，鮮卑族的祭天儀式帶有明顯的原始民間信仰痕跡，如使用女巫；同時，隨著時間的推移，已形成一套固定的規範儀式，規模宏大，百官大臣、皇室家族都得參加，血緣關係的親疏分明與政治地位的高低尊卑都截然分清。

（二）自然崇拜

以游牧為生的鮮卑族與自然關係密切，因而對自然的崇拜便成為他們民間信仰的一個重要組成部分。對自然的崇拜包括日月星辰、山川江海，孝文帝延興二

---

25 《魏書・禮志》。

年（西元 472 年），有司上奏祭祀之神自六地五郊、社稷以下共一七〇五處，可見，拓跋鮮卑的自然崇拜對象十分廣泛，無所不在。為了表示對自然的敬仰，祈禱自然風調雨順，不生災禍，也需進行各種祭祀活動，《魏書》中記載有拓跋鮮卑祭祀自然的各種活動。如在郊祭典禮中祭祀日月五星、二十八宿、天一、太一、北斗等日月星辰；在桑乾水之陰設立五嶽四瀆廟，春秋兩祭；立廟於恆岳、華岳、嵩嶽之上，各置侍祀九十人，歲時祈禱，等等。拓跋鮮卑對自然神祇的崇拜，以及在祭天儀式中的使用女巫等，都是鮮卑游牧生活的產物，與漢族的儒家文化及漢宮禮儀格格不入，因而許多漢族士大夫反對保留這些祭祀活動，如崔浩就曾上奏，認為這些神祀多為不經之舉，應盡皆罷免。但北魏直到孝文帝遷都洛陽後，才逐漸從官方的祭典中取消這些自然崇拜。

（三）女性崇拜

在入主中原前夕，尚處於從氏族社會向奴隸社會過渡階段的鮮卑拓跋部，在其民間信仰中還保留著女性崇拜。在祭祀天地時，不僅以先帝配天，而且單獨以先後配地。對於一些已死去的皇后，則常常另立宗廟以行專祭，如北魏神二年（西元 429 年），就在密太后的家鄉鄴城為之立廟，置祀官太常博士，齋郎三十餘人待祀，歲五祭。不但立宗廟，而且祭祀之禮比雲中七帝之廟的歲四祭還要隆重。就連一些公主也有立廟而祭之的，如為太祖廟毗鄰之處為華陰公主立廟，歲時祭之。甚至連保姆乳娘也享有此種待遇，如拓跋燾即位後，尊其保姆竇氏為保太后，她死後，於崞山別立寢廟，建碑頌德。文成帝拓跋濬即位後，也尊其乳母常氏為保太后，死後，別立寢廟，置守陵二百家，樹碑頌德。

拓跋鮮卑的女性崇拜明顯地與鮮卑族的游牧生活有關。以游牧為生的鮮卑族，活動於塞北草原，飄忽不定的遷徙生活、變幻莫測的草原氣象、嚴酷的生存條件使得生命的繁衍與延續成為游牧民族迫切需要解決的問題，女性自然就具有十分崇高的地位，女性崇拜也成為鮮卑族原始信仰中的重要內容了。

鮮卑民族的民間信仰對北魏的社會政治產生有重要的影響。北魏拓跋氏崇尚道教，正因為道教思想中也充斥著對天神、自然神的崇拜。信奉名山大川的靈

異，對自然的崇尚，都與拓跋鮮卑的原始民間信仰有著相似之處。因而早在代北遊牧時期，拓跋鮮卑就開始接受了道教，而到太武帝拓跋燾統治時，更是尊崇道教幾乎到了國教的地位。此後的北朝諸帝，雖然佞佛日盛，但始終沒有拋棄道教，又如女性崇拜使得婦女在北魏政治生活中具有十分重要的地位，以致出現了文明太后這樣著名的女性政治家。

第七章

倫理的乖張
與悖反

第一節·
森嚴壁壘
的等級秩序

魏晉南北朝盛行的門閥制度，大體說來萌芽於東漢後期，形成於曹魏、西晉，東晉時期臻於鼎盛，南北朝日漸衰落。其形成與盛衰都和當時的政治、經濟、文化等因素密切相關。門閥制度的盛行導致了複雜的階級關係和森嚴壁壘的等級秩序。在這一時期的文獻典籍中，各色等級的名目繁多，不勝枚舉。這些名目有的名異實同，有的具有特定的含義。以大類而言，等級的劃分雖仍沿襲秦漢以來的「良賤」之說，但細加推敲，其森嚴和精密則遠非秦漢社會所能比。在地主階級中，不但有士族地主和庶族地主兩大類，而且士族地主中又有門閥士族和低級士族，即所謂高門、次門和寒士之分。同為高門士族仍有高下的差別。即使一門中，也「第其房望」，就是一房之中，差別也很大。門閥士族世代居於高官顯位，享受種種特權。他們互相標榜成為社會上地位最高的統治階層。庶族地主是地主階級的下層。他們雖然可以通過吏事、戰功等途逕取得官位，少數人甚至能爬上統治階級的上層行列，但卻無法進入士流。對於士族地主而言，他們仍處於受壓抑的地位；對於處於社會底層的廣大農民、工匠、兵戶及僮客、奴婢等而言，他們又是壓迫者和剝削者。於是，從高門、次門、役門到半自由的士家、兵戶、雜戶、僮客等和完全沒有人身自由的官私奴婢，構成了這一時期森嚴壁壘的層層等級秩序。

一、「王、謝門高非偶」

魏晉以降，高門大族林立。其中最為稱著者，按照唐人柳芳的說法是：「過江則為僑姓，王謝袁蕭為大；東南則為吳姓，朱張顧陸為大；山東則為郡姓，王崔盧李鄭為大；關中亦號郡姓，韋裴柳薛楊杜首之；代北則為虜姓，元、長孫、宇文、陸、源、竇首之。」[1]柳氏列舉的各地大族無疑都是第一流高門。然而，士族之中又有許多等級，柳芳記北魏孝文帝定姓族云：「郡姓者，以中國士人差第閥閱為之。制：凡三世有三公者曰膏粱，有令、僕者曰華腴，尚書、領、護而上者為甲姓，九卿若方伯者為乙姓，散騎常侍、太中大夫者為丙姓，吏部正員郎為丁姓，凡得入者謂四姓。」[2]孝文帝依三代人的官品高下定門第等級，既非完全以北魏的官爵為標準，也非其創新，而是承襲魏晉以來的傳統與做法。所謂膏粱、華腴和「四姓」，東晉南朝早已有之。《晉書·王國寶傳》：「國寶以中興膏腴之族，惟作吏部，不為余曹郎。」《宋書·荀伯子傳》：「伯子常自矜蔭藉之美，謂（王）弘曰：天下膏粱，唯使君與下官耳。」《南齊書·王僧虔傳》：王志謂其弟王寂曰：「汝膏粱年少，何患不達。」《南史·張弘策傳子綰附傳》：「出為豫章內史，在郡述《制旨禮記正言義》，四姓衣冠士子聽者常數百人。」一般說來，凡三代人反覆取得五品以上官職，如魏晉的黃門、散騎、中書侍郎，郡太守等，其家族的高門地位便形成和固定下來；如能較多取得三品以上，特別是一品官職，那就會形成、固定為第一流高門。魏晉南北朝的門閥士族大致分為膏粱、華腴、甲、乙、丙、丁四姓等若干等級。東晉南朝大族中，尤以琅邪（今山東臨沂）王氏、陳郡（今河南淮陽）謝氏為貴，可謂是高門之首。梁末，侯景請婚於王、謝，梁武帝為難地說：「王謝門高非偶，可於朱張以下訪之。」王、謝門第之高無人可比，竟連皇帝也不敢貿然應允這門婚事。北宋秦觀著論曰：「自晉以閥閱用人，王謝二氏最為望族。江左以來，公卿將相出其門者十七八，子為主婿，女為王妃，布臺省而列州郡者不可勝數，亦猶齊之諸田、楚之昭屈景氏，皆

1　《新唐書·儒學·柳沖傳》。
2　同上。

與國同其休戚也。」[3]唐代詩人羊士諤為之驚嘆不已，曾作《憶江南舊遊詩》曰：「山陰道上桂花初，王謝風流滿晉書；曾作江南步從事，秋來還復憶鱸魚？」

琅邪王氏屬儒學世家，發跡於西漢。遠祖王吉好學明經，漢宣帝時征為博士、諫議大夫，出任益州刺史。從此，王氏逐漸發跡，子孫代代為官。傳至第八代孫王祥，西晉初官拜太保（一品），榮登三公高位，進爵睢陵公；其弟王覽，累官至宗正卿（三品），賜爵即丘子；覽族兄王雄，官至幽州刺史（四品）。王雄的幾個孫子在西晉末也都非常有名，王戎位至司徒（一品），王衍位至司徒、司空、太尉（一品），是朝中數一數二的頭面人物；衍弟澄官拜荊州刺史（四品）。這樣，琅邪王氏的門第在西晉一朝已相當顯赫。

東晉時，琅邪王氏的勢力發展到登峰造極。司馬氏得以立足江左，重建晉朝，王敦、王導兄弟擁戴之功最多。因之，他們也就總攬了東晉初年政壇的實權。當時，王導為丞相，位居中樞；王敦為鎮東大將軍，兼江揚荊湘交廣六州都督，又加荊州牧，擁重兵居上游，總征討，掌管全國軍事。王氏群從子弟布列顯要，居京城之職者達二十餘人，另有居外為王敦犄角者，如王導從弟王舒除北中郎將，鎮廣陵，王為荊州刺史等，從而開創了大族凌駕於皇權之上的政治格局。

以王導、王敦為代表所構成的王氏家族形成了牢固的勢力，不但使「王與馬，共天下」的局面維持了二十餘年之久，而且為王氏成為東晉南朝士族之冠奠定了穩固的基礎。東晉成帝后，庾氏、桓氏、謝氏家族相繼崛起，取代王氏而專制朝政，王氏雖然失去了往日炙手可熱的權勢，但整個王氏家族的利益並未受到大的損害，王氏子孫仍然羅列朝廷內外，身居高官美職，保持著很高的地位。據本章筆者初步統計，在東晉統治的一〇三年間，王氏一門封公侯者八人：王導封始興郡公，王敦封武昌郡公，王謐封武昌縣開國公，王舒封彭澤縣侯，王封武寧縣侯，王允之封番禺縣侯，王珣封東亭侯。位至丞相、都督、刺史者九人，為太守、將軍者 二十一人，居九卿等位者二十人，尚公主者二人，為皇后者一人，士族之盛，古之未有。

3　秦觀：《淮海集・王儉論》。

劉宋以降，王氏家族勢力仍十分強大，居高官顯位者大有人在。終劉宋六十年間，貴為三公者八人，計有王弘、王球、王僧朗、王僧達、王僧虔、王裕之、王延之、王彧；尚公主者二人，為皇后者二人，歷位侍中者十五人，為刺史、郡守、諸曹尚書者亦不在少數。直至梁、陳，王氏宗族之盛，地位之高，仍為其他大族不可比，故有梁武帝「王、謝門高非偶」之說。《梁書》卷二十一「史臣論」曰：「泊東晉王茂弘（王導字）經綸江左，時人方之管仲。其後蟬冕交映，臺袞相襲，勒名帝籍，慶流子孫，斯為盛族矣。」王導七世孫王筠常以七代爵位蟬聯、文才相繼而引以為自豪，與諸兒書論家門文集云：

> 史傳安平崔氏及汝南應氏並累葉有文才，所以范蔚宗云崔氏雕龍，然不過父子兩三世耳；非有七葉之中，名德重光，爵位相繼，人人有集，如吾門者也。沈少傅約常語人云：「吾少好百家之言，身為四代之史。自開闢以來，未有爵位蟬聯、文才相繼如王氏之盛也。」汝等仰觀堂搆，思各努力。[4]

與琅邪王氏門第比肩的是陳郡謝氏。謝氏發跡較晚，謝安的祖父謝衡以儒學著名，西晉時官至太子少傅（三品）；父謝裒，東晉時為侍中、吏部尚書（三品）。謝安以前，謝氏家族無一人官至一品，故受到時人的輕視，被譏為「新出門戶」。至謝安一代，情況便大不一樣了，謝氏兄弟子侄官位扶搖直上。謝安繼桓溫後執掌內外大權，官拜丞相（一品），錄尚書事，兼揚豫徐兗青五州都督、假節；從兄尚拜尚書僕射、衛將軍（二品），兄奕遷豫司冀并四州都督、安西將軍、豫州刺史、假節（二品），弟萬遷豫州刺史、領淮南太守、監司豫冀并四州軍事、假節（二品），萬弟石累遷尚書僕射（三品）；安子位至侍中（三品）。特別是在淝水之戰中，謝安率子侄指揮北府兵大敗前秦百萬之師，功勛卓著，謝氏一門同封四公：謝安進位太保，封盧陵郡公，弟石封南康公，侄玄封康樂公，子封望蔡公。郡公、縣公爵位皆一品，謝氏的顯赫地位自此確立。入南朝後，謝氏仍保有很大勢力，官拜司徒、尚書令、尚書僕射、吏部尚書、侍中及為刺史、守相者不下數十人，發展成為與琅邪王氏並秀的兩大頭等高門。

---

4 《南史·王筠傳》。

相反，潁川庾氏、譙國桓氏、太原王氏雖曾顯赫一時，但在東晉中晚期激烈的政治鬥爭中幾乎滅族，其後人在南朝位宦不顯，很少取得三品官職，無一人升至一品，所以儘管仍是高門，卻已從第一流寶座上跌落下來，與王謝不可同日而語。

在僑姓士族中，屬於第一流高門的還有陳郡陽夏（今河南太康）袁氏和蘭陵（今山東蒼山縣西南蘭陵鎮）蕭氏。陳郡袁氏是汝南袁氏的一支，這是東漢以來數一數二的大族，自袁安至袁逢「四世五公」，勢傾天下。逢孽子袁紹、袁術仗著「門生故吏遍天下」的家族勢力於漢末起兵，成為勢力雄厚的大軍閥，後在群雄混戰中相繼敗亡，子孫多被曹操誅夷。袁逢之弟袁滂一支卻活躍於魏晉南朝政治舞臺，滂孫湛於東晉末位至尚書右僕射、兼太尉；湛侄孫袁仕宋為尚書左僕射，袁粲累官至尚書令、司徒；子昂為梁司空。自湛至昂，四世為三公，居官五至三品者也不乏其人，故袁氏仍保持著第一流高門的不衰地位。蘭陵蕭氏原本一般士族，齊高帝蕭道成自稱：「吾本布衣素族，念不到此，因籍時來，遂隆大業。」[5]但因蕭氏相繼建立齊、梁，出了兩朝天子，故一躍而成為特殊的第一流高門。

除王、謝、袁、蕭第一流高門外，僑姓士族中的河南陽翟（今河南禹縣）褚氏、河東聞喜（今山西聞喜縣）裴氏、陳郡長平（今河南西華東北）殷氏、陳留濟陽（今河南蘭考東北）江氏、陳留考城（今屬河南省）蔡氏、盧江（今安徽盧江西南）何氏、太原孫氏、高平（今山東巨野一帶）郗氏、泰山（今山東泰安一帶）羊氏等，其家族除個別人榮登三公高位外，大都居官三、五品，他們只能算一般高門。

僑姓之中又有南渡早晚的差別，南渡較早的大族門第較高，南渡晚的即使是東漢以來的赫赫大族也會遭到排抑，甚至被當作「寒士」對待。如弘農華陰（今陝西華陰縣東南）大族楊佺期是漢太尉楊震第十代孫，「自云門戶承籍，江表莫比，有以其門地比王珣者，猶恚恨」。但其他大族並不買他的賬，「時人以其晚

5　《南齊書·高帝紀》。

過江，婚宦失類，每排抑之」。楊佺期為此「恆慷慨切齒，欲因事際以逞其志」[6]。桓玄「每以寒士裁之，佺期甚憾」[7]。南朝時，晚渡的中原大族遭排抑的現象更加嚴重，「晚渡北人，南朝常以傖荒遇之，雖復人才可施，每為清途所隔」。這時，他們不僅得不到高門的待遇，反而被視為「傖荒」。傖荒者，粗鄙之意也，乃譏諷輕侮之語。杜坦、杜驥兄弟係杜預玄孫，是京兆（今西安市）著名大族，劉裕北伐克長安後，隨從南還，卻遭到「傖荒」冷遇，杜坦為此嘆恨不已，對宋文帝牢騷滿腹地說：「臣本中華高族，亡曾祖因晉氏喪亂，播遷涼土，直以南渡不早，便以傖荒賜隔。」對劉宋王朝是否重用自己深表懷疑：「聖朝雖復拔才，臣恐未必能也。」[8]宋文帝只好默然不應。河東大族裴景仁也被視為「本傖人，多悉戎荒事」。楊氏、杜氏等晚渡大族雖有高門之名，實際上已降至一般士族了。

同為高門，僑姓士族又在吳姓士族之上。朱張顧陸是吳姓士族中的四大高門，但與僑姓相比，其地位聲望既無法與第一流高門王謝袁蕭等論，也遜色於褚氏、孫氏、郗氏等一般高門。朱張顧陸主要發跡和顯赫於東吳時期，正如陸凱對孫皓所雲：「先帝（孫權）外仗顧陸朱張。」[9]西晉滅吳後，吳姓士族之地位急轉直下。西晉一朝，四姓子孫只做過內史一類的五品官。晉室南渡後，司馬氏立足未穩，為取得吳姓士族的支持，曾一度極力拉攏籠絡之，故四姓之中尚有位登三公者，然僅陸玩一人位至司空，另有陸納、顧和為尚書令（三品），顧眾為尚書僕射（三品）。但總的說來，吳姓處於受排斥的地位，位望終無法與僑姓相比。進入南朝後，吳姓位望更如江河日下，不僅與三公高位無緣，而且清要之官也難於染指了，齊高帝「欲用張緒為右僕射，以問王儉。儉曰：『緒少有清望，誠美選也。南士向來少居此職。』褚彥回曰：『儉少年未憶耳，江左用陸玩、顧和，皆南人也。』儉曰：『晉氏衰政，不可為則。』……乃止」[10]。可見，這時的吳中

6　《晉書‧楊佺期傳》。

7　《晉書‧桓玄傳》。

8　《南史‧杜驥傳》。

9　《三國志‧吳書‧陸凱傳》。

10　《南史‧張緒傳》。

四姓想做尚書右僕射之類的三品官已很困難。齊武帝曾對領軍將軍沈文季曰：「南土無僕射，多歷年所。」文季對曰：「南風不競，非復一日。」[11]直至梁代，四姓中竟無一人做過秘書丞這樣的「清官」。梁武帝曾引見張率於玉衡殿，謂曰：「卿東南物望，朕宿昔所聞。……秘書丞天下清官，東南望冑未有為之者，今以相處，為卿定名譽。」[12]梁武帝網開一面，破例讓吳中四姓中的張率為秘書丞，便算是一種殊榮了。據統計，在南朝四代的尚書令、僕射、中書監令中，宋有七十人，無一南士；齊有四十九人，南士無一尚書令，僅僕射、中書監令各得一人；梁有五十五人，南士得尚書令三人、僕射六人、中書監令四人，共十三人；陳有三十二人，南士得尚書令一人，僕射五人，中書監令六人，共十二人，其中包括宗室五人。唯侍中稍多，但也不超過總數的百分之二十三。南北士族位望之差可見一斑。[13]由於吳姓士族仕途受阻，官場失意，一些南士對此忿忿不平，南齊丘靈鞠曾大罵與東晉司馬氏合作的顧榮等人：「我應還東掘顧榮冢。江南地方數千里，士子風流皆出其中。顧榮忽引諸傖渡，妨我輩途轍，死有餘罪！」[14]

隨著官位的升降和房第的變化，同一高門之中復有等級之別。南朝初，琅邪王氏分兩支：一支居建康烏衣巷（今南京東南秦淮河南岸），人稱烏衣諸王；一支居建康禁中里馬糞巷（或稱馬蕃巷），人稱馬糞諸王。馬糞諸王乃王導裔孫，烏衣諸王係王導族兄弟王廙、王曠、王彬後代。馬糞諸王位望高而家富，烏衣諸王相形見絀，不免遭人輕侮和嘲諷。宋齊時，馬糞諸王中的王弘、王曇首、王僧達、王僧虔等位宦清顯，貴動朝廷；烏衣諸王中的王裕之、韶之、納之、准之等卻位宦微減，《南史·王准之傳》載：「宋臺建，除御史中丞，為百僚所憚。自彪之至准之四世居此職。准之常作五言詩，范泰嘲之：『卿唯解彈事耳。』」范泰的話很刻薄，譏准之世居煩任，非清顯要職。王韶之甚至窮到三日斷糧的地步，《南史》本傳稱：「家貧好學，嘗三日絕糧而執卷不輟，家人誚之曰：『困窮

11 《南史·沈文季傳》。
12 《南史·張率傳》。
13 參見周一良：《南朝境內之各種人及政府對待之政策》，《魏晉南北朝史論集》，北京，中華書局，1963。
14 《南齊書·丘靈鞠傳》。

如此，何不耕？」齊建武元年（西元 494 年），詔之之孫王晏進號驃騎大將軍，給班劍二十人，謝當面質問道：「身家太傅才得六人，君亦何事一朝至此？」[15] 王晏曾戲南士沈文季為「吳興僕射」，文季反脣相譏：「琅邪執法，似不出卿門。」[16] 後來王晏犯罪被誅，齊明帝竟然在詔書中罵他是「閭閻凡伍，少無持操」[17]。簡直不把他當高門看待了。馬糞諸王也每每卑視烏衣諸王，王僧虔偶為御史中丞，乃慨然相譏，曰：「此是烏衣諸郎坐處，我亦可試為耳！」[18] 以上皆烏衣諸王比馬糞諸王門第低下之證。即使在馬糞諸王一房之中，由於官位通塞不同，也略有差異。如王儉數代官運亨通，顯榮當世。而從弟王僧祐僅仕至黃門侍郎，父祖位宦均不達。故僧祐頗懷感慨，贈王儉詩曰：「汝家在市門，我家在南廓。汝家饒賓侶，我家多鳥雀。」[19] 琅邪王氏如此，其他士族當不例外。

二、郡姓與虜姓

北方的第一流高門，在關東有崔、盧、李、鄭、王五姓，在關西有韋、裴、柳、薛、楊、杜六姓，他們都是北方各郡內的漢人大族望姓，即所謂「郡姓」。代北則有元、長孫、宇文、陸、源、竇等大姓，他們都是鮮卑族中的名門望族，即所謂「虜姓」。

北方郡姓來源參差不齊。有不少家族已在魏晉時期因歷任高官而門第顯赫。如清河（今河北清河東北）崔氏，人稱「清崔」。先祖崔林為曹魏司空，封列侯。後人崔隨為西晉尚書僕射，崔諒為中書令。永嘉大亂後，清崔仕於後趙、前燕，官不過五品；入北魏後，崔宏、崔浩一支因位至司空、司徒，封白馬公，一度勢傾朝廷。博陵安平（今河北安平一帶）崔氏，人稱「博崔」，先祖崔寔著名

---

15 《南齊書·謝傳》。
16 《南齊書·沈文季傳》。
17 《南齊書·王晏傳》。
18 《南齊書·王僧虔傳》。
19 《南史·王僧祐傳》。

漢代，寔子贊仕曹魏為吏部尚書、尚書左僕射，贊子洪仕西晉為吏部尚書、大司農，後代子孫仕於十六國北朝，多為方伯、九卿。

范陽（今河北涿縣一帶）盧氏中，盧毓為曹魏司空，盧欽為西晉尚書僕射，盧志為中書監。入十六國北朝後，盧氏子孫多為郡守、刺史，盧度世仕北魏為平東將軍，從二品中，官位最高。

滎陽開封（今河南開封）鄭氏，鄭渾為曹魏將作大匠，鄭沖仕曹魏為司空、太保，仕西晉為太傅。鄭羲為北魏中書令，二品中，位最高，餘多為刺史、郡守。

太原晉陽王氏，王昶為曹魏司空，子渾為西晉司空；王沈仕西晉為錄尚書事，封博陵郡公；王述位至尚書令，為當時盛門。但王慧龍入北魏較晚，最高位龍驤將軍，三品上。

郡姓李氏有二：一是隴西（今甘肅隴西）李氏，一是趙郡（今河北趙縣一帶）李氏，人稱「趙李」。二李魏晉時無聞於世，進入十六國北朝迅速發跡。隴西李暠乃西涼皇帝，後人歸順北魏，兄弟子侄貴顯當世。《魏書·李寶傳》稱：「李氏自初入魏，人位兼舉，因（暠重孫）沖寵遇，遂為當世盛門。」趙郡李系仕後燕為散騎侍郎，入魏後兄弟子侄在朝者十有餘人，「宗緒扶疏，人位盛顯，可謂李雖舊族，其世唯新矣」[20]。上述關東五大姓，或顯於魏晉，或發跡於十六國北朝。北魏孝文帝定姓族，以本朝官爵為標準，魏晉及十六國以來官爵也是重要的參考條件，故五姓皆列為第一流高門。

關中郡姓的情況大致相同。京兆杜氏之杜畿仕曹魏為尚書僕射，子恕為幽州刺史，恕子預仕西晉為鎮南大將軍、荊州都督，以平吳之功封當陽縣侯。其子孫多仕十六國北朝，杜嶷仕慕容垂為秘書監（三品），杜銓仕北魏為宗正（二品上），位最高。

京兆杜陵（今西安市東南）韋氏之韋誕為曹魏侍中、中書監，「世為三輔冠

---

20 《魏書·李順傳》史臣後論。

族」。其子孫先後仕於前秦、後燕、劉宋、北魏，多為郡守、刺史、九卿。

河東聞喜裴氏之裴潛為曹魏尚書令，裴秀仕西晉為尚書僕射，子孫仕東晉、宋、齊，並有名位；齊末，裴叔業自壽春歸北魏，位散騎常侍（二品下）、都督、豫州刺史；其兄子植位至金紫光祿大夫（從一品下），位最高。另一支未南渡，仕北魏，裴駿官散騎常侍，裴延儁位至中書令（二品中）、吏部尚書（從一品下）。

河東解地（今山西解州）柳氏在魏晉時官位並不顯赫，柳軌為西晉廷尉卿，柳卓幾代均為太守。一支南渡，顯於宋、齊。柳元景仕劉宋，累官至尚書令、司空、太尉；其弟子世隆仕齊為尚書令，世隆諸子迭為侍中、方伯，遂為盛門。另一支留居北方，仕於後趙、北魏。

弘農華陰楊氏乃東漢太尉楊震後裔，「四世三公」，名冠當世。西晉楊駿以外戚居太傅、大都督重位，弟珧官拜尚書令、衛將軍，珧弟濟為鎮南將軍、遷太子太傅，人稱「三楊」，勢傾天下，但為惠帝賈皇后誅夷。十六國北魏時，楊氏再顯輝煌，楊播兄弟「荷內外之任，公卿牧守，榮赫累朝，所謂門生故吏遍天下」。「諸子秀立，青紫盈庭。」榮顯無比。

代北鮮卑貴族以元、長孫、宇文、陸、源、竇門第最高，是特殊等級的門閥士族。鮮卑拓跋部原本十分落後，入主中原後，門閥觀念不強。太和二十年（西元 496 年），孝文帝襲用魏晉門閥制度，在為漢族士人確立郡姓之外，對鮮卑貴族也實行分姓定族。元氏（拓跋氏）是帝室，長孫氏（拔拔氏）與帝室同宗，自然列為特殊的第一流高門。宇文氏、陸氏（步六孤氏）、竇氏（紇豆陵氏）世為部落大人，功高位顯；源氏本非鮮卑拓跋一族，因河西王禿髮傉檀之子破羌投歸北魏後，太武帝拓跋燾改其姓為源氏，賜名賀；燾死，源賀與尚書陸麗共同擁立拓跋濬為帝，即文成帝，有定策之大功，晉爵西平王，子孫顯於朝。故宇文、陸、竇、源得以與元氏、長孫氏並列。孝文帝又規定，穆、陸、劉、賀、樓、於、嵇、尉八姓自道武帝拓跋珪以來，勳著當世，位盡王公，灼然可知，其門第與崔、盧、李、鄭、王等郡姓相同。八姓（除陸氏外）雖為鮮卑拓跋部中的第一流高門，但卻不能與帝室元氏及宇文、陸、竇、源等同，門第顯然要略遜一籌。

無論漢人士族或鮮卑士族，又都有姓族之別。姓高於族，符合一定標準的稱郡姓，郡姓之中分為膏粱、華腴和甲、乙、丙、丁四姓。還有所謂四海大姓、郡姓、州姓、縣姓等。姓下有族，鮮卑貴族也不例外。孝文帝明確規定：原為部落大人，自皇始以來，三世官位在給事以上、及州刺史、鎮大將和品登王公者為姓；若原來不是部落大人，而皇始以來，三世官位在尚書以上及品登王公而中間不降官位的也為姓。雖屬部落大人的後代而官位不顯赫的為族；若原來不是部落大人而官位顯赫的也為族。這樣，姓有高下之差，族有等級之別，界限分明。

　　與南朝一樣，北朝同類高門也有等級和房第的差別。「清崔」、「博崔」、「趙李」都是第一流高門，然而「清崔」就高於「博崔」、「趙李」。「清崔」崔以門第自負，根本不把「博崔」、「趙李」放在眼中，每每對范陽盧元明說：「天下高門唯我與爾，博崔、趙李何事者哉！」[21]京兆杜氏則是天下諸杜地望最高者，北魏太武帝曾問司徒崔浩曰：「天下諸杜，何處望高？」浩曰：「京兆為美。中書博士杜銓，其家今在趙郡，是杜預後，於今為諸杜最。」[22]在同一高門中，房第高下之別也很明顯。清河崔浩、崔模、崔頤三人同族別祖，為從兄弟。崔浩乃曹魏司空崔林後裔，家世魏晉公卿，地望最高；崔頤乃曹魏中尉崔琰後代，琰為曹操所殺，琰子諒仕晉位至中書令，地望次之；崔模乃琰兄霸後代，魏晉時官爵無聞，地望最低。「清崔」一門之中，房第懸隔，故崔浩恃其家世門第，常輕侮模、頤。清崔的房第之別與琅邪王氏如出一轍，這種現像在當時十分普遍。

三、次門、役門及其他

　　高門之下是一般士族和低級士族，史籍中常冠以次門、後門、寒門、寒士及「人士之末」等種種稱呼，表示不同的等級。

　　「次門」是門第中等的一般士族。陳寅恪先生指出：「《宋書》卷八十三《宗

---

21 《北史‧崔傳》。
22 《北史‧杜銓傳》。

302　中國文化通史｜魏晉南北朝卷‧上冊

越傳》所謂次門者，皆屬長江上游南來北人之武力集團，本為北方中層社會階級，與長江下游居住京口、晉陵一帶之南來北人為武力集團者正同。」[23]中等士族一般是由幾代人連續充任六品以下官職的家族固定而成，如彭城劉裕家族，劉裕的高祖旭孫為開封令，曾祖混為武原令，祖父靖官至東安太守，父翹為郡功曹，祖孫四代官位最高者不過清濁不分的郡太守（五品），其餘皆在七、八品間。至劉裕時，「名微位薄，盛流皆不與相知」[24]。劉氏家族已完全破落。劉裕少時伐荻新洲，又嘗負刁逵社錢三萬被執，其孫孝武帝劉駿甚至譏刺他為「田舍公」，其寒賤可知。另如同時代的劉牢之、劉毅、劉邁、何無忌等人的情況大致相同。又如蘭陵蕭氏，蕭道成之高祖蕭整為淮陰令，曾祖儁為即丘令，祖樂子為輔國參軍，父承之歷任濟南、漢中、南泰山太守。蕭衍之父蕭順之乃蕭道成之族弟，門第相當。可見，蕭氏的家世頗類劉氏，都是地望不高的一般士族，即所謂「次門」。次門家族中如無人繼續出仕，就很可能降為「役門」，役門便不是士族了。如南陽葉人宗越「本南陽次門」，其父被蠻人所殺，不聞有官職，「安北將軍趙倫之鎮襄陽，襄陽多雜姓，倫之使長史范凱之條次氏族，辨其高卑，凱之黜越為役門」。宗越由次門降為役門，失去免役的權利，所以「出身補郡吏」。只好作郡吏服役了，征討蠻人時，「家貧無以市馬」。後因軍功由隊主升為揚武將軍（八品雜號將軍），「元嘉二十四年（西元 447 年），啟太祖求復次門，移戶屬冠軍縣，許之」[25]。宗越因立了軍功，升任八品官，所以才恢復到次門的地位。

「後門」常與「寒素」、「寒品」等詞連用，稱「後門寒素」或「寒品後門」，[26]其門第大約與「次門」相當。「後門」地望寒微，但畢竟有從中正官那裡得到「鄉品」的資格，有了「鄉品」便可做官，而庶人、寒人、役門是無權得到中正之「品」的。《梁書·武帝紀上》載南齊「中間立格，甲族以二十登仕，後門以過立試吏」。這裡以「甲族」與「後門」對稱，甲族是高門，二十歲便可出仕，後門比不上，但過了三十歲也可做官，儘管是小吏。可見，「後門」是低於「甲族」的一般士族。

---

23 陳寅恪：《述王導之功業》，載《中山大學學報》，1956 年第一期。
24 《宋書·武帝紀上》。
25 《宋書·宗越傳》。
26 分見《梁書·武帝紀》、《南史·張纘傳》。

「人士之末」或「寒微士人」大約是指低級士族，其身分地位接近「役門」。《宋書‧恩倖戴法興傳》載：「魯郡巢尚之，人士之末。元嘉中，侍始興王濬讀書，亦涉獵文史，為上所知。孝建初，補東海國侍郎，仍兼中書通事舍人。」巢尚之號稱「人士之末」，首先應是「士人」，然後是「末流」。這類人具有一定的文化教養，涉獵文史，其起家官只能做侍讀一類的「寒官」，如遇君主賞識才能陞遷。類似的例子如紀僧真「以閑書題，令答遠近書疏，自寒官歷至（齊）高帝冠軍府參軍主簿」。劉系宗「少便書畫，為宋竟陵王誕子景粹侍書。……泰始中，為主書，以寒官累至勳官」[27]。

　　此外，還有「役門」、「三五門」等。「役門」是指替封建國家服役的人戶，「三五門」是三丁取一、五丁取二的一種役戶。一般情況下，所謂「鄉豪」、「土豪」等也屬役門，他們的先世既無冠冕，本人亦非「清級」，政治上無地位，服役一同庶民。

　　作為社會最低等級的是卑姓的百工伎巧、兵戶、府戶、吏戶、雜戶、僮客及官私奴婢等，其身分為半自由或毫無自由，受盡各種壓迫、剝削和奴役，地位極其低下。

第二節‧
「士庶之際，實自天隔」

　　在門閥制度下，士庶界限分明，判若涇渭。南朝沈約說：「魏晉以來，以貴

---

27 分見《南史》之《紀僧真傳》、《劉係宗傳》。

役賤，士庶之科，較然有別。」[28]東晉南朝時，隨著門閥制度的確立和穩固，士庶更有天壤之別。時人不乏「士庶之際，實自天隔」，或「士庶之別，國之章也」的議論。當然，這裡所說「士庶」並非嚴格意義上的士族和庶民百姓，有時庶人也泛指包括「次門」、「後門」等低等級士族在內的寒門。

士庶之別在當時不僅得到社會的認可，而且連皇帝也無法變更，即所謂「國之章也」。高門士族是特權階層，是高高在上的少數特等公民，他們壟斷選舉，世代居於高官美位；他們憑藉「塚中枯骨」，靠祖宗餘蔭「平流進取，坐至公卿」。他們炫耀門第，不與庶族寒門通婚、交往，享有政治、法律、經濟、文化等種種特權，既不納租，也不服役。而寒門庶族被視為「非類」，無門第可依，無血統可言，無特權可享，兩者形成鮮明的對比。「士庶天隔」是門閥制度發展的必然結果，也是門閥士族排他性的集中體現。

一、「世胄躡高位，英俊沉下僚」

晉代寒門出身的左思曾作《詠史》詩，第二首寫道：「鬱鬱澗底松，離離山上苗。以彼徑寸莖，蔭此百尺條。世胄躡高位，英俊沉下僚。地勢使之然，由來非一朝。」詩中以澗底松、山上苗分別暗喻門第低下的寒門庶族和門第很高的士族，藉以揭示因門第懸殊而造成門閥士族竊居高位、壓抑寒門俊才的不合理社會現實。

門閥士族在政治上占有絕對優勢，與寒門庶族形成巨大的反差，這是士庶天隔的最重要標誌。這一反差在士庶剛出仕時便明顯地表現出來，按當時規定：甲族子弟二十歲便可出仕，而寒門子弟三十歲才能「試吏」。所謂「試吏」，是說經過一定的考試後只能做小吏，而非正式做官。甲族子弟的起家官多為秘書郎、著作郎，唐人徐堅《初學記》稱：「秘書郎與著作郎，江左以來多為貴遊起家之

---

28 《宋書‧恩倖傳》前論。

選，故當時諺曰：上車不落始著作，體中何如則秘書。」秘書郎員額四人，俸秩六百石，官品第四，分掌中外三閣的四部書籍；著作郎員額八人，俸秩四百石，官品第七，掌修國史和皇帝起居注。這兩種官職閒棄重，位望清美，號為「清官」，而且幾十天后便可陞遷，故高門子弟爭為此職，目為專利。至於才能如何，痴呆與否，那是無須過問的。著名文學家謝靈運的父親謝從小患有痴呆症，照常做秘書郎。中書郎、散騎郎、黃門郎、秘書丞、侍中，及東宮、諸王官屬等清顯之官，幾乎全由高門子弟包攬。《陳書·蔡凝傳》：「黃散之職，故須入門兼美。」《南史·張率傳》：「秘書丞，天下清官，東南望冑少有為之者。」連吳姓高門都很少擔任秘書丞，必為僑姓高門所把持。《梁書·庾於陵傳》：「舊事東宮官屬通為清顯，洗馬掌文翰，尤其清者。近世用人皆取甲族有才望。」吏部尚書掌銓選官吏之權，號為「大尚書」，吏部郎之職既要且清，更受高門子弟青睞。劉宋何尚之做了吏部郎，請假省親，居然滿朝文武送別，其受青睞程度可知。與此同時，地方州郡中的重要職位也多由著姓士族占有，《新唐書·柳沖傳》載：「魏氏立九品，置中正，尊世冑，卑寒士，其州大中正、主簿，郡中心、功曹，皆取著姓士族為之。……北齊因仍，舉秀才，州主簿，郡功曹，非四姓不在選。」《梁書·康絢傳》也說：「時刺史所辟，皆取名家。」至於侍中、僕射以上的顯要之官更非高門莫屬。

高門子弟既以清顯為高，台郎、御史中丞等則被視為「濁官」而不屑為之。台郎即尚書檯郎官，如殿中郎、庫部郎、金部郎等，西晉時尚屬「清望」之官，號稱「大臣之副」；因其職事煩劇，晉室南渡後，高門子弟竟無人問津。東晉初，王彪之「初除佐著作郎、東海王文學。從伯導謂曰：『選官欲以汝為尚書郎，汝幸可作諸王佐邪』」[29]。謝安女婿王國寶「少無士操，不修廉偶」。謝安惡其為人，「每抑而不用，除尚書郎。國寶以中興膏腴之族，惟作吏部，不為余曹郎，甚怨望，固辭不拜」[30]。南朝以後，這一現象更為突出，「時高流序官，不為台郎」。元嘉末，濟陽大族江智深陸尚書庫部郎，「智深門孤援寡，獨有此選，

---

29 《晉書·王彪之傳》。
30 《晉書·王國寶傳》。

意甚不悅，乃固辭不拜」[31]。偶爾有個別高門子弟去做尚書郎，在當時被視為難能可貴。《梁書・王筠傳》載：「時除殿中尚書郎。王氏過江以來，未有居郎署者，或勸逡巡不就。筠曰：『陸平原東南之美，王文度獨步江東，吾得比縱昔人，何所多恨！』乃欣然就職。」王筠借兩位晉代名人陸機、王坦之做尚書郎的故事自喻，認為自己做尚書郎沒有什麼遺憾的。王筠出身琅邪王氏，一向以名流自詡。他出仕尚書郎只不過想出出風頭而已。舍人是寒官，高門子弟更不願過問，偶爾為之，那只能是一種懲罰。東晉會稽王世子司馬元顯當政時，每使羊欣書扇，「常不奉命。元顯恕，乃以其為後軍府舍人。此職本用寒人，欣意貌恬然，不以高卑見色，論者稱焉」[32]。所謂羊欣「意貌恬然，不以高卑見色」，仍是故作鎮靜。御史中丞雖官階四品，但因職事煩劇，又易得罪人，故為高門所不屑。南朝甲族向來多不居憲臺，琅邪烏衣諸王位宦微減，王彪之祖孫四代迭居此職，故遭到范泰和馬糞諸王的嘲諷。

東晉南北朝時，貴遊子弟「或未免於襁褓之中，而加青紫之官；才勝衣冠，而居清顯之位。操生殺之權，提黜陟之柄，榮辱決於與奪，利病感於唇吻」[33]。特別是「崔盧王謝子弟，生髮未乾，已拜列侯；身未離襁褓，而業被冠帶」[34]。他們既無須為政事操勞，亦不必皆有才能，「貴仕素資，皆由門慶；平流進取，坐至公卿」[35]。這些人往往「自負才地，一、二年間便望宰相」[36]。

門閥士族的政治排他性和獨占性，堵塞了下層人士的仕進之路，庶族寒門除了靠吏幹、武功以求進身外，別無他途。所以寒人的出身。只能為小吏，做舍人。晉代陶侃「早孤貧，為縣吏」；孫秀「以侃寒宦，召為舍人」[37]。後因有戰功，才逐漸發跡。長沙人易雄「少為縣吏，自念卑賤，無由自達，乃脫幘掛縣門而去」。在張昌之亂中救了太守萬嗣，得到提拔，「為州主簿，遷別駕。自以門

31 《宋書・江智深傳》。
32 《南史・羊欣傳》。
33 葛洪：《抱朴子・崇教篇》。
34 屠隆：《鴻苞節錄》卷一。
35 《南齊書》卷二十三「史臣後論」。
36 《南史・王僧達傳》。
37 《晉書・陶侃傳》。

寒，不宜久處上綱，謝職還家」[38]。南朝的舍人、典籤之任多由寒人充當，如劉宋的秋當、周赳、戴法興、巢尚之，南齊的紀僧真、劉系宗、茹法亮、梅蟲兒，梁代的周石珍、陸驗、徐麟，陳代的施文慶、沈客卿等。他們因門寒而身賤，希榮切而宣力勤，便於驅策，君主不覺倚之為心臂，或委以機密，或寄以爪牙，漸至人寒權重。齊代中書舍人茹法亮勢傾天下，太尉王儉常謂人曰：「我雖有大位，權寄豈及茹公。」[39]即便如此，寒人仍然是寒人，無法踰越「士庶天隔」的鴻溝，要進入士大夫行列竟比登天還難。宋文帝時，倖臣弘興宗想成為士人，文帝對他說：「卿欲作士人，得就王球坐，乃當判耳。」興宗稱旨見王球，球舉扇曰：「君不得爾！」興宗還，依事啟奏，文帝曰：「我便無如何也！」[40]寒人想做士大夫，須得到高門士族的認可，就連皇上也奈何不得，是見此時士庶之別是如何地嚴格了。南齊「中書舍人紀僧真幸於武帝，稍歷軍校，容表有士風。謂帝曰：『臣小人，出身本縣武吏，邀逢聖時，階榮至此。為兒婚，得荀昭光女，即時無復所需，唯就陛下乞作士大夫。』帝曰：『由江、謝，我不得措此意，可自詣之。』僧真承旨詣，登榻坐定，便命左右曰：『移吾床遠客。』僧真喪氣而退，告武帝曰：『士大夫故非天子所命。』」[41]

南朝貴遊子弟又都重文鄙武，奮立功業者多為寒人，有的因功勳卓著而至高位，但仍不免產生自卑心理，或受到高門大族的輕視。宋末，張敬兒斬桂陽王劉休範，以功高求鎮襄陽，輔政的蕭道成以敬兒人位本輕，不欲使處襄陽重地；敬兒又助齊高帝得天下，官拜開府、儀同三司，齊武帝卻疑其有異志而殺之，並下詔辱罵說：「敬兒蠢茲邊裔，昏迷不修。屬宋季多難，頗獲野戰之功。拔跡行伍，超登非分，」云云。[42]寒人功大位高便是「超登非分」，便要被誅戮。王敬則因功高與大族王儉同拜開府儀同三司，徐孝嗣嘲笑王儉曰：「今日可謂連璧。」儉曰：「不意老子遂與韓非同傳。」人以告敬則，敬則欣然曰：「我南沙縣吏，

38 《晉書·易雄傳》。
39 《南史·恩倖茹法亮傳》。
40 《南史·蔡廓傳》。
41 《南史·江傳》。
42 《南齊書·張敬兒傳》。

遂與王衛軍同日拜三公，王敬則復可恨。」[43]

在門閥制度下，高門大族自稱膏粱、華腴，或甲族、冠族、權門等，而庶族寒人則被人稱為單門、寒賤、廝役、小人等，甚至「寒士」成了當時罵人的口頭禪。南齊司徒褚淵入朝，以腰扇彰日，劉祥從側過，曰：「作如此舉止，羞面見人，扇彰何益？」淵罵曰：「寒士不遜！」[44]宋明帝下詔罵羊希為「卑門寒士，累世無聞」[45]，宋孝武帝斥袁粲為「寒士」，等等。羊希、袁粲是高門，只因觸怒了皇帝，故被罵為「寒士」，反映寒士的低賤。

北朝推行門閥制度較晚，但「士庶天隔」的情況與南朝無異。北魏文成帝曾下詔：「尊卑高下，宜令區別。」[46]孝文帝定姓族，改官制，較南朝有過之而無不及，他曾對大將軍劉昶說：「或言唯能是寄，不必拘門，朕以為不爾。何者？當今之世，仰祖質樸，清濁同流，混齊一等，君子小人名品無別，此殊為不可。我今八族之上，士人品第有九，九品之外，小人之官，復有七等。」[47]孝文帝大倡門第，反對清濁同流，將官職分為君子、小人之官，各有九品七等，其門第之差異，士庶之嚴格無待多論。北齊、北周因襲之，《北齊書·元文遙傳》稱：「齊因魏朝，宰縣多用廝濫，至於士流，恥居百里。」其時士族子弟連縣令都不願做了。

二、「不入非類室，不與小人遊」

門閥士族自恃門第，自命清高，視庶族寒門為「非類」、「小人」，不與他們交接往來。南齊王「不妄交接，門無雜賓。有時獨醉，曰：『入吾室者但有清

---

43 《南史·王敬則傳》。
44 《南史·劉祥傳》。
45 《宋書·羊玄保傳羊希附傳》。
46 《魏書·高宗紀》。
47 《魏書·劉昶傳》。

風，對吾飲者唯當明月。』」[48] 梁代袁昂「遊處不雜，入其門者號登龍門」[49]。陳代蔡凝「年位未高，而才地為時所重，常端居西齋，自非貴素名流，罕所交接」[50]。北朝崔、盧等高門亦莫不如此，崔「性簡傲，以才地自矜，所與周旋，皆一時名流」[51]。崔儦負恃才地，甚至在自家府門大書題詞：「不讀五千卷書者，無得入此室。」[52] 在他鄉異地，士庶偶爾碰在一起，也不能同遊雜處。《世說新語‧容止篇》載：「庾長仁（名統）與諸弟入吳，欲往亭中宿。諸弟先上，見群小滿屋，都無相避意。長仁曰：『我試觀之。』」其時庾統不過二十幾歲，於是擺出一副名士派頭：手持枴杖，牽一小兒，昂然而入。「諸客望其神姿，一時退匿。」庾統是東晉第一流高門庾懌之子，庾氏子弟自不願與「群小」雜處，此雖炫耀庾統之「神姿」，實為士庶不容雜處的典型。「群小」見了貴遊子弟，只好退避三舍。在門風的影響下，貴遊子弟從童年開始，便養成了不與非類往來的陋習。劉宋蔡興宗「幼為父廓所重，謂有己風」。蔡廓向親故誇耀說：「小兒四歲，神氣似可，不入非類室，不與小人遊。」故以興宗為之名，以興宗為之字。[53]

個別寒士如不自量，硬要與貴遊雜處，便會遭到難以忍受的冷遇。東晉末，劉毅家居京口（今江蘇鎮江市），貧困潦倒，曾與鄉曲士大夫共往東堂射箭。時貴遊子弟庾悅為司徒右長史，暫至京口，也邀集府州僚佐共赴東堂。毅先至，向庾悅乞求說：「身久躓頓，營一遊集甚難。君如意人，無處不可為適，豈能以堂相讓？」庾悅徑直前行，毫不理會。眾人紛紛躲避，只有劉毅不知趣，留射如故。待至用餐時，庾悅面前佳餚滿席，與同僚宴飲甚歡，並不理會劉毅。毅既不去，悅亦不歡，俄頃席散。劉毅垂涎三尺，再次乞求說：「身今年未得子鵝，豈能以殘炙見惠？」悅又不答。這一故事，將士族的高傲、寒士的窘困以及士庶互不交接的情景，勾勒得栩栩如生，給人以極深的印象。劉毅乞討殘羹剩菜而不可得，寒士之境遇與地位可想而知。就連某些爬上高位的暴發戶，因為出身寒門，

48 《南史‧王傳》。
49 《南史‧袁昂傳》。
50 《陳書‧蔡凝傳》。
51 《北齊書‧崔傳》。
52 《北史‧崔逞傳儦附傳》。
53 《南史‧蔡興宗傳》。

也同樣得不到高門士族的禮遇。劉宋中葉，黃門郎路瓊之，太后兄路慶之之孫，與王僧達是鄰居，平時互不往來。瓊之自以為是皇親國戚，一次，身著華麗服裝，登門拜訪王家，正趕上僧達將出門打獵，已改服。瓊之不客氣，進門就坐下，王僧達不與語，冷不丁問了一句：「我家門下過去有個叫路慶之的車伕，是你的什麼親戚？」瓊之狼狽而退，僧達速命僕人將瓊之坐過的床一把火燒掉。路太后聞知大怒，向宋孝武帝哭訴道：「我尚在而人陵之，我死後乞食矣。」孝武帝只好安慰說：「瓊之年少，無事詣王僧達，遭到侮辱乃是很自然的事情。王僧達是個貴公子，豈可用這件事懲治他？」王僧達侮辱皇親國戚，竟連皇帝也奈何不得。

士庶既互不交往，更不得同車同載、連榻共坐。陶侃微賤時，同鄉、郎中令楊　賞識他的才幹，共乘車見中書郎顧榮，予以推薦。吏部郎溫雅見之，不滿地說：「為什麼與小人同車共載？」河內人孫鑠，「少錄為縣吏，太守吳奮轉以為主簿。鑠自微賤登綱紀，時僚大姓猶不與鑠同坐」[54]。杜預拜鎮南大將軍，朝士悉至，士庶未分，皆連榻而坐。裴叔則、羊稚舒後至，見此情景，對杜預大加指責，並拂袖而去。又《世說新語・忿狷篇》載：王獻之造訪謝安，「習鑿齒已在坐，當與併榻。王徙倚不坐」。劉孝標註引劉謙之《晉紀》曰：「王獻之性甚整峻，不交非類。」習氏亦世為鄉豪，獻之猶以非類視之，寧願站著，也不願與習鑿齒坐在一起。劉宋初，中書舍人秋當、周糾並掌朝廷機要，與吳姓大族張敷是同僚。秋當提議去張家拜訪，周糾擔心地說：「彼若不相容，便不如不往。詎可輕往也。」秋當堅持說：「吾等並已員外郎矣，何憂不得共坐。」張敷家中先已擺放兩張床，離牆三四尺，二客就座，酬接甚歡。張敷突然呼左右僕人曰：「移床遠客。」秋當、周糾失色而去。[55]有了這次教訓，後來秋當詣太子詹事王曇首，不敢坐。王道隆由寒人超遷右軍將軍，任參國政，權重一時，遇事詣蔡興宗，躡足而前，「不敢就席，良久方去」。興宗竟毫無反應。

士庶在服飾容止上也有明顯的差異，士流絕不肯與寒賤混雜。西晉太康中，

54 《晉書・石苞傳》。
55 《宋書・張敷傳》。

王宏代劉毅為司隸校尉，「於是檢察士庶，使車服異制，庶人不得衣紫絳及綺繡錦續」[56]。這是說，士庶不得乘坐同樣的車輛，著同樣的服飾，庶人不得著象徵高貴的紫色、紅色及絲織品服裝。該制度大約一直延續到南朝，齊明帝進一步規定：「驅使寒人不得用四幅傘。」[57]《顏氏家訓》涉務篇、勉學篇具體記載了梁代貴遊子弟所崇尚的服飾：「梁世士大夫，皆尚褒衣博帶，大冠高履，出則車輿，入則扶持，郊郭之外，無乘馬者。」又說梁朝全盛之時，貴遊子弟「無不熏衣剃面，傅粉施朱，駕長簷車，跟高齒屐，坐棋子方褥，斑絲隱囊，列玩器於左右，從容出入，望若神仙」。這些記載既反映了當時門閥士族的服飾特點，也深刻地揭露了其腐朽性。另外，魏晉時代玄學名士用於助談的塵尾，至南朝時，已變成貴遊子弟炫耀家門富貴的標誌和身分的象徵，正如南齊寒門出身的司空陳顯達誡諸子所云：「塵尾蠅拂是王、謝家物，汝不許捉此自逐。」[58]

三、高門士族特權種種

門閥士族除了特別優越的政治地位外，還在法律、經濟、文化諸方面享有種種特權，處處凌駕於庶族寒門之上。

在法律上，他們享有「八議」之權。一旦犯罪，可以通過議親、議貴、議賢、議故、議功、議能、議勤、議賓「八議」而予以減、免，或以金帛贖罪。晉代法律明文規定：「公侯有罪得以金帛贖」，「諸侯應八議以上請得減收留贖，勿髡鉗笞」[59]。故「親貴犯罪，大者必議，小者必赦」[60]。杜預為秦州刺史，領東羌校尉、輕車將軍，奉命隨安西將軍石鑑西擊叛羌。因不聽調遣，石鑑大怒，「奏預擅飾城門官舍，稽乏軍興，遣御史檻車征詣廷尉。以預尚主，在八議，以

---

56 《晉書·良吏王宏傳》。
57 《南史·陳顯達傳》。
58 同上。
59 程樹德：《九朝律考·晉律考上》。
60 《太平御覽》卷六五二引《傅子》。

侯贖論」[61]。東晉初，號稱「四凶」之一的大族羊聃遷盧陵太守，「剛克粗暴，恃國戚，縱恣尤甚，睚眥之嫌則加刑殺。疑郡人簡良等為賊，殺二百餘人，誅其嬰孩，所髡鎖復百餘。庾亮執之，歸於京師。有司奏聃罪當死，以景獻皇后是其祖姑，應八議」[62]。對於這樣一個血腥的劊子手，本應正之刑典，但因羊聃是貴戚，應八議，結果也不了了之。門閥士族享有八議特權，南北朝皆然。

至於平常的法典，也往往對大族寬容，對寒賤無所縱赦，士庶界限分明。西晉泰始三年（西元 267 年），司隸校尉李憙上書彈劾故立進縣令劉友、前尚書山濤、中山王司馬睦、尚書僕射武陔各占官稻田，「請免濤、睦等官，陔已亡，請貶其諡」。晉武帝卻下詔說：「友侵剝百姓以繆惑朝士，其考竟以懲邪佞。濤等不貳其過，皆勿有所問。」四人皆侵占官稻田，犯罪性質相同，但因縣令劉友官卑地寒，結果被處死；山濤等人是世族，官又做得大，卻對之不聞不問，任其逍遙法外，晉武帝用法何等涇渭分明。司馬光對此評述說：「四臣同罪，劉友伏誅而濤等不問，避貴施賤，可謂政乎！創業之初而政本不立，將以垂統後世，不亦難乎！」[63]司馬光批評晉武帝用法「避貴施賤」是對的，但卻無法揭示出晉政權維護門閥士族特權之階級實質，這就不是簡單的「政本不立」的問題了。東晉是典型的門閥政治，士族之法律特權有增無已。元帝太興元年（西元 318 年）十一月，御史中丞熊遠上疏曰：「……又舉賢不出世族，用法不及權貴，是以才不濟務，奸無所懲。」[64]就連大士族本身也不得不承認東晉政權縱容豪強、施法寒劣的既成事實。庾翼在給兄冰的信中說：「大較江東政以偏舞豪強，以為民蠹，時有行法，則施之寒劣。如往年偷石頭倉米一百萬斛，皆是豪強輩，而直打殺倉督監以塞責。山遐作餘姚令半年，而為官出二千戶，政雖不倫，公強官長也，而群共驅之，不得安席。紀睦、徐寧奉王使，糾罪人，船頭到渚，桓逸還復，而二使免官。雖皆前宰（指王導）之惛謬，江東事去，實此之由。」[65]前舉盧陵太守羊

---

61 《晉書・杜預傳》。
62 《晉書・羊曼傳弟聃附傳》。
63 《資治通鑑》卷七十九・晉武帝泰始三年（267 年）。
64 《資治通鑑》卷九十・晉元帝太興元年。
65 《晉書・庾亮傳》。

聘無端殺害郡民簡良等二百餘人，僅免官而已；而殿中帳吏邵廣盜官幔三張，合布三十匹，「有司正刑棄市」[66]。對比何等鮮明。南朝梁武帝施行寬政，處處優容皇族子弟和士族大地主。《隋書·刑法志》稱：「（梁）武帝惇睦九族，優假朝士，有犯罪者，皆諷群下，屈法申之；百姓有罪，皆案之以法。」一次，梁武帝出建康城，一老者攔路指摘他說：「陛下為法，急於黎庶，緩於權貴，非長久之術，誠能反是，天下幸甚。」[67]但他置之不理。梁武帝的所作所為，實際上代表了當時統治者在法律上避貴施賤的共同態度。

北魏及南陳，又有所謂「官當」制度，這是門閥士族另一重要的法律特權。「官當」是指在任官吏可用官爵抵罪的制度，官階、爵位越高，所抵之罪愈多。北魏《法例律》規定：「五等列爵及官品令從第五，以階當刑二歲；免官者，三載之後聽仕，降先階一等。」[68]能得到公、侯、伯、子、男五等爵位和從五品以上官職者，無疑多是鮮卑王公貴族和漢族高門，庶族寒門除少數暴發戶外，一般是難以得到高位的。北魏孝文帝改定職官，規定士人之官有九，每品有正有從，共十八階。若按一官階抵刑兩年計算，一個犯了罪的五品官便可用官階抵刑九年至十年，一品官階可以抵刑十七年至十八年；而且，他們一旦免官，三年以後又可出仕，只不過比原來官階降一等而已，其法律特權是庶族寒人所望塵莫及的。南陳的法律規定：「五歲四歲刑，若有官，准當二年，余並居作。其三歲刑，若有官，准當二年，餘一年贖。……其二歲刑，有官者，贖論。」「寒庶人準決鞭杖。」[69]南陳的「官當」法規定一官「准當二年刑」，雖不如北魏對高門士族那樣優容，但畢竟是一種法律特權，庶族寒人就只有受「決鞭杖」之苦了。

在經濟上，士族地主享有蔭客、復除等特權。西晉頒布占田、蔭客制，官品第一至第九，各以貴賤占田，「又各以品之高卑蔭其親屬，多者及九族，少者三世。宗室、國賓、先賢之後及士人子孫亦如之。而又得蔭人以為衣食客及佃

---

66 《晉書·范汪傳》。
67 《隋書·刑法志》。
68 《隋書·刑法志》。
69 同上。

客」[70]。從法令看出，西晉幾乎所有士族都能庇蔭親屬，而且範圍極廣。這樣，士族及其蔭親便全部享受免租、免役的特權；其所庇蔭的衣食客及佃客，也只向主人承擔義務，不必向封建國家納稅服役。東晉又實行給客制度，官品第一、第二給佃客四十戶，每品遞減五戶，至第九品五戶；官品第六以上並得衣食客三人，第七、第八品二人，第九品一人。佃客生產的糧食「皆與大家（主人）量分」，「客皆注家籍」[71]，成為變相的農奴。《通志·選舉略》載唐代禮部員外郎沈既濟議曰：「漢世雖丞相之子，不得躐戶課。而近世以來，九品之家，皆不徵其高蔭，子孫重承恩獎，端居役物，坐食百姓，將何以堪之！」可見，自魏晉以來，士族地主既不納租，也不服役。此外，他們還享受不納商稅的權利。《南史·恩倖沈客卿傳》載：「以舊制，軍人、士人、二品清官，並無關市之稅。」以上特權，庶族地主都是沒有的。

在文化教育上，士庶同樣待遇不等，相差懸殊。西晉規定，五品以上官吏子弟入國子學，六品以下子弟入太學。南齊領國子助教曹思文說：「太學之與國學，斯是晉世殊其士庶，異其貴賤耳。」[72]前秦僅設太學，苻堅規定只有卿大夫、士以上子弟才能入學，太學入學資格仍和西晉以官位高低為標準之制略同，是照顧士族利益的。東晉桓玄篡位前，為了籠絡大族，「置學官，教授二品子弟數百人」[73]。此處學官，當即國子學學官；二品子弟應是官居二品的高門士族子弟了。南朝中後期，隨著寒人勢力的逐漸抬頭，士庶在文化教育上的差距開始縮小。齊高帝規定入國子學的資格，自王公以下，最低包括太子舍人、領護軍諸府司馬及諮議參軍等七品官子弟。梁武帝為招來後進，將入學「限以貴賤」的條件進一步降低，「五館生皆引寒門俊才，不限人數」[74]。似乎寒門子弟也可入學。北朝的情況與兩晉南朝大致相似，《魏書·高允傳》載：「表請郡國立學，學生取郡中清望，人行修謹堪循名教者，先盡高門，次及中第。顯祖從之。」可見，

---

70 《晉書·食貨志》。
71 同上。
72 《南齊書·禮志上》。
73 《晉書·桓玄傳》。
74 《隋書·百官志上》。

北魏郡國學是按門第高低選拔學生的，與兩晉、南朝「限以貴賤」的條件相同。

士族地主的種種特權。既是「士庶天隔」的重要表現，又在客觀上擴大了士庶的差異，只要門閥制度存在，這種差異便無法消失。

第三節·
婚姻規範
的相對失衡

在門閥制度下，時人最重「婚」與「宦」。「宦」是指官職的清濁和官位的高低，尤以清濁為主；「婚」是指姻親關係。婚宦兩者，互為影響：官爵高低清濁關係門第的升降，而門第又是決定婚姻的前提條件；婚姻門當戶對，才能保證仕途暢達。門閥士族為了維護特權，所以絕不肯讓「婚、宦失類」；否則遭到排抑，輕則仕途坎坷，重者被逐出士流。

在這一思想的支配下，社會婚姻規範相對失衡。門閥士族視門第，成為婚姻的主要甚至唯一的條件。他們既不顧及婚姻雙方的主觀願望，也很少考慮對方的道德才能。由於實行嚴格的門閥等級性內婚制，所以婚姻被局限於狹小的範圍之內。他們或聯姻帝室，或相互反覆結親；在南方，一般情況下，僑姓士族與吳姓士族也很少通婚。在北方，山東、關中「郡姓」倒是可以互通婚親，或與號稱「虜姓」的鮮卑貴族聯姻。但無論僑姓、吳姓、郡姓或虜姓，都不肯與占人口絕大多數的庶族寒人通婚，尤以與百工伎巧卑族結親為恥。「士庶不婚」、「貴賤不婚」成為固定習俗。通婚範圍既窄，許多高門大族便往往不顧婚姻禁忌而近親結

婚，於是同姓婚、中表婚、尊卑婚、續嫁婚、指腹婚、拜時婚、財婚等形形色色的婚姻形式氾濫起來，從而給家庭和社會帶來一定的危害。

一、高門大族與帝室聯姻

《魏書》卷三十三《公孫表傳附公孫邃傳》載：「公孫邃、叡為從父兄弟，而叡才器小優，又封氏之生，崔氏之婿。邃母雁門李氏，地望懸隔。鉅鹿太守祖季真多識北方人物。每云：士大夫須當好婚親，二公孫同堂兄弟耳，吉凶會集便有士庶之異。」這裡雖言北朝，實乃南北共有之現象。士大夫是否有好婚親，重要的不是「吉凶會集」的禮遇高低，而是關係到仕途和門第的大事。

門閥士族所選擇的好婚親，首先是與帝室聯姻。雖然他們口頭上奢談不以聯姻帝室為殊榮，實際上卻以「營事婚宦」、「不得及其門流」為恥。試先以東晉南朝諸皇后為例：據《晉書・后妃傳》載，東晉正式冊立的皇后共十一人，其中太原王氏三人，河南陽翟褚氏二人，潁川庾氏二人，琅邪王氏、京兆杜氏、盧江何氏各一人，皆為高門，餘一人身世不明。南朝四代開國之君本非高門，稱帝前難以與高門聯姻，只有當其稱帝后才成為特殊的高門，故諸帝聯姻情況當以每朝的第二代君主算起。據《南史・后妃傳》統計，在南朝諸皇后中，除個別身分不明外，幾乎全係高門，尤以琅邪王氏居首，共達九人之多。而僑姓與吳姓相比，僑姓皇后三十人，占總數三十二人的百分之九十三點七，吳姓僅二人而已。

再以其諸女子侄嬪王尚主而言。東晉一代因史載不詳，難以窺其全貌，南朝的情況則較為明晰。據不完全統計，僅在南朝宋、齊、梁三代的近一百四十年統治中，琅邪王氏女子為王妃、男子尚公主者在二十人以上。《南史・王騫傳》云：「諸女子侄皆嬪王尚主，朔望來歸，輜填咽。」這一記載應視為實錄。值得注意的是，琅邪王氏嬪王尚主者，除王琮一人屬「烏衣諸王」外，其他皆王導直系子孫，即所謂「馬糞諸王」。除琅邪王氏外，陳郡謝氏、袁氏、河南陽翟褚氏尚公主、為王妃者也不乏其人。至於其他高門聯姻帝室之情況雖不如王、謝、袁、褚等家族那樣典型，但也於史並不少見。

高門聯姻帝室，雙方所看重的僅是門第、血統，而很少或不考慮功勳才能。史稱「諸尚公主者，並用世冑，不必皆有才能」[75]。只要門第顯赫，血統高貴，即便痴呆，照常可尚公主。《南史》卷二十四《王峻傳》稱：「子琮為國子生，尚始興王女繁昌主。琮不慧，為學生所噱，遂離婚。」這是發生在梁代的事。王琮「不慧」，就是不聰明，或者說是個大傻瓜，可他出身血統高貴的琅邪王氏，僅憑這一條，便娶了始興王蕭儋的女兒繁昌公主為妻。大約王琮太傻，常遭到國子學生噱笑，丟了皇室的臉面，才結束了這一不幸的婚姻。離婚後，王峻向始興王致歉，王曰：「此自上（指梁武帝）意，僕極不願如此。」王峻仍以門第自矜，曰：「下官曾祖是謝仁祖（指謝尚，謝安從兄）外孫，亦不籍殿下姻構為門戶耳。」尚公主如此，諸王納妃同樣專以門第為重。齊鬱林王蕭昭業，文惠太子之長子，初封南郡王，將納廬江大族何戢女婧英為妃，「文惠太子嫌戢無男，門孤，不與為婚」。王儉勸說道：「南郡王妃，便是將來外戚，唯須高冑，不須強門。今何氏蔭華高族，實允外戚之義。」[76]永明三年，乃成婚。南齊帝室最終與何氏聯姻，關鍵在於何氏是「蔭華高族」，其他便無須計較了。

通過與帝室聯姻，高門大族成為外戚。這種特殊地位使得他們陞遷更快，官爵更高，所得特權更多。一個家族只要有一人或若干人與帝室結親，整個家族都要沾恩受寵。如琅邪王偃尚宋武帝第二女吳興長公主，女為宋孝武帝皇后，長子藻復尚宋文帝第六女臨川長公主，故王偃本人少歷顯官，直接由黃門侍郎陞遷秘書監、侍中，滿門貴盛。何瑀尚宋武帝少女豫章康長公主，女為前廢帝皇后，子邁尚宋文帝第十女新蔡公主，「何氏外姻疏戚，莫不沾被恩紀。瑀歷位清顯，至衛將軍」。何邁「少以貴戚居顯官，好犬馬馳逐，多聚才力之士。……邁每遊履，則結駟連騎，武衛成群」[77]。其地位、其聲威遠非一般高門所能比。聯姻帝室，同時也會因福得禍。宋明帝朝，琅邪王或為宰相，妹為皇后，門族強盛。明帝擔心死後會失權於王氏，臨終前遣使送毒藥賜王或死，並說：「朕不謂卿有罪，然吾不能獨死，請子先之。」因手詔曰：「與卿周旋，欲全卿門戶，故有此

75 《宋書·褚湛之傳》。
76 《南史·后妃上》。
77 《宋書·后妃傳》。

處分。」[78]宋明帝不加罪名而誅戮王彧，原因就在於王氏外戚勢強，觸犯了正處於皇權回歸階段劉宋王朝的禁忌。但是，相比較而言，得大於所失，這就是高門大族熱衷於聯姻帝室的根本原因所在。東晉南朝的多數門閥士族之所以門第經久不衰，琅邪王氏、陳郡謝氏、袁氏等之所以能始終保持第一流高門的地位，而琅邪王氏中的「馬糞諸王」又總是高於「烏衣諸王」，除了政治因素外，還與他們長期聯姻帝室，特別是若干代人反覆與帝室結親密不可分。

北朝是鮮卑族建立的胡族政權，其情況不同於南朝。儘管北朝統治者竭力拉攏漢族士人以擴大統治基礎，但民族矛盾和民族隔閡始終存在。孝文帝改革前，北魏帝室不僅很少與漢族高門聯姻，而且太武帝拓跋燾還以崔浩「國史案」為藉口，大肆誅戮崔、盧、柳、郭等大族，「趙、魏舊族，往往以猜忌夷滅」[79]。孝文帝改革後，鮮漢貴族地主間的矛盾趨於緩和，漢族高門與北朝帝室聯姻的情況才逐漸增多。孝文帝曾帶頭納范陽盧敏、清河崔宗伯、滎陽鄭羲、太原王瓊、隴西李沖之女兒以充後宮，並替自己的五個弟弟聘娶漢族高門的女兒為王妃。崔盧等大族嬪王尚公主者也隨之大增，後來的北齊、北周乃繼續保持鮮漢高門互通婚姻的做法。如范陽盧淵第三子道裕尚北魏獻文帝女樂浪長公主，第四子道虔尚孝文帝女濟南長公主，淵從子元聿亦尚孝文帝女義陽長公主，盧氏一門三主，為時人稱羨。趙郡李孝貞從姊為北齊文宣帝昭信皇后，從兄祖勳女為廢帝濟南王妃，祖欽女一為後主娥英，一為琅邪王儼妃，祖勳叔騫女為安德王延宗妃，「諸房子女，多有才貌，又因昭信後，所以與帝室姻構重疊」[80]。但總的說來，北方的所謂「郡姓」遠不如南朝王、謝等高門與帝室聯姻那樣廣泛、頻繁、持久，尤其是在「漢婦人不可為天下母」[81]的民族偏見支配下，北朝皇后中少有「郡姓」者。檢閱北朝五十餘位皇后之身世，僅北齊文宣昭信皇后李氏、北周宣帝皇后楊氏為漢族高門，其他或為鮮卑貴族之女，或為被征服的割據政權宗室女，以及當朝新貴之女，還有柔然公主等，成分非常複雜。這一婚姻狀況，在相當程度上決定了

78 《南史·王彧傳》。
79 《魏書·目錄序》。
80 《北史》卷三十三《李順傳》。
81 《資治通鑑》卷一六三·梁簡文帝大寶元年條。

北方「郡姓」之政治地位與實力，都無法與南朝的王、謝等高門相提並論。

二、門閥等級內婚制

門閥士族除與帝室聯姻外，為保持血統的高貴，又嚴格按門第等級相互結親，實行門閥等級內婚制。

東晉南朝士族有僑姓、吳姓之別，雙方因政治地位不同，風俗各異，僑姓勢大，壓抑吳姓，吳姓土著，鄙視僑姓，故同為高門，卻互不通婚。晉室南渡之初，王導思結人情，拉攏吳姓，曾請婚於陸玩，玩對曰：「培無松柏，薰蕕不同器。玩雖不才，義不能為亂倫之始。」[82]王導乃止。按照當時嚴格的門第等級觀念，僑姓高於吳姓，僑姓本不願與吳姓結親；吳姓亦有其族類尊嚴，亦不肯與僑姓聯姻。這一現象始於東晉之初，迄於南朝之末，不曾改變。當時不獨帝室（多為僑姓）很少有與吳姓聯姻者，僑姓高門與吳姓大族通婚者亦屈指可數。

在嚴格的等級內婚制下，僑姓高門一定相互結親，吳姓大族也始終互擇素對。僑姓士族以琅邪王氏為例：在整個東晉南朝，自王導起，先後與王氏結親的僑姓士族有彭城曹氏、譙國桓氏、高平郗氏、陳郡謝氏、殷氏、袁氏、阮氏、盧江何氏、泰山羊氏、魯郡孔氏等；而且，王氏與其中的某些高門，常常是幾代人連續反覆通婚。在王氏所有婚姻關係中，與吳姓士族通婚僅有一例。吳姓士族也慎擇門戶素對，然後結好。北朝大族也不例外，如范陽盧氏、太原郭氏、王氏、趙郡李氏及河東柳氏、勃海封氏皆與清河崔氏世代聯姻。

由於門閥等級內婚制的盛行，各地高門為了家族的政治利益，而長期與若干大族固定結親，致使婚姻圈十分狹小，於是各種違反封建道德倫常，不顧中國傳統婚姻禁忌的婚姻形式大量出現，主要有如下幾種：

---

82 《晉書‧陸曄傳弟玩附傳》。

1. **同姓婚** 姓是血統的標誌，同姓婚配有干人倫，不利生殖。古人早就指出：「男女同姓，其生不繁。」[83]《禮記·曲禮》：「娶妻不娶同姓，買妾不知其姓則卜之。」同姓不婚是中國自古以來的傳統。但在「禮崩樂壞」的春秋戰國時期，這種婚姻禁忌漸遭破壞。漢代尊儒，重新恢復禮法，同姓為婚者大為減少。魏晉南北朝時期，由於玄學對儒學的猛烈衝擊，禮法再次遭到破壞，特別是門閥等級內婚制的盛行，同姓婚又急遽增加，一些禮法大族也公然身體力行。如魏晉名儒王基娶太原王沈女為妻；昌黎張仲娶范陽張璉妹；西晉劉頌嫁女於臨淮陳矯，矯本劉氏子，於頌為近親，出養於姑，改姓劉氏；東晉濮陽太守劉敭與同姓劉疇為婚，等等。

2. **中表婚** 是指姑舅兩姨兄弟姊妹互為婚姻，它包括外表婚和內表婚兩種。中表婚因是直系姻親之間的婚姻，既不利於後代繁殖，也不合古代禮法。曹魏袁准著《正論》，以自問自答的方式回答了這個問題。問曰：「今之人外內相婚，禮歟？」答曰：「中外之親近於同姓，同姓且由不可，而況中外之親乎！古人以為無疑，故不制也。今以古之不同，則謂之可婚，此不知禮者也。」但在唐代以前，中表婚等婚姻禁忌禮雖有文，於法不禁，習俗更不以為然。特別是兩晉南北朝時期，中表婚屢見不鮮。如琅邪王偓尚宋武帝第二女吳興長公主，偓長子藻尚文帝（武帝子）第六女臨川長公主，偓女為孝武帝（文帝長子）皇后，王偓子女與文帝子女為內表兄弟姊妹互為婚姻。王珉娶謝安女，珉兄珣娶安弟謝萬女，珣孫王僧達娶謝安從孫謝景仁女，僧達子道琰又娶景仁從子謝惠宣女，王、謝四代為中表婚。又如北朝范陽盧遐娶崔浩女，太原王慧龍娶浩弟崔恬女，慧龍子寶興復娶遐女，盧、王兩家為內表婚。博陵崔巨倫之姊嫁其姑子李翼，此乃外表婚。以上皆中表婚之例。

3. **尊卑婚** 是指姻親中不同輩分的人互為婚姻，其例極多。如西晉賈充分別將兩女嫁於齊王司馬攸及惠帝叔侄；東晉庾冰之妹適明帝，而明帝之孫海西公司馬奕復尚庾冰之女；東晉哀帝乃孝武帝之侄，而哀帝王皇后卻為孝武帝王皇后之

---

83 《左傳·僖公二十三年》。

姑，皆出太原王氏，輩分全然顛倒。劉宋徐湛之乃宋文帝姊會稽公主之子，是文帝外甥，而湛之之子卻娶文帝女南陽公主，湛之之女又適文帝之子隨王誕，此乃姨甥、舅甥互為婚姻。蔡興宗之女與外甥袁覬之子袁彖年齒相當，乃以女妻彖，是彖娶父之表妹為妻。盧江何瑀尚宋武帝少女豫章康長公主，其女為前廢帝皇后，前廢帝乃宋武帝曾孫，何瑀應為前廢帝姑祖父，卻以女為其皇后。梁代張纘為武帝舅之子，於武帝為內兄弟，而尚武帝之女富陽公主；纘子希及姪交復尚簡文帝（武帝子）之女海鹽、安陽二公主，皆不講輩分。北朝情況相類，如魏道武帝拓跋珪娶其母之妹賀氏為夫人；隴西李神儁喪二妻，又欲娶鄭嚴祖妹，乃其從甥也；清河崔休，北魏孝文帝納其女為嬪，休子仲文卻娶孝文帝弟高陽王元雍女，等等。上述婚姻或姊妹嫁叔姪，甥以姨為妻，舅以甥為婦；或叔娶姪女，姪娶姑母，全屬倫輩失序，尊卑不分。

直系姻親的異輩通婚直接造成了人際關係的混亂和風俗的陵夷，並必然破壞家庭關係的嚴肅性和社會的道德規範。更重要的，如此親上加親，近親繁殖不利於後代生長，有礙於人類自身的發展和社會的進步。

4. 續嫁婚 是指姊亡妹續或妹亡姊續的婚姻形式，即姐姐亡後由妹妹續嫁亡姊之夫，或妹妹亡後由姐姐續嫁亡妹之夫。如劉宋褚湛之尚宋武帝第七女始安哀公主，哀公主薨，又尚武帝第五女吳郡宣公主，是姊嫁妹夫；太原郭逸以女妻崔浩，俄而女亡，逸妻王氏又以少女繼婚，重結姻好，是妹嫁姊夫。此類事例雖不算多，卻很典型，反映了門閥士族婚姻的政治特色和通婚範圍的狹窄。

5. 指腹婚 即婚姻雙方子女尚在腹中，便訂立婚約。如京兆著姓韋放與吳郡大族張率皆有側室懷孕，「因指腹為婚姻。其後各產男女……（放）乃以息岐娶率女，又以女妻率子」[84]。清河崔浩以女妻范陽盧遐，浩弟恬以女妻太原王慧龍，生子寶興。「初，寶興母及遐妻俱孕，浩謂曰：『汝等將來所生，皆我之自出，可指腹為親。』及婚，浩為撰儀，躬自監視。」[85]

---

84 《南史·韋濬傳子放附傳》。
85 《魏書·王慧龍傳》。

6. 拜時婚　指在非常時期，急於嫁娶，不依婚制六禮，而實行的一種簡單變通婚姻。拜時婚主要表現為冒喪嫁娶，盛行於士族地主之中。西晉元康二年（西元 292 年），司徒王渾奏彈虞濬等冒喪嫁娶，列舉了并州的大量事例：太子家令虞濬有弟喪，嫁女拜時；鎮東司馬陳湛有弟喪，嫁女拜時；上庸太守王崇有兄喪，嫁女拜時；夏侯俊有弟子喪，為子恆納婦；國子祭酒鄒湛有弟婦喪，為子蒙娶婦拜時；給事中王琛有兄喪，為子稜娶婦拜時；并州刺史羊暨有兄喪，為子明娶婦拜時，等等。他指出，「冒喪婚娶，傷風悖禮」、「虧違典憲」，對這些人「宜加貶黜，以肅王法；請臺免官，以正清議」[86]。東晉以後，此風不衰，如王籍有叔母喪，未滿一月而納吉娶妻；王濛喪子，不到二月，其女與琅邪王婚拜時等。拜時婚始於魏晉，與當時士族大量實行近親結婚，家族人丁不夠興旺有著極重要的關係，這從東晉人劉琰的話可資證明。劉琰與范汪論婚事時說：「禮非拜時，拜時出於末世。將以世族多虞，吉事宜速，故以好歲拜時。」又說：「拜時出於近代，將以宗族多虞，吉事宜速，故好歲拜」[87]。

7. 財婚　大族婚姻不僅講究門第，而且論財，大輸重金聘禮，謂之財婚。其例甚多，如南齊東海王源嫁女與富陽滿璋之，璋之下錢五萬以為聘禮；北齊博陵封述一子娶隴西李士元女，大輸財聘，一子娶范陽盧莊之女，亦輸重金厚禮，以致雙方聚訟紛紜，封述上訴官府說：「送驛乃嫌腳跛，評田則云鹵薄，銅器又嫌古廢」云云。[88]北齊顏之推論及當時風俗說：「近世嫁娶，遂有賣女納財，買婦輸絹，比量父祖，計較錙銖，責多還少，市井無異。」[89]由於財婚盛行，北魏文成帝於和平四年（西元 463 年）下詔說：「中代以來，貴族之門，多不率法，或貪利財賄，或因緣私好，在於苟合。……」[90]表示要嚴加禁止。財婚的盛行從一個側面反映高門大族對門第家世的炫耀，從而影響到整個社會。

86　杜佑：《通典》卷六十《嘉禮五·周喪不可嫁女娶婦議》。
87　《全晉文》卷一三一。
88　《北史·封懿傳附封述傳》。
89　《顏氏家訓·治家篇》。
90　《魏書·高宗本紀》。

三、不與非類為婚

門閥士族自恃血統高貴，絕不肯與非類為婚。非類包括兩類人：一是指沒有社會地位和特權的庶族地主，即庶姓寒人；一是指處於社會最底層的廣大「賤族」，如百工伎巧、吏戶、兵戶、雜戶及官私奴婢等。「士庶不婚」、「貴賤不婚」反映了當時婚姻上的嚴格等級界限。

隨著門閥制度的形成和確立，「士庶不婚」日益嚴格。北魏甚至以法令的形式加以固定，孝文帝於太和二年（西元 478 年）五月詔曰：「皇族貴戚及士民之家，不惟氏族，下與非類婚偶。」表示要嚴加科禁，並「著之律令，以為定準，犯者以違制論」[91]。兩晉南朝雖無正式的法律條文，但在「士庶之別，國之章也」的原則下，「士庶不婚」實際上已成為不成文的法令，不獨高門大族視為固然，就是社會一般人也予以公認。「士庶不婚」的事例很多，如梁代徐勉出身寒門，因得到梁武帝的寵幸而位至尚書僕射，權重一時。他很想與濟陽高門江蒨聯姻，兩人雖同朝共事，但卻不敢當面提出，於是通過江蒨門客翟景為子徐崧求婚於蒨女；江蒨不答理，翟景再言之，蒨大怒，乃杖景四十。徐勉又為子向蒨弟葺和琅邪王泰之女求婚，二人並加拒絕。梁陳之際，太原大族王元規八歲而孤，兄弟三人隨母投依家居臨海郡（今浙江臨海縣一帶）的舅舅，郡中土豪劉瑱資財巨萬，欲妻以女。王母以其兄弟幼弱，欲結強援，準備答應這門親事，十二歲的王元規哭著請求說：「姻不失親，古人所重，豈得苟安異壤，則婚非類。」[92]母親受到感動，拒絕了這門婚事。又北魏宣武帝幸臣趙邕出身寒微，卻依仗權勢強與范陽盧氏為婚，「女父早亡，其叔許之，而母不從。母北平陽氏攜女至家藏避規免」[93]。趙邕乃拷掠陽氏之叔，遂至於死。後來陽氏訴冤，事情敗露，趙邕坐法當死，會赦獲免，猶被除名。趙邕強娶高門之女為妻，不但未能達到目的，反而丟官，差點喪命。由於「士庶不婚」已成習俗，一些高門子女即使殘疾，婚對困難，亦不願下嫁寒人。北魏博陵崔巨倫之姊因患病一目失明，內外親戚莫有求者，其家議

---

91 《魏書‧高祖紀》。
92 《南史‧王元規傳》。
93 《魏書‧恩倖趙邕傳》。

欲下嫁之；崔巨倫的姑母乃趙地大族李叔胤之妻，聞而悲感曰：「吾兄盛德，不幸早逝，豈令此女屈事卑族！」[94]於是為子李翼娶以為妻。一些士族如果背離「士庶不婚」的原則，不但要受到社會輿論的非議，還要遭到彈劾而免官禁錮。南齊時，東海王源嫁女於士庶莫辨的富陽滿璋之，御史中丞沈約聞知後，馬上予以奏彈。他認為王源「冑實參華」，居官清顯，而滿璋之「姓族莫辨」，「王、滿聯姻，實駭物聽」；並嚴厲指斥王源「託姻結好，唯利是求，玷辱流輩，莫斯為甚」，「豈有六卿之冑納女於管庫之人」？還危言聳聽地說：「高門降衡……蔑祖辱親，於事為甚。此風弗剪，其源遂開。」他建議朝廷「免源所居官，禁錮終身」[95]。沈約視士庶聯姻若洪水猛獸，視王源為犯有彌天大罪之人，足見當時「士庶不婚」是何等的嚴格了。

士庶既不能正常通婚，庶族寒人偶得一高門士女，便視為無上的榮耀。東魏時，左衛將軍郭瓊犯罪身死，子婦范陽盧道虔女隨同沒官，權臣高歡將其賜予心腹陳元康為妻，「元康地寒，時以為殊賞」[96]。相府主簿孫搴大受高歡賞識，「賜妻韋氏，既士人子女，又兼色貌，時人榮之」[97]。北齊時，魏太常劉芳孫女，尚書郎崔肇師女，夫家皆坐事沒官，文宣帝「並以賜魏收為妻，人比之賈充置左右夫人」[98]。高門士女被沒入官，身分降為官奴婢，但因血統高貴，仍為社會所看重，只有這種極特殊的情況，寒人才有可能得之為妻，但也必須得自皇帝或權臣的賜予。

在一般情況下，寒人之女只能作高門大族的姬媵，算不得正常婚姻，她們不過是供高門子弟淫樂和生育的工具，地位與奴僕無異。西晉裴秀，出身河東大族，父潛貴為尚書令，家中賓客盈門。然秀母出身微賤，嫡母宣氏不為之禮，常命之進饌招待客人，秀母自卑地說：「微賤如此，當應為小兒故也。」[99]江東大族

94　《魏書·崔辯傳附崔巨倫傳》。
95　《文選》卷四十一《沈約奏彈王源》。
96　《北史·陳元康傳》。
97　《北齊書·孫搴傳》。
98　《北齊書·魏收傳》。
99　《晉書·裴秀傳》。

周俊欲娶汝南李氏之女絡秀為妾，父兄不許，絡秀請求說：「門戶殄瘁，何惜一女？若聯姻貴族，將來或大益。」[100]父兄從之。甚至某寒人做了官，自以為門戶已成，便逼迫庶姓子女為妾。如南齊時，南郡王侍書人馬澄本剡縣寒人，竟逼求姨女為妾，姨不與，澄遂詣建康令沈徽孚訴訟。徽孚曰：「姨女可為婦，不可為妾。」澄曰：「僕父為給事中，門戶既成，姨家猶是寒賤，正可為妾耳！」[101]徽孚嚴加訶斥，事情才算作罷。

士族如與比庶姓寒人地位還低的「賤族」通婚，便要受到嚴厲懲處。劉宋政府曾規定「士族雜婚者皆補將吏」[102]。「雜婚」是指與工商雜戶為婚，「補將吏」即降為比「役門」還賤的兵戶、吏戶，這是很嚴厲的懲罰。魏晉以來，兵戶、吏戶地位極其低下，其身分接近僕隸，不但不能與士族通婚，也不能與平民通婚，只能當色婚配。一些高門大族甚至把出身並非寒門的統兵將帥也等同為「兵」，不屑與之為婚。如東晉王述就曾責罵其子欲與桓溫聯姻，是「以女妻兵」。北魏文成帝於和平四年（西元 463 年）也下詔明文規定：「今制皇族、師傅、王公、侯伯及士民之家，不得與百工伎巧卑姓為婚，犯者加罪。」[103]北朝的情況可知。「士庶不婚」、「貴賤不婚」是封建血統論的反映，也是婚姻規範失衡的重要表現。

100 《世說新語・賢媛篇》。
101 《南史・鬱林王何妃傳》。
102 《資治通鑑》卷一二九・宋孝武帝大明五年（461 年）。
103 《魏書・高宗紀》。

第四節.

輕國重家
的道德觀

　　忠、孝是漢世最高的道德標準。忠是對國而言，孝是對家而言。國與家是一對矛盾的統一體，它們之間既有共同利益，也存在利益上的衝突。漢世強調忠是第一位的，孝是第二位的。但同時也提倡忠、孝的統一關係，在家為孝子，在國為忠臣。但忠孝往往不能兩全，漢世固然稱「以孝治天下」，但在實際生活中往往要人們移孝於忠，把忠君擺到首位。因此，兩漢時代主要表現為忠君重於孝親的道德觀。漢末以降，社會長期動盪分裂。在亂世之中，東漢以來逐漸形成的世族地主勢力得到迅速的發展，終於演變成門閥士族。門閥士族要求擺脫皇權的控制，無限制地擴展自己的政治權力和財富；隨著九品中正制的實行，他們壟斷選舉，竊居高位，左右皇權。在思想意識形態上，他們高倡玄學，輕名教而重自然，使傳統倫理道德觀念受到猛烈的衝擊。於是，輕國重家的觀念在東晉南朝成為道德觀念的主流。在他們看來，君主的更易，政權的興替，與自己及其家族並無關係；一有機會，他們或直接篡權奪位，或幫助他人為逆。他們唯一看重的是個人的權勢、地位和家族的既得利益。當其家族利益受到某種損害時，便竭力維護，甚至不惜訴諸武力，要脅朝廷。

一、無忠君之節，有孝治之名

唐人李延壽撰《南史》，在《孝義傳》後論中，對比了兩漢與魏晉南北朝不同的倫理道德觀。他說：

漢世士務修身，故忠孝成俗，至於乘軒服冕，非此莫由。晉、宋以來，風衰義缺，刻身屬行，事薄膏腴。若使孝立閨庭，忠被史策，多發溝畎之中，非出衣簪之下，以此而言聲教，不亦卿大夫之恥乎！

這段話的大意是說，漢世士大夫注重修身，所以忠孝成俗，他們之能出仕為官，都是忠孝所致。晉、宋以來，道德風尚變壞了，那些膏腴大族、世宦官僚，大多不講忠孝，這實在是士大夫的恥辱。這裡雖言東晉南朝，其實整個魏晉南北朝社會莫不如是，回顧這段複雜的歷史，當知李延壽言之不虛。

這一時期的各代帝王，尤其是開國之君，大多靠篡奪起家，其自身便是一批不忠不孝之徒。魏晉以來，篡奪相尋，是舉世公認的史實。曹氏篡漢，開啟了篡奪的先例，但曹操畢竟有「遂滅群雄，克平天下」的功績；司馬氏篡魏，則通過宮廷政變奪得帝位，純係陰謀詭計。唐太宗曾嚴厲抨擊司馬懿的不忠，他說：「天子在外，內起甲兵，陵土未乾，遽相誅戮，貞臣之體，寧若此乎！」[104] 司馬懿父子的不忠行為，就連其後代也深以為恥。東晉明帝曾向丞相王導問及前世所以得天下，王導乃述司馬懿創業之始，及司馬昭弒魏帝高貴鄉公事，明帝羞愧掩面曰：「若如公言，晉祚復安得長遠！」[105] 後趙石勒也十分鄙視曹氏、司馬氏父子的不光彩行為，對臣下說：「大丈夫行事當磊磊落落，如日月皎然，終不能如曹孟德、司馬仲達父子，欺他孤兒寡婦，狐媚以取天下也。」[106]

司馬氏作為士族地主的代表，因為他們自己不忠，所以羞於向臣民言忠，於是便打出孝的招牌，標榜「以孝治天下」，大肆宣揚「孝悌名流」，為其樹碑立

---

104 《晉書・宣帝紀》。
105 《晉書・宣帝紀》。
106 《晉書・石勒載記下》。

傳，藉以敦勵風俗，鞏固統治。有晉一代，「孝悌名流」繼踵，反映了那個時代的政治特色。其實，司馬氏所宣揚的孝道，目的還在於提倡一個「忠」字。

「竹林七賢」的代表人物阮籍、嵇康曾向司馬氏標榜的虛偽孝道進行大膽的挑戰。《世說新語・任誕篇》載：「阮籍遭母喪，在晉文王坐進酒肉。司隸何曾亦在坐，曰：『明公方以孝治天下，而阮籍以重喪，顯於公坐飲酒食肉，宜流之海外，以正風教。』文王曰：『嗣宗毀頓如此，君不能共憂之，何謂？且有疾而飲酒食肉，固喪禮也！』籍飲啖不輟，神色自若。」阮籍遭母喪，當著司馬昭的面飲酒食肉，就是向虛偽的孝道公開挑戰。嵇康作《管蔡論》，替周初的管叔、蔡叔翻案，認為管、蔡之反，是疑慮周公篡位，是擁戴天子、忠於王室的表現，「忠疑乃心，思在王室」、「翼存天子，甘心毀旦」[107]。這是影射司馬氏不忠於王室，行將篡位。嵇康公開宣稱要「非湯武而薄周、孔」[108]，實際上也是要否定司馬氏提倡的那一套虛偽的禮教。

晉以後，凡權臣皆取法司馬氏，篡位前後必弒其君，幾成慣例。如劉裕弒晉恭帝，蕭道成弒宋順帝，蕭衍毒殺齊和帝，陳霸先害梁敬帝，以及高歡弒北魏節閔帝元恭，高洋鴆殺東魏孝靜帝元善見，宇文泰鴆殺北魏孝武帝元修，周閔帝殺西魏恭帝拓跋廓，等等，難以盡數。蕭道成禪代時，命王敬則勒兵入殿，宋順帝嚇得逃於佛蓋之下，被搜出後，哭著問敬則：「欲見殺乎？」敬則曰：「出居別宮耳，官先取司馬家亦如此。」順帝哭而彈指曰：「願後身世世勿復生天王家！」[109]不久還是被殺死。這段簡略的對話，逼真地刻畫出遜位者的恐懼、篡位者的無情，這哪裡還有半點忠孝的影子！至於皇室內部的骨肉相殘更觸目驚心，如劉劭弒其父宋文帝；宋明帝殺其兄弟子姪二十餘人；齊明帝以支庶而奪帝位，盡滅高、武子孫無遺種，其慘毒自古未有。

與此同時，他們還常常把孝道當作對付政敵的有力武器，進一步暴露其孝道的虛偽性。司馬氏先後廢魏帝曹芳而殺曹髦，司馬昭加給曹芳的罪名是「恭孝日

---

107 《嵇康集》卷六《管蔡論》。
108 《嵇康集》卷二《與山巨源絕交書》。
109 《資治通鑑》卷一三五・齊高帝建元元年條。

虧，悖慢滋甚」；加給曹髦的罪名是「不能事母，悖逆不道」[110]。桓溫廢晉帝司馬奕為海西公，罪名是「昏濁潰亂，動違禮度」[111]。桓玄殺司馬道子，謂其「酣縱不孝，當棄市」[112]。宋明帝殺其侄前廢帝劉子業，奪得帝位，宣布劉子業的罪狀是「少稟凶毒，不仁不孝」[113]。凡此等等，不一而足。

「上之所行，下必效焉。」既然封建帝王或權臣對前朝君主不忠，就難保別人忠誠於他；既然其「孝治」徒有虛名，也就難於用之治理天下。

二、「自致身榮，不存國計」

門閥士族是這一時期政治上最活躍的階層，儘管社會長期動亂，殺戮篡奪相尋，封建小朝廷像走馬燈一樣變幻無常，但是，這統統與他們的門第無干。既不影響其政治地位和特權，也不會從根本上損害其經濟利益，更何況這些小朝廷都是從別人手中奪得的呢！因此，他們無須為之效忠，而把君臣的名分、國家的存亡看得無足輕重。

門閥士族慣於見風使舵，大搞政治投機，誰得勢就投靠誰，很少有人把國家和人民利益放在心上，而完全以個人、家族利益為轉移。他們往往朝為魏臣，夕為晉宦；或朝仕劉宋，夕官蕭齊，反覆無常。曹魏時，河東衛瓘、裴秀，陳國何曾，太原王沈，榮陽鄭沖，潁川荀等一批大族，父兄子侄榮顯於朝。當司馬懿得勢時，這幫人又都反過來捧他，司馬懿死後，這幫人又繼續聚集在司馬師、司馬昭兄弟周圍，王沈、王業甚至不惜賣主求榮，使魏帝曹髦傾遭殺身之禍。西晉王朝建立後，他們一個個搖身一變，又都成了新朝的佐命元勛、開國功臣，無不紆青拖紫。自此以後，大族莫不如之，如晉末劉裕得勢，王弘、王曇首、謝晦等人都聚集到劉氏周圍。劉裕欲向朝廷求「九錫」，王弘即「諷旨朝廷」，使劉裕如

---

110 《三國志·魏書·三少帝紀》。
111 《晉書·海西公紀》。
112 《晉書·簡文三子傳》。
113 《宋書·前廢帝紀》。

願以償。宋末蕭道成位高權重，王曇首之孫王儉趨炎附勢，諂媚地說：「功高不賞，古來非一，以公今日地位，欲北面居人臣可乎？」[114]乃與王晏、褚淵等人「專心奉事」。蕭道成代宋，酒後謂群臣曰：「卿等並宋時公卿，亦當不言我應得天子？」褚淵答曰：「陛下不言臣不早識龍顏。」[115]意思是說，我早就看出陛下是真龍天子了。無恥之態，躍然紙上。齊末蕭衍專權用事，沈約、范雲、王亮、王志等人同心擁戴。直至梁末，陳霸先由寒人崛起，執掌朝中大權，王通、王瑒等人又爭相歸附。北朝郡姓不具備左右皇權的條件，故情況又當別論。

為了自致身榮，一些高門大族在新舊王朝交替之際，為家族門戶計，無所不用其極。以河南陽翟褚氏為例：東晉一朝，褚裒之女為康帝皇后，以外戚而登太傅高位。其曾孫裕之、秀之、淡之並於晉末榮顯於朝，秀之妹為恭帝皇后。秀之兄弟雖晉氏姻親，卻盡忠於劉裕，恭帝子女多為秀之兄弟殺戮，恭帝本人也被劉裕指使淡之所弒。劉宋建國，秀之兄弟子孫亦貴顯當朝，且世代與劉氏帝室聯姻，尚公主者前後七人，為皇后者一人。秀之子淵歷侍中、吏部尚書、護軍、中書監等要職。劉氏帝室對於褚氏可謂皇恩浩蕩，然而一旦劉氏衰微，褚淵立即成為幫助蕭道成篡位的首謀之一。又如琅邪王氏：宋世，王僧綽尚宋文帝長女東陽獻公主，官拜金紫光祿大夫；其子王儉復尚宋明帝女陽羨公主，拜駙馬都尉，超遷秘書丞，王氏與劉宋帝室的關係亦非同一般。但至宋末，攛掇蕭道成奪位最得力的正是王儉其人，「時大典將行，儉為佐命，禮儀詔策，皆出於儉」。蕭道成踐位後，對王儉頗為感激，誇讚說：「卿謀謨之功，莫與為二。」[116]齊代著名隱士何點看不慣褚淵（字彥回）、王儉的背主行為，大加譏刺，曾謂人曰：「我作《齊書》已竟，贊云：回既世族，儉亦國華，不賴舅氏，遑恤國家。」[117]何點的意思是說，褚淵、王儉高門顯貴，並非依賴劉宋帝室外舅之力，又安能顧惜外家？意在斥責高門大族不顧國家利益，背叛舊主投歸新朝的可恥行為，可謂一針見血。褚氏、王氏如此，其他大族也不例外。

---

114 《南史・王儉傳》。
115 《南齊書・褚淵傳》。
116 《南史・王儉傳》。
117 《南史・何尚之傳》。

對於君統的變易、王朝的更替，門閥士族視為與己無關。每當禪代之際，他們要麼是「不予聞」，事不關己，高高掛起；要麼是祕密策劃，幫助篡權奪位。劉宋末，蕭道成輔政，欲謀帝位，「朝野之情，人懷彼此」，尚書左僕射王延之與尚書令王僧虔「中立無所去就」[118]。蕭鸞以支庶而謀入嗣位，大肆拉攏朝中舊臣，侍中、中書令謝朏為保官固位，不但不設法阻止，反而要求離開朝廷，外出為吳興太守，以避其事。弟時為吏部尚書，為他餞行，朏指口曰：「此中唯宜飲酒。」朏至郡，派人給送酒數斛，附信叮囑說：「可力飲此，勿予人事！」及明帝蕭鸞廢鬱林王蕭昭業，領兵入殿，左右驚走，向報告。正在與客人圍棋，充耳不聞，「每下子，則云『其當有意』，竟局，乃還齋臥，竟不問外事」[119]。這都是「不予聞」的事例。而主謀勸進，受禪奉璽，說明篡位的事例就更多，如司馬氏篡位，鄭沖、何曾、裴秀、王沈等大族同謀策劃，奉表勸進。桓玄篡晉，琅邪王謐、陳郡謝澹奉璽冊詣玄；桓玄旋即失敗，又是謝澹持節奉冊禪宋，王弘、王曇首、王華皆為佐命元勳。南齊代宋，王儉、王晏、褚淵皆為首謀。蕭梁代齊，王亮、王志授璽。陳氏代梁，王通、王瑒授璽。在他們看來，禪代授璽，不過是把一家物給予另一家而已。史稱褚照（褚彥回從父弟）「常非彥回身事二代，彥回子賁往問照，照問曰：『司空今日何在？』賁曰：『奉璽授，在齊大司馬門。』照正色曰：『不知汝家司空將一家物與一家，亦復何謂』」[120]。梁代蕭子顯撰《南齊書》，以褚淵、王儉二人合傳，著論云：魏晉以後，「主位雖改，臣任如初。自是世祿之盛，習為舊准，羽儀所隆，人懷羨慕，君臣之節，徒致虛名」。又說他們「殉國之感無因，保家之念宜切。市朝亟革，寵貴方來，陵闕雖殊，顧如一」。清代著名學者王夫之也尖銳指出：「魏晉以降，臣節墮，士行喪，擁新君以戕舊君，且比肩而夕北面，居之不疑。」[121]這就說明魏晉南北朝的門閥士族有忠臣氣節者絕少，自致身榮、不存國計乃當時普遍之現象。

惟其如此，故當國家、民族處於危難之際，他們不是畏懦不前，便是變節投

118 《南齊書》卷三十二《王延之傳》。
119 《南史》卷二十《謝朏傳》。
120 《南史·褚照傳》。
121 王夫之：《讀通鑑論》卷十六《齊高帝》條。

敵，而奮起匡救、蹈義殉國者如鳳毛麟角。西晉惠帝時，禍起蕭牆，狼煙四起，國家有累卵之危，人民遭塗炭之苦，所謂高門大族者曾不以此為念。琅邪王戎居官尚書左僕射，拜司徒，位總鼎司，「以晉室方亂，慕蘧伯玉之為人，與時舒捲，無蹇諤之節」。從弟王衍位至太尉、尚書令，及司馬越卒，眾人共推他為元帥，率兵禦敵。當此危難時刻，他始而極力推辭，繼而畏敵如虎，致使二十餘萬晉軍主力遭石勒圍殲，全軍覆滅，積屍如山。王衍被俘，石勒問以晉亂之故，他卻把責任推得一乾二淨，「衍陳禍敗之由，云計不在己」。又「自說少不予事，欲求自免」。並趁機獻媚取寵，勸石勒稱尊號。面對如此貪生怕死、奴顏婢膝的無恥之徒，石勒憤怒斥責道：「君名蓋四海，身居重任，少壯登朝，至於白首，何得言不予世事邪！破壞天下，正是君罪。」又感慨繫之地說：「吾行天下多矣，未嘗見如此人。」乃使人於黑夜排牆填殺之。唐人房玄齡撰《晉書》，合王戎、王衍為一傳，著論評述說：「戎則取容於世，旁委貨財；衍則自保其身，寧論宗稷。」[122]琅邪王氏是西晉最為顯赫的高門大族，其苟容處世，自保其身，不顧宗廟社稷如此，其他大族概莫能外。後趙謀臣張賓曾對石勒說：「自將軍神旗所指，衣冠之士靡不變節。」[123]高門大族無仗節死義之道，由此可見一斑。

東晉南朝偏安江左一隅，南北民族矛盾尖銳。為了維持苟安的局面，面對強敵壓境的嚴峻形勢，各封建王朝也曾組織過一些有效的抵抗，如東晉抗擊前秦，劉宋對北魏的戰爭等。東晉時，高門大族中的某些成員尚能發揮一時的重要作用，但人數畢竟極其有限，能如桓溫、謝安者不過數人而已。至南朝，在大族中就很難看到柱石國家的人物了，稍能為國分憂者亦難覓其人。南齊蕭子良曾諫齊武帝曰：「未聞一人開一說為陛下憂國家，非但面從，亦畏威耳。」[124]就很能反映當時的現實情況。梁末侯景舉兵向闕，國家岌岌可危，時四方征鎮率兵入援者三十餘萬，然號稱勤王，卻遷延坐視，「莫有鬥志，自相抄奪而已」[125]。且不說蕭梁宗室內自相圖，骨肉相吞，若柳仲禮、柳敬禮、羊鴉仁等握有兵權的大族代

---

122 《晉書·王戎傳》及史臣後論。
123 《晉書·石勒載記》。
124 《南齊書·蕭子良傳》。
125 《南史·梁本紀中》。

表人物亦莫不營降賊，後期參與平定侯景之亂的王僧辯也曾屈膝於景，至如王、謝等第一流高門竟不見一人捨生以救君王者，而能捐軀殉節僅羊侃、韋粲、江子一、張嵊少數幾人而已。正因為如此，侯景才得以步騎八百順利渡江，勢如破竹，橫行江左前後達五年之久，致使江南社會遭受到東晉南朝以來最嚴重的一次毀滅性破壞。

清代史家趙翼認為，江左「所謂高門大族者，不過雍容令僕，裾屐相高，求如王導、謝安，柱石國家者，不一二數也。次則如王弘、王曇首、褚淵、王儉等，與時推遷，為興國佐命，以自保其家世，雖自朝革易，而我之門第如故，以是為世家大族，迴異於庶姓而已。此江左社會習尚之極敝也」[126]。在中國古代社會裡，士人以「修身齊家治國平天下」為處世的基本道德規範，而兩晉南朝的門閥士族反其道而行之，是同當時社會結構的變化密切相關的。

三、「只成門戶私計」

南宋陳亮曾作《念奴嬌·登多景樓》詞，詞中寫道：「六朝何事，只成門戶私計！」該詞雖為弔古傷今的有感之作，但作者是著名愛國學者，諳熟歷史，所說確實一語中的。

「門戶」即門第，這裡是指大士族的家族門第。該時期之史籍，有關「門戶」的記載極多，凡大族為宦、避亂、婚姻、政治得失等，莫不顧及門戶私計。《晉書·楊駿傳》：楊濟（駿弟）謂傅咸曰：「若家兄征大司馬（指汝南王司馬亮）入，退身避之，門戶可得免耳。不爾，行當赤族。」《晉書·衛瓘傳孫玠附傳》：「玠以天下大亂，欲移家南行。母曰：『我不能捨仲寶（玠兄）去也。』玠啟諭深至，為門戶大計，母泣涕從之。」同傳又載：「征南將軍山簡欲以女妻衛玠，曰：『昔戴叔鸞嫁女，唯賢是與，不問貴賤，況衛氏權貴門戶令望之人乎！』於

---

126 趙翼：《廿二史劄記》卷十二《江左世族無功臣》條。

是以女妻焉。」東晉王敦作亂，行將失敗，謂心腹錢鳳曰：「我死之後，莫若解眾放兵，歸身朝廷，保全門戶，此計之上也。」[127]孫盛作《晉陽秋》，敍桓溫北伐大敗於枋頭事，溫見大怒，威脅盛子曰：「枋頭誠為失利，何至乃如尊君所說！若此史遂行，自是關君門戶事。」[128]盛子乃請父刪改其文。《世說新語‧賢媛篇》：「絡秀語伯仁（周）等，我所以屈節為汝家作妾，門戶計耳。」劉宋時，琅邪王蘊為將，假寧朔將軍，其叔王彧不悅，語之曰：「阿益（蘊小字），汝必破我門戶。」[129]梁時，太原王茂「年數歲，為大父深所異，常謂親識曰：『此吾家之千里駒，成門戶者必此兒也』」[130]。北齊文宣帝以北海大族王昕疏誕，非濟世才，罵曰：「好門戶，惡人身！」[131]可見，當時高門大族的門戶觀念是何等強烈。

在這一觀念支配下，凡大族無不以「門戶私計」為根本，而置國家利益於不顧。為了「門戶私計」，他們出仕為宦時，只做清官不做濁官，只做高官不做低官，「蒞位者為身擇利，銓綜者為人擇官」[132]。一旦位高權重，又必提攜姻親，裙帶相連，誠如北魏中書令、尚書僕射、隴西大族李沖那樣，「顯貴門族，務益六姻，兄弟子侄，皆有爵官，一家歲祿，萬匹有餘，是其親者，雖複痴聾，無不超越官次」[133]。當一時不能滿足其奢靡生活時，他們當中的一些人又往往要求出任地方官，任意搜括人民。琅邪王僧達，太保弘少子，宋臨川王劉義慶女婿，「訴家貧求郡」，出為吳興太守，「吳郭西臺寺多富沙門，僧達求須不稱意，乃遣主簿顧曠率門義劫寺內沙門竺法瑤，得數百萬」。其兄錫，「罷臨川郡還，送故及俸祿百萬以上」[134]。南齊陳郡謝朏，以家貧乞郡，為吳興太守，唯務聚斂，以雞蛋借人，每蛋到期交雞一隻，共收雞數千。梁時，濟陽江祿出為武陵太守，大

---

127 《晉書‧王敦傳》。
128 《晉書‧孫盛傳》。
129 《宋書‧王景文傳》。
130 《梁書‧王茂傳》。
131 《北史‧王憲傳昕附傳》。
132 《晉書‧良吏傳》前論。
133 《魏書‧李沖傳》。
134 《南史‧王僧達傳》。

肆搜括，「積錢於壁，壁為之倒，迕銅物皆鳴」[135]。琅邪王筠「出為寧海太守，在郡侵刻，還資有芒兩舫，他物稱是」[136]。凡此等等，其例甚多。高門大族如此貪婪，自不會顧及他人的利益。然而，對於自家門第之私利，他們卻不允許任何人有一絲一毫的損害，稍不如意，動輒反目為仇，甚者兵刃相見。在門閥士族勢力極盛的東晉王朝，尤其如此。晉元帝忌王氏之強，欲政由己出，用劉隗、刁協以分王氏之權，即招王敦之禍，「敦既得志，暴慢愈甚，四方貢獻多入己府，將相嶽牧悉出其門」[137]。其後太原王恭、陳郡殷仲堪、譙國桓玄等舉兵向闕，亦莫不為門戶私計使然。南朝君主不肯假權於大族，大族遂轉而助逆簒位。他們弒舊主立新君，無不是以門戶私計為出發點。

魏晉南北朝作為一個特殊的歷史時期，一方面表現為社會的動盪與分裂，王朝更替頻繁，始終無法形成強大統一的政治局面；另一方面又表現為士族勢力的空前發展，大族強盛，門第經久不衰。上述局面都與輕國重家道德觀的氾濫，有著互為因果的關係。

---

135 《南史·江祿傳》。
136 《南史·王筠傳》。
137 《晉書·王敦傳》。

亮點書系．中國文化通史 A1001005

中國文化通史・魏晉南北朝卷　上冊

主　　編　鄭師渠
版權策畫　李　鋒
發 行 人　陳滿銘
總 經 理　梁錦興
總 編 輯　陳滿銘
副總編輯　張晏瑞
編 輯 所　萬卷樓圖書股份有限公司
排　　版　菩薩蠻數位文化有限公司
印　　刷　維中科技有限公司
封面設計　菩薩蠻數位文化有限公司

出　　版　昌明文化有限公司
桃園市龜山區中原街 32 號
電話 (02)23216565
發　　行　萬卷樓圖書股份有限公司
臺北市羅斯福路二段 41 號 6 樓之 3
電話 (02)23216565
傳真 (02)23218698
電郵 SERVICE@WANJUAN.COM.TW
大陸經銷
廈門外圖臺灣書店有限公司
　　電郵 JKB188@188.COM

ISBN 978-986-496-159-7
2018 年 1 月初版
定價：新臺幣 500 元

如何購買本書：
1. 劃撥購書，請透過以下郵政劃撥帳號：
　　帳號：15624015
　　戶名：萬卷樓圖書股份有限公司
2. 轉帳購書，請透過以下帳戶
　　合作金庫銀行 古亭分行
　　戶名：萬卷樓圖書股份有限公司
　　帳號：0877717092596
3. 網路購書，請透過萬卷樓網站
　　網址 WWW.WANJUAN.COM.TW
大量購書，請直接聯繫我們，將有專人為您
服務。客服：(02)23216565 分機 610

如有缺頁、破損或裝訂錯誤，請寄回更換

國家圖書館出版品預行編目資料

中國文化通史. 魏晉南北朝卷 / 鄭師渠著. --
初版. -- 桃園市：昌明文化出版；臺北市：
萬卷樓發行, 2018.01
　　冊；　　公分
ISBN 978-986-496-159-7(上冊：平裝). --
1.文化史 2.中國
630　　　　　　　　　　　　107001800